reinhardt

Marc Schmidt

Kinder in der Kita mehrsprachig fördern

Mit 15 Abbildungen und 3 Tabellen

Mit Online-Zusatzmaterial

Ernst Reinhardt Verlag München

Dr. *Marc Schmidt*, Sprachheillehrer am Centre de Logopédie, Luxemburg, Dozent in der Ausbildung von ErzieherInnen und LehrerInnen, arbeitet seit über 20 Jahren im Vorschulbereich mit Kindern mit Sprachstörungen.

Außerdem von M. Schmidt im Ernst Reinhardt Verlag erschienen:
Sprachtherapie mit mehrsprachigen Kindern (2014, ISBN 978-3-497-02446-9)
Kontextoptimierung für Kinder von 3–6 Jahren (2. Aufl. 2014, ISBN 978-3-497-02472-8)

Bibliografische Information der Deutschen Nationalbibliothek

Die Deutsche Nationalbibliothek verzeichnet diese Publikation in der Deutschen Nationalbibliografie; detaillierte bibliografische Daten sind im Internet über <http://dnb.d-nb.de> abrufbar.
ISBN 978-3-497-02754-5 (Print)
ISBN 978-3-497-60468-5 (PDF)

Printed in Germany
Cover unter Verwendung eines Fotos von © spass/Fotolia
Abb. 5, 12, 14 und 15 stammen von: Lisa Valette, Daniel Schmitz, Angie Schmit-Voermans, Tim Kler, Alyssa Santos, Pedro José und Lara Sofia Oliveira.
Satz: Jörg Kalies – Satz, Layout, Grafik & Druck, Unterumbach

Ernst Reinhardt Verlag, Kemnatenstr. 46, D-80639 München
Net: www.reinhardt-verlag.de E-Mail: info@reinhardt-verlag.de

Inhalt

Online-Material

Eine Liste mit geeigneten Kinderbüchern können Leserinnen und Leser auf der Homepage des Ernst Reinhardt Verlags unter www.reinhardt-verlag.de herunterladen.

Einleitung

In den letzten Jahren und Jahrzehnten haben Globalisierung und Migrationsströme dazu geführt, dass die Anzahl der Menschen, die tagtäglich mit mehreren Sprachen in Kontakt sind, weiter gestiegen ist. Nach neuesten Schätzungen benutzt weit mehr als die Hälfte der Weltbevölkerung täglich mehrere Sprachen (Wartenburger 2010). Mehrsprachigkeit ist in den meisten Ländern der Welt der Normalfall.

In Westeuropa spiegelt sich diese Situation in zunehmendem Maße auch in den Kindertagesstätten (Kitas) und in der Schule wider. Die Anzahl der Kinder, die mehr als eine Sprache sprechen, wächst beständig. Im Klassenzimmer begegnen sich Schüler mit unterschiedlichen Herkunftssprachen und unterschiedlichen Kulturen. Viele von ihnen sprechen zu Hause eine andere Sprache als in der Kita oder in der Schule.

Die frühe Begegnung mit mehreren Sprachen wird vonseiten der Schulen, und ganz besonders von einer stetig anwachsenden Zahl an Kitas und Kindergärten, zusätzlich dadurch unterstützt, dass bewusst nicht nur eine, sondern parallel zwei Kommunikationssprachen angeboten werden. Sogenannte bilinguale Kindergärten verfolgen z.B. das Ziel, allen Kindern bereits in einem frühen Alter (zumindest) eine zweite Sprache zu vermitteln. Ferner werden in vielen Einrichtungen die Erstsprachen der Kinder konsequent in den Alltag einbezogen.

In zahlreichen Projekten wird auf die positiven Auswirkungen des frühen mehrsprachigen Kontakts hingewiesen: In einem frühen Alter sind die Kinder in der Lage, auf spielerische Art und Weise nicht nur eine, sondern zwei oder sogar drei Sprachen gleichzeitig zu lernen. Kinder mit einer anderen Herkunftssprache erwerben die spätere Unterrichtssprache im Idealfall schon als Kleinkind. Das Kind ist in einem frühen Alter fähig, mindestens in zwei Sprachen monolinguale Kompetenzen – auch als muttersprachliche oder erstsprachliche Kompetenzen bezeichnet – zu erwerben: In beiden Sprachen kann es sich noch vor der Einschulung mit großer Leichtigkeit ausdrücken. Auch in anderen Entwicklungsbereichen, bspw. auf sozialer, emotionaler und kognitiver Ebene, sollen Kinder, die schon früh intensiv mit zwei oder mehr Sprachen in Kontakt sind, Vorteile gegenüber einsprachig aufwachsenden Kindern besitzen.

> *„Mehrsprachige Kinder sind in der Regel längerfristig kognitiv leistungsfähiger und fremden Sprachen und Kulturen gegenüber toleranter“ (Wode 2000, 2).*

Die Europäische Kommission fordert den frühen Kontakt mit mehreren Sprachen: In ihrem Weißbuch zur allgemeinen und beruflichen Bildung (Europäische Kommission 1995) hat sie das Ziel formuliert, dass alle europäischen Bürgerinnen und Bürger die Möglichkeit erhalten, neben ihrer Muttersprache mindestens zwei weitere Sprachen zu lernen (ÖSZ 2012).

Diese Vielfalt an Sprachen, die im Umfeld der Kinder gesprochen werden, wirft einige wichtige Fragen auf:

- Inwieweit sind die Kinder tatsächlich in der Lage, mehrere Sprachen gleichzeitig zu lernen? Die Sprachlernfähigkeit des Menschen ist prinzipiell auf Mehrsprachigkeit und nicht auf Einsprachigkeit ausgelegt: „Man kann heute guten Gewissens zur Einrichtung von bilingualen Kindergärten raten, weil wissenschaftlich nachgewiesen ist, dass, von pathologischen Sonderfällen abgesehen, jedes Kind in hinreichendem Maße über die erforderlichen Lernfähigkeiten verfügt“ (Wode 2000, 2). Unter „pathologische Sonderfälle“ werden Kinder verstanden, die von ihrer Anlage her keine guten Voraussetzungen mitbringen, um Sprachen zu lernen, z.B. Kinder mit einer spezifischen Sprachentwicklungsstörung (SSES). Hierbei handelt es sich um Kinder, die Probleme mit der Sprachverarbeitung aufzeigen. Allerdings konnte auch bei diesen Kindern, wie auch bei Kindern mit Beeinträchtigungen der geistigen Entwicklung, nachgewiesen werden, dass sie in ihren Sprachen dieselben Sprachfähigkeiten erwerben wie Kinder mit vergleichbarer Problematik, die monolingual aufwachsen: „Mehrsprachigkeit ist keine zusätzliche Erwerbshürde für Kinder mit Beeinträchtigungen“ (Chilla/Niebuhr-Siebert 2017, 79).
- Sind der Mehrsprachigkeit demnach keine Grenzen gesetzt?
- Warum gibt es dann in den Schulen so viele Kinder, die nicht über die sprachlichen Kompetenzen verfügen, die für den Schulerfolg wichtig sind?
- Sind die Ursachen schulischer Misserfolge im mehrsprachigen Umfeld zu finden, oder spielen andere Faktoren eine zentrale Rolle?

- Wenn die Ursachen im mehrsprachigen Umfeld zu finden sind, inwieweit spielt dann die Anzahl der Sprachen, mit denen das Kind in Kontakt ist, eine Rolle?
- Oder liegen die Ursachen eher in der Beziehung zwischen dem Kind und seinen nahen Bezugspersonen, z.B. in der „emotionalen Qualität" der zwischenmenschlichen Beziehung oder in der Intensität und Art und Weise, wie mit dem Kind gesprochen wird?

Im vorliegenden Buch werden diese zentralen Fragen der mehrsprachigen Erziehung, Förderung und Bildung im Mittelpunkt stehen:

- Im 1. Kapitel wird eine Bestandsaufnahme über grundlegende Themen, die in Zusammenhang mit dem simultanen und frühkindlichen mehrsprachigen Erwerb stehen, vorgenommen: von der aktuellen Situation in den Kitas über sprachstrukturelle Überlegungen, die positiven Effekte einer frühen mehrsprachigen Erziehung bis hin zur Beschreibung der günstigen Spracherwerbsbedingungen und möglichen Spracherwerbsverläufe.
- Im 2. Kapitel werden mehrsprachige Projekte analysiert und wichtige Prinzipien in den Vordergrund gestellt, auf denen das mehrsprachige Konzept basiert, welches in diesem Buch im Fokus steht.

Diese beiden ersten Kapitel befassen sich mit den Grundlagen der mehrsprachigen Förderung und geben einen Einblick in vielfältige Bereiche, die in einem fundierten Konzept Berücksichtigung finden sollten. Die einzelnen Kapitel und Unterkapitel sind so geschrieben, dass sie auch einzeln, jedes Kapitel für sich, verständlich sind und demnach nicht unbedingt in der vorgegebenen Reihenfolge gelesen werden müssen. Auch die anschließenden Kapitel 3 bis 6, welche ganz konkret die Umsetzung in die Praxis aufzeigen, wurden so verfasst, dass sie ohne die theoretischen Vorkenntnisse, die in den beiden ersten Kapiteln erarbeitet werden, verständlich sind.

- Das mehrsprachige Konzept wird im 3. Kapitel anschaulich und praxisnah anhand von zehn elementaren Prinzipien beschrieben.
- Genauso praxisnah werden im 4. Kapitel die Rahmenbedingungen erläutert, die eine möglichst optimale Umsetzung des Konzeptes ermöglichen.
- Die konkrete Umsetzung des mehrsprachigen Konzeptes steht im 5., dem umfangreichsten Kapitel im Mittelpunkt: Anhand von vielen Beispielen und im Sinne einer gewissen Chronologie wird das Konzept Schritt für Schritt fassbar.

- Im 6. Kapitel wird gezeigt, wie das Konzept der mehrsprachigen Förderung über die Elternarbeit auch bis ins Elternhaus hineinreicht. Die Zusammenarbeit mit den Eltern beschränkt sich allerdings nicht nur auf dieses 6. Kapitel, sondern wird auch in den anderen Kapiteln immer wieder thematisiert.
- Eine Zusammenfassung des Konzeptes im Sinne einer „Roadmap" rundet die Publikation ab: Schritt für Schritt werden noch einmal die wichtigsten Etappen aufgezeigt, in chronologischer Reihenfolge, die für die Umsetzung des Konzeptes mehrsprachiger Förderung von Bedeutung sind.

In diesem Buch wird der Tatsache Rechnung getragen, dass die meisten Personen, die in Kitas und vergleichbaren vorschulischen Einrichtungen arbeiten, weiblichen Geschlechts sind. Sie alle werden im vorliegenden Buch als „Pädagoginnen" bezeichnet. Aufgrund der einfacheren Lesbarkeit werden Bezeichnungen, die sich nicht auf Berufsgruppen beziehen, die im pädagogischen Umfeld tätig sind, in ihrer männlichen Form verwendet.

1 Bestandsaufnahme und Grundlagen

1.1 Kindertagesbetreuung vom dritten bis zum sechsten Lebensjahr

1.1.1 Kindertagesstätte und Kindergarten

Unter „früher Kindheit“ wird der Lebensabschnitt von der Geburt bis zum Eintritt in die Schule verstanden. Dem Säuglingsalter folgen nach Abschluss des ersten Lebensjahres das Kleinkindalter (zweites und drittes Lebensjahr) und das vorschulische Alter. Letzteres steht im vorliegenden Buch im Fokus und wird auch als Kindergartenalter oder als Elementarbereich bezeichnet.

Für diese Zeitspanne gibt es eine Reihe von familieninternen und -externen Bildungs-, Erziehungs- und Betreuungseinrichtungen (Aden-Grossmann 1997).

Kindergarten

Die gebräuchlichste familienexterne Betreuungsform sind die Kindergärten (Wagner 2010): In Österreich ist der Kindergarten eine Einrichtung für die Kinder, die mindestens zweieinhalb Jahre alt sind. In Deutschland und in Luxemburg müssen die Kinder das dritte, in der Schweiz das vierte Lebensjahr vollendet haben. In den beiden skandinavischen Ländern Finnland und Schweden, die in den vergleichenden internationalen Qualitätsstudien überaus gut abschneiden, ist der Kindergartenbesuch oft schon ab dem ersten Lebensjahr möglich.

Kindergartenpflicht

Für Kinder, die am 1. September des jeweiligen Jahres das fünfte Lebensjahr vollendet haben, ist der Kindergarten in **Österreich** gemäß dem oberösterreichischen Kinderbetreuungsgesetz seit 2010/2011 verpflichtend (mindestens 20 Stunden, soweit ausreichend Kindergartenplätze zur Verfügung stehen) mit dem Ziel, allen Kindern, unabhängig von ihrer sozioökonomischen Herkunft, beste Bildungsmöglichkeiten und Startchancen in das spätere Berufsleben zu bieten.

In der **Schweiz** sind ab dem Schuljahr 2015/2016 in der Mehrheit der Kantone zwei Jahre Kindergarten oder die beiden ersten Jahre einer Eingangsstufe in die Schulpflicht eingebunden (EDK 2017). Es gibt einige wenige Kantone in der Deutschschweiz, in denen der Besuch des Kindergartens nicht oder nur ein Jahr obligatorisch ist. Die große Mehrheit der Kinder besucht auch in diesen Kantonen während zwei Jahren den Kindergarten. In der Westschweiz werden die beiden Kindergartenjahre in der Regel zum „cycle 1" oder „cycle primaire 1" gezählt, die sich über vier Jahre erstrecken. Im Kanton Tessin wird zusätzlich zu den zwei obligatorischen Kindergartenjahren noch ein fakultatives Jahr für Kinder ab drei Jahren angeboten.

In **Luxemburg** können, ähnlich wie im Kanton Tessin in der Schweiz, die Kinder schon ab dem dritten Lebensjahr die sogenannte „Éducation Précoce" besuchen, im Schuljahr ab dem vollendeten vierte Lebensjahr besteht Kindergartenpflicht.

In **Deutschland** gibt es seit dem 1. August 2013 einen Rechtsanspruch auf einen Krippen- bzw. Kindergartenplatz vom vollendeten ersten Lebensjahr an, halb- oder ganztägig, je nach Berufstätigkeit der Eltern und Förderbedarf des Kindes. Eine Verpflichtung zur Einschreibung in einen Kindergarten gibt es aktuell in keinem deutschen Bundesland, trotzdem liegt die Besucherrate bei fast 94% (Statistisches Bundesamt 2012).

Neben den „traditionellen" Kindergärten gibt es auch Kindergärten mit einem besonderen pädagogischen Profil, bspw. Waldkindergärten, Bauernhofkindergärten oder Kindergärten nach Montessori oder Waldorf. Zudem gibt es Kindergärten, die in der Sprache und nach den pädagogischen Grundlagen anderer Länder geführt werden: z.B. französische oder italienische Kindergärten im deutschsprachigen Raum. Die Umsetzung eines mehrsprachigen Konzeptes ist selbstverständlich auch in Kindergärten, die ein besonderes pädagogisches Profil pflegen, möglich.

Krippe

In Abgrenzung zum Kindergarten werden Einrichtungen für jüngere Kinder als Krippen und für Kinder im Grundschulalter als Horte bezeichnet. Die Aufgabe der professionellen Betreuung besteht auch schon in Krippen darin, die Entwicklungsmöglichkeiten der Kinder zu unterstützen und zu erweitern, wobei in einem solch frühen Alter die sichere Bindung des Kindes an die Bezugsperson(en) eine entscheidende Rolle spielt (Wagner 2010; Kap. 1.6).

Tagespflege

Zielgruppe der Tagespflege sind alle Altersgruppen. Die Betreuung findet in Gruppen durch ausgebildete Tagesmütter oder auch Tagesväter in deren Haushalt statt. Die Tagespflege ist in der Regel durch flexible Betreuungszeiten und kleine Gruppen von bis zu fünf Kindern gekennzeichnet.

Die Betreuung kann auch im Betrieb angeboten werden. Die betriebliche Kinderbetreuung ermöglicht den Eltern eine frühe Rückkehr in den beruflichen Alltag.

Kindertagesstätte

Die Kitas sind sogenannte Kombi-Einrichtungen, die eine altersgemischte Betreuung anbieten. Sie sind in der Regel für Kinder ab dem ersten Lebensjahr bis zum Schulalter bestimmt. Unter Kita, in Österreich auch Ganztagskindergarten genannt, wird eine Einrichtung der institutionellen Kindertagesbetreuung verstanden. Die genaue Definition kann national und sogar regional unterschiedlich sein. Im Grunde bezeichnet der Begriff „Kindertagesstätte" sowohl Kinderkrippen und Kindergärten als auch Schulhorte. Einrichtungen, welche diese drei Betreuungsmöglichkeiten miteinander kombinieren, werden häufig ebenfalls als Kita bezeichnet. In Deutschland werden demnach unter Kitas die Kindergärten implizit mit einbezogen. Im weiteren Verlauf des Buches wird demzufolge der Begriff „Kindertagesstätte" als Oberbegriff verstanden.

pädagogisches Personal

In Kitas sind in Deutschland neben pädagogischen Fachkräften auch Erzieherinnen, Kindheitspädagoginnen, Sozialpädagoginnen, Kinderpflegerinnen und ausgebildete Ergänzungskräfte angestellt. In den Kindergärten arbeiten in Österreich v.a. ausgebildete Kindergartenpädagoginnen, in der Schweiz und in Luxemburg neben Erzieherinnen v.a. Kindergärtnerinnen, die an Pädagogischen Hochschulen oder Universitäten ausgebildet wurden.

Pädagoginnen

Im Folgenden wird das Personal, das in Kitas arbeitet, als „pädagogisches Team" und die einzelnen Personen einheitlich als „Pädagoginnen" bezeichnet, sie alle haben eine fundierte pädagogische Ausbildung.

1.1.2 Population

Betreuungsquote

In **Deutschland** ist nach Wagner (2010) seit 1990 ein stetiger Zuwachs an öffentlichen und freien Kitas zu verzeichnen. Laut Statistischem Bundesamt (2016) lag die Quote der Kinder unter drei Jahren, die in Kitas oder in öffentlich geförderter Kindertagespflege betreut wurden, 2016 bei 32,7% (etwa 720.000 Kinder, Tendenz steigend) bei einem Betreuungsbedarf von 46%. Auffällig ist, dass die Quote der Kinder ohne Migrationshintergrund (38%) deutlich höher lag als diejenige mit Migrationshintergrund (22%). Die Betreuungsquote lag bei den 3- bis 6-Jährigen bei 93,6 %: 97% der Kinder ohne Migrationshintergrund, 90% der Kinder mit Migrationshintergrund besuchten eine Kindertageseinrichtung.

Anzahl mehrsprachiger Kinder

In den Kitas erhöht sich die Zahl der Kinder, die mehrsprachig aufwachsen, beständig: Zu Hause wird mehr als eine Sprache gesprochen, außerhalb der Familie wird eine andere Sprache gesprochen als zu Hause. Mehrsprachigkeit wird für viele Kinder schon in einem frühen Alter zur Normalität. Inwieweit Kinder mit Migrationshintergrund regelmäßig mit mehreren Sprachen in Kontakt sind, ist allerdings nur schwer einzuschätzen. Chilla et al. (2013) gehen insgesamt von etwa einem Drittel mehrsprachig aufwachsender Vorschulkinder in Deutschland aus.

Deutsch in der Familie

Es gibt deutliche regionale Unterschiede bezüglich des Anteils der Kinder, die in der Familie nicht vorrangig deutsch sprechen. Hohe prozentuale Anteile erreichen v.a. Stadtkreise (in Baden-Württemberg liegt der Stadtkreis Stuttgart mit 42% an erster Stelle), weitaus geringere Werte erreichen viele ländliche Gebiete (in Baden-Württemberg die Landkreise Breisgau Hochschwarzwald und Emmendingen mit 10% bzw. 11%). In Österreich ist die Situation vergleichbar: An den Wiener Volksschulen haben 52,9% der Kinder eine andere Erstsprache als Deutsch, außerhalb Wiens liegt die Quote bei 24%. In über 60% der Familien in Luxemburg wird eine andere als die luxemburgische Sprache als Erstsprache gesprochen (Portail des statistiques 2015). Luxemburgisch ist eine von drei Amtssprachen (neben Französisch und Deutsch) und im Kindergarten die primäre Kommunikationssprache.

Viele Eltern einsprachig aufwachsender Kinder möchten ihre Kinder in einer Kita einschreiben, in der ihr Kind mit mindestens einer weiteren Sprache in Kontakt kommt. Nach Maywald (2002, 40f.) ist ihnen bewusst, dass sich die Kinder in diesem frühen Lebensabschnitt in einer äußerst sensiblen Entwicklungsphase befinden und dass ihnen somit eine hohe Lernfähigkeit zugeschrieben wird.

unterschiedliche Modelle

Die Kitas versuchen, auch dieser Entwicklung Rechnung zu tragen, Mehrsprachigkeit als wesentliche Größe in die alltägliche Arbeit einzubinden und das Sprachangebot an die verschiedenen Zielgruppen anzupassen: Lernen der Majoritätensprache (z.B. Deutsch in Deutschland oder Luxemburgisch in Luxemburg), Lernen der Herkunftssprache (für Kinder aus sprachlichen Minoritäten, z.B. Türkisch oder Portugiesisch), Lernen der Majoritäten- und Minoritätensprache (z.B. Deutsch und Türkisch), Lernen einer zusätzlichen Sprache (z.B. Englisch oder Französisch zusätzlich zu Deutsch) (Wode 2000).

unterschiedliche Zielsetzungen

In der vorliegenden Publikation wird dieser unterschiedlichen Zielsetzung der frühkindlichen Einrichtungen Rechnung getragen:

- Erwerb der deutschen Sprache als Majoritätensprache
- Wertschätzung und Förderung der Herkunftssprachen (z.B. Türkisch oder Portugiesisch)
- Einbezug einer zusätzlichen Sprache (z.B. Englisch oder Französisch)

Die Majoritätensprache wird im Folgenden als Kommunikationssprache bezeichnet. Unter Herkunftssprachen werden die Erstsprachen der Kinder verstanden, demnach die Sprachen, mit denen die Kinder zuerst, in der Regel im Elternhaus, in Kontakt kommen. Kinder mit deutscher Herkunftssprache sprechen als Erstsprache Deutsch, Kinder mit einer anderen Herkunftssprache (z.B. Türkisch) sprechen als Erstsprache diese andere Sprache. Kinder, die zu Hause von frühester Kindheit an mit zwei Sprachen aufwachsen, besitzen zwei Erstsprachen. Die dominante der beiden Sprachen ist in diesem frühen, vorschulischen Alter in der Regel die stärkste Sprache des Kindes, die Sprache, in der es sich am besten mitteilen kann.

Sprachförderbedarf

Nach den Einschulungsuntersuchungen (ESU, ein Jahr vor der Einschulung) in den Landkreisen Rastatt und Baden-Baden hat in etwa jedes fünfte Kind einen intensiven Sprachförderbedarf. Darunter werden nicht nur Probleme in der Erstsprache, sondern auch geringe Kenntnisse in der deutschen Sprache als Zweit- oder Drittsprache verstanden, die dann eine intensive Unterstützung benötigen. Vergleicht man die Kinder mit unterschiedlichen Herkunftssprachen untereinander, so sind deutliche Unterschiede auszumachen: Eins von zehn Kindern mit Familiensprache Deutsch, sechs von zehn Kindern mit Familiensprache Türkisch hat bzw. haben einen sprachlichen Förderbedarf. Geprüft werden anhand eines standardisierten Sprachtests die Bereiche Aussprache, Wortschatz, Grammatik, Sprachverständnis und Sprachgedächtnis in der Kommunikationssprache Deutsch.

Umso wichtiger ist eine frühe sprachliche Förderung der Kinder:

> *„Die sprachlichen Fähigkeiten der Kinder spielen in schulischen, ja auch schon in vorschulischen Bildungsprozessen eine zentrale Rolle. Mittels präventiver Maßnahmen im vorschulischen Bereich, wie der frühzeitigen Erfassung von sprachlichen Kompetenzen und einer früh einsetzenden Sprachförderung, versucht man, den Kindern einen besseren Start für ihre Bildungslaufbahn zu ermöglichen" (Jampert et al. 2005, 11).*

Aufenthaltsdauer

Interessant ist auch der Trend, dass sich die Quote der Kinder, die von den verlängerten Öffnungszeiten der verschiedenen Einrichtungen Gebrauch macht, seit über zehn Jahren kontinuierlich erhöht (Landesinstitut für Schulentwicklung Baden-Württemberg 2011). In Baden-Württemberg lag die Anzahl der Kinder, die über sieben Stunden in einer Kindertageseinrichtung betreut wurden, bei knapp 15%, Tendenz steigend.

ZUSAMMENFASSUNG

Die vorliegende Publikation richtet sich schlussfolgernd primär an alle Pädagoginnen, die mit 3- bis 6-jährigen Kindern in Kitas arbeiten: Erzieherinnen, Kindergärtnerinnen, Kindheitspädagoginnen, Sozialpädagoginnen, Kinderpflegerinnen und ausgebildete Ergänzungskräfte. Die verschiedenen Einrichtungen zeichnen sich durch eine altersgemischte Betreuung aus.

Schlussfolgerung

Die Anzahl der Kinder, die bereits in einem frühen Alter mit mehreren Sprachen in Kontakt kommen, erhöht sich beständig. Im Gegensatz dazu vermindert sich der Anteil der Kinder, die zu Hause deutsch (bzw. luxemburgisch) sprechen. Zudem schreiben viele deutschsprachige Eltern ihre Kinder, die zu Hause einsprachig deutsch aufwachsen, bewusst in eine Einrichtung ein, die neben dem Deutschen noch eine zusätzliche Sprache anbietet.

1.2 Herkunft und Verwandtschaft der Sprachen

In Europa werden 23 offizielle Sprachen gesprochen. Hinzu kommen Dutzende regionale Sprachen und Hunderte Sprachen der Emigranten aus nicht europäischen Ländern. Viele europäische Sprachen gehören, historisch gesehen, der indogermanischen Sprachfamilie an, der mit über drei Milliarden Sprechern größten Sprachfamilie weltweit (Schmidt 2014a, 15):

indoeuropäische Sprachen

- die westgermanischen (u.a. Englisch, Deutsch, Niederländisch) und nordgermanischen (u.a. Dänisch, Schwedisch und Norwegisch) Sprachen
- die romanischen Sprachen (u.a. Französisch, Italienisch, Spanisch, Portugiesisch und Rumänisch)

- die südslawischen (u.a. Bulgarisch, Serbokroatisch, Bosnisch, Slowenisch und Mazedonisch), westslawischen (u.a. Polnisch, Slowakisch und Tschechisch) und ostslawischen Sprachen (u.a. Russisch, Belorussisch und Ukrainisch)

Die Öffnung des Arbeitsmarktes, Krieg, Vertreibung und materieller Notstand haben dazu geführt, dass viele Länder Europas durch eine multikulturelle und vielsprachige Gesellschaft geprägt sind. Die verschiedenen Sprachen sind durch die hohe Anzahl von Migranten nicht mehr strikt an territoriale Grenzen gebunden.

Kinder mit Migrationshintergrund

In **Deutschland** hat etwa jede fünfte Person einen Migrationshintergrund (Bundeszentrale für politische Bildung 2016).

DEFINITION

„Eine Person hat dann einen **Migrationshintergrund**, wenn sie selbst oder mindestens ein Elternteil nicht mit deutscher Staatsangehörigkeit geboren ist" (Statistisches Bundesamt 2017).

Zwei Drittel dieser Personen (66,9%) sind selbst eingewandert (erste Generation), ein Drittel (33,1%) in Deutschland geboren, wobei etwa die Hälfte über die deutsche Staatsbürgerschaft verfügt.

Die meisten Personen mit Migrationshintergrund stammen aus der Türkei (16,7%), gefolgt von Polen (9,9%), Russland (7,1%), Kasachstan (5,5%) und Italien (4,5%) (Bundeszentrale für politische Bildung 2016).

Auch in **Österreich** haben mehr als 20% der 8,7 Millionen Einwohner einen Migrationshintergrund (Statistik Austria 2016). Dabei stammen 39% der Personen aus einem anderen EU- oder EWR-Staat oder aus der Schweiz. Aus den Nachfolgestaaten Jugoslawiens (ohne die EU-Mitglieder Slowenien und Kroatien) stammen 28%, 15% aus der Türkei.

Im Jahr 2015 hatten 36% der ständigen Wohnbevölkerung ab 15 Jahren in der **Schweiz** einen Migrationshintergrund (ständige Wohnbevölkerung: 8,4 Millionen). Innerhalb von zehn Jahren stieg der Anteil der Bevölkerung mit Migrationshintergrund von 29% auf 36% an (Neue Zürcher Zeitung 2015). Die meisten Personen mit Migrationshintergrund sprechen als Erstsprache Deutsch oder eine der romanischen Sprachen Italienisch, Portugiesisch, Französisch und Spanisch sowie Türkisch und Serbisch.

In **Luxemburg** sprechen die meisten Personen mit Migrationshintergrund Portugiesisch, dann Französisch, Italienisch und Deutsch. Sie stellen über 60% der Gesamtbevölkerung dar. Diese lag Anfang 2017 bei knapp 600.000 Einwohnern.

altaische Sprachen

Unter den Migrationssprachen gehören Türkisch und Kasachisch nicht zur indogermanischen Sprachfamilie, sondern genau wie z.B. Aserbaidschanisch oder Usbekisch zu den altaischen Sprachen. Diese Sprachen sind eng miteinander verwandt und zeigen demnach viele sprachstrukturelle Gemeinsamkeiten auf: gewohnte Laute, sich ähnelnde Wörter und vergleichbare grammatische Strukturen. Besondere Kennzeichen der türkischen Sprache sind z.B.:

- Die Vokalharmonie, nur Vokale der gleichen Klangfarbe treten in einem Wort auf: Die Mehrzahl von „ev“ (Haus) ist „evler“ (Häuser), die Mehrzahl von „ad“ (Name) ist „adlar“ (Namen).
- Das fehlende grammatische Geschlecht und das damit verbundene Fehlen von Artikeln: „Der Teller“ heißt im Türkischen einfach „tabak“, „das Glas“ „bardak“ und „das Messer“ „bıçak“.

sprachstrukturelle Unterschiede

Diese Beispiele (die Liste wäre um einiges zu verlängern) verdeutlichen, dass die altaischen Sprachen im Vergleich zu den indogermanischen Sprachen (z.B. Deutsch) viele sprachstrukturelle Unterschiede aufzeigen: Deutsch zeigt keine Vokalharmonie auf und hat sogar drei grammatische Geschlechter (männlich, weiblich, sächlich), die u.a. an den Artikeln verdeutlicht werden (z.B. den bestimmten Artikeln der, die, das). Ein Kind mit einer altaischen Erstsprache (z.B. Türkisch) benötigt demnach eine längere „Einhörphase“ in die deutsche Sprache als Zweitphase als ein Kind mit Erstsprache Englisch oder Holländisch. Es fällt einem Kind leichter, eine zusätzliche Sprache aus derselben Sprachfamilie zu lernen als eine Sprache aus einer anderen Sprachfamilie: Ein Kind mit Erstsprache Portugiesisch lernt sicherlich leichter Spanisch oder auch noch Italienisch oder Französisch (alles romanische Sprachen) als Russisch (slawische Sprache), Deutsch (germanische Sprache) und v.a. Türkisch oder Ungarisch.

Einhörphase

Kinder aus der Türkei oder aus dem arabischen Raum, die ein erstes Mal im Kindergarten mit der deutschen Sprache in Kontakt kommen, brauchen in der Regel mehrere Monate, bis sie sich mit den Klängen der neuen Sprache anvertraut haben. Das neue „Sprachbad“ ist für sie „fremder“ als für Kinder, die zu Hause z.B. Englisch oder Holländisch sprechen.

„Studien konnten nachweisen, dass das Lernen von strukturell und lexikalisch ähnlichen Sprachen zu Beginn schneller erfolgt als voneinander sehr unähnlichen Sprachen“ (ÖSZ 2017, 12).

finnourgische Sprachen

Ungarisch, Finnisch, Estnisch und Lappisch gehören als sogenannte „Sprachinseln“ innerhalb Europas zu den finnougrischen Sprachen und haben nur wenige Gemeinsamkeiten mit den indoeuropäischen Sprachen. Ihnen wird eine größere Nähe zu den erwähnten altaischen Sprachen (z.B. Türkisch) nachgewiesen.

Merkmale der indoeuropäischen Sprachen

Das Hauptkennzeichen der indoeuropäischen Sprachen besteht darin, dass sie einen flektierenden („beugenden“) Sprachaufbau besitzen. Mithilfe von Flexionsmorphemen werden grammatische Funktionen dargestellt, bspw. die Flexion der Verben, Artikel, Adjektive oder Nomen:

Das Osterei liegt hinter dem dicken Baum.

flektierender Sprachaufbau

Die Flexionsmorpheme sind an grammatische Regeln gebunden. Allerdings sind viele „Endungen” nicht eindeutig, sodass das Erfassen einer zu lernenden grammatischen Regel besonders auch für Zweitsprachlerner nicht einfach ist:

Ich verstecke mich unter dem roten Tisch.

Sowohl das Flexionsmorphem „em” als auch das Flexionsmorphem „en” weisen auf eine Dativmarkierung hin.

Wir spielen, sie spielen.

Die Verbendung „en” kann sowohl auf die erste als auch auf die dritte Person Mehrzahl verweisen.

Diese Art von Schwierigkeiten taucht in den altaischen, wie in allen anderen agglutinierenden Sprachen, nicht auf:

In einer agglutinierenden Sprache wird eine Bedeutungseinheit, bspw. Person, Zeit oder Kasus, durch ein einzelnes und eindeutiges Affix (Prä- oder Suffix) ausgedrückt.

Ein Beispiel aus dem Türkischen verdeutlicht dies: „göz" (Auge), „gözler" (Augen), „gözleri" („Augen" im Akkusativ). Das Affix „ler" weist eindeutig auf die Mehrzahl hin, das Affix „i" genauso eindeutig auf den Akkusativ.

isolierende Sprachen

Auch in isolierenden Sprachen, Sprachen, die weder flektierend noch agglutinierend sind, gibt es diese Schwierigkeiten im Erfassen einer grammatischen Regel, wie sie in flektierenden Sprachen bestehen, nicht. Das Chinesische bspw. besteht als typische isolierende Sprache fast nur aus Wortstämmen (ohne Endungen) und unterscheidet sich besonders dadurch von den indoeuropäischen Sprachen.

Englisch

Am Beispiel des Englischen (einer westgermanischen Sprache) kann man feststellen, wie sich die Sprachen im Laufe der Jahrhunderte mehr oder weniger schnell verändern. Vor tausend Jahren entsprach Englisch strukturell ungefähr dem Deutschen, war eine stark flektierende Sprache mit vielen Endungen. Seit der Invasion der Normannen im Jahre 1066 hat sich die Sprache in Richtung einer isolierenden Sprache hin entwickelt und seine flektierten Formen zum allergrößten Teil verloren: „I eat, you eat, he eats, we eat, you eat, they eat." Nur noch in der dritten Person Einzahl taucht mit der Endung „-s" ein Flexionsmorphem auf. Ähnliche Verläufe haben bspw. auch das Französische oder das Dänische genommen.

rigide oder flexible Syntax

Eine Sprache mit wenigen Flexionsmöglichkeiten (v.a. Englisch, aber zum Teil auch Französisch) braucht eine rigide Syntax. Die einzelnen Wörter im Satz haben eine bestimmte Stellung, die mehr oder weniger fest ist:

Aujourd'hui, je mange une pomme à l'école.
(Wort für Wort übersetzt: Heute, ich esse einen Apfel in der Schule.)

Im Deutschen ist die Satzstellung flexibel:

Heute esse ich einen Apfel in der Schule.
In der Schule esse ich heute einen Apfel.
Ich esse heute in der Schule einen Apfel.
Einen Apfel esse ich heute in der Schule.

Aus mehreren Gründen ist es sinnvoll, die Zuordnung der Erstsprachen der Kinder zu einer bestimmten Sprachfamilie zu kennen genau wie die wichtigsten sprachstrukturellen Gemeinsamkeiten und Unterschiede, die zwischen den Sprachen bestehen. Diese Aspekte werden in der Darstellung des Konzeptes im 3. Kapitel besonders im Fokus stehen:

Die Einhörphase dauert, wie oben erwähnt, in der Regel umso länger, je größer die sprachstrukturellen Unterschiede zwischen Erst- und Zweitsprache sind.

Die schnelleren Fortschritte beim Erwerb der Zweitsprache des einen Kindes im Vergleich zu einem anderen sind meistens dadurch bedingt, dass Erst- und Zweitsprache „näher" zusammenliegen, demnach von den Lautstrukturen, vom Wortschatz und von der Grammatik her viele Ähnlichkeiten aufzeigen.

Gemeinsamkeiten

Die Strukturen, die in Erst- und Zweitsprache vergleichbar sind, sind in einer ersten Phase besonders motivierend für das Kind, weil es diese schnell auf die neue Sprache übertragen kann. Dies trifft ganz besonders auf Wörter mit vergleichender Lautgestalt zu. Diese werden als „semantische Freunde" bezeichnet:

BEISPIEL

eine Banane – a banana (englisch) – une banane (französisch) – a banana (portugiesisch) – una banana (italienisch) – bananu (bosnisch) – банана (serbisch) – banan (polnisch) – банан (russisch) – バナナ (japanisch). Auch das serbische, russische und japanische Wort für „Banane" ähnelt, trotz unterschiedlicher Schreibweise, von der Lautgestalt her dem deutschen.

Unterschiede

Äußerungen von Kindern in der Zweitsprache Deutsch, die als „fehlerhaft" oder zumindest „ungewohnt" wahrgenommen werden, sind oft auf sprachstrukturelle Unterschiede zwischen Erst- und Zweitsprache zurückzuführen:

BEISPIEL

Mélanie spricht zu Hause Französisch, im deutschen Kindergarten erzählt sie der Lehrerin: „Gestern ich habe gespielt mit die Oma." Die Schwierigkeiten mit der syntaktischen Anordnung der Wörter und den Wortendungen sind auf Unterschiede, die zwischen der deutschen und französischen Sprache bestehen, zurückzuführen: „Hier, j'ai joué avec la grand-mère."

Unterschiedliche Strukturen führen zu vielen „negativen Transfers", die in der Förderung der Zweitsprache besonders beachtet werden müssen.

Sprachen der Flüchtlinge

Die zahlreichen Flüchtlinge, die aktuell in Europa einreisen, kommen aus den unterschiedlichsten Ländern, v.a. aus dem Mittleren Osten und aus Afrika. So verschieden ihre Herkunft ist, so verschieden sind auch die Sprachen, die sie sprechen:

- in Syrien und Irak v.a. Arabisch und Kurdisch
- in Afghanistan v.a. Persisch (in Afghanistan wird das Neupersische als „Dari" bezeichnet, im Iran als „Farsi") und Paschtu (oder Paschtunisch)
- in Eritrea u.a. Arabisch

Persisch (u.a. Dari und Farsi), Paschtu und Kurdisch gehören zur indoeuropäischen Sprachfamilie und sind demnach auch flektierende (beugende) Sprachen.

Arabisch ist die meistverbreitete Sprache der semitischen Sprachfamilie (gehört demnach nicht den indoeuropäischen Sprachen an), wird von rund 300 Millionen Menschen in 22 arabischen Ländern und zahlreichen anderen Ländern in Asien und Afrika gesprochen und ist auch eine flektierende Sprache.

Es gibt verschiedene Dialekte, welche das Arabische in den einzelnen Ländern färben, bspw. ein irakisches Arabisch oder ein syrisches Arabisch. Auch im Kurdischen gibt es mehrere Hauptdialektgruppen: Kurmandschi (Nordkurdisch), Sorani (Zentralkurdisch) und Südkurdisch, wobei Kurmandschi die weitverbreitetste kurdische Sprache ist.

1.3 Interkulturelles Lernen

> *„Die Beziehung zwischen Sprache und Kultur ist durch ein interdependentes Verhältnis gekennzeichnet, sodass Mehrsprachigkeit und Kultur nur schwerlich voneinander zu trennen sind. Denn erlernt der Mensch eine Sprache, erwirbt er in einem längeren Prozess Kulturspezifika und betritt damit neues Kultur-Terrain" (Wischnewski 2013, 94).*

soziokulturelle Komponente

Sprache hat demnach eine starke soziokulturelle Komponente. Mit jeder neuen Sprache wird nicht nur sprachenspezifisches, sondern auch kulturgebundenes Wissen vermittelt und somit bestimmte Lebenshaltungen und -einstellungen. Eine neue Sprache ermöglicht den Zugang zu neuen Gedanken und Werten zu jener Gemeinschaft, die diese Sprache spricht. Sie ist immer auch ein Zeichen von Gruppenzusammengehörigkeit und von kultureller Identität (ÖSZ 2012).

! Jede Sprache ist ein Teil einer Kultur, mit der Lebensart, Traditionen, Werte und Gefühle verbunden sind.

Kinder, die mehrsprachig aufwachsen, erschließen mit jeder weiteren Sprache neue kulturelle Werte, die ihre Identität mitprägen. Die folgende Aussage einer Mutter, deren Kind Deutsch als Zweitsprache erwirbt, verdeutlicht dies: „Durch die Zweisprachigkeit entwickelt mein Kind eine besondere Identität" (Kuyumcu/Schulz-Schneider 2011, 5).

Transkulturalität

Viele Eltern mit Migrationshintergrund erleben eine Vermischung verschiedener Kulturen: die Vermischung der Kultur, die sie v.a. als Kinder in ihrem Elternhaus erlebt haben, mit den kulturellen Besonderheiten, denen sie in der Gesellschaft, in der sie leben, begegnen.

Transkulturalität stellt diesen Aspekt der Vermischung in den Vordergrund und geht davon aus, dass Kulturen nicht homogene, klar voneinander abgrenzbare Einheiten sind. Sie werden, besonders infolge der Globalisierung, zunehmend miteinander vernetzt.

Multikulturalität und Interkulturalität werden demgegenüber wie folgt definiert:

DEFINITION

Multikulturalität, Interkulturalität

Unter **Interkulturalität** wird das Aufeinandertreffen von zwei oder mehr Kulturen verstanden, bei dem es zwar zur gegenseitigen Beeinflussung (Ikud 2017), nicht aber zur völligen Vermischung kommt (wie erwähnt, spricht man in dem Fall von Transkulturalität). **Multikulturalität** wird als ein Nebeneinanderbestehen verschiedener Kulturen definiert.

Die Akzeptanz, das Interesse und die Anerkennung einer kulturellen Gemeinschaft gegenüber einer anderen hat einen Einfluss auf die sprachliche Entwicklung der Kinder und besonders auf deren Motivation, die neue Sprache zu lernen. Dies trifft natürlich auch auf die Flüchtlingsgemeinschaften und besonders die Flüchtlingskinder zu, die, wie oben erwähnt, zu einem großen Teil aus dem arabischen Raum kommen.

Einstellung der Eltern

Für das Kind sind an erster Stelle die Einstellungen der nahen Bezugspersonen, insbesondere der Eltern, gegenüber der/den Erstsprache(n) wichtig. Wird eine Sprache im Elternhaus geschätzt, so hat dies positive Auswirkungen auf die Motivation des Kindes, die Sprache zu lernen (Triarchi-Hermann 2012). Die Einstellung der Eltern zu ihrer Erstsprache hängt stark vom Prestige der jeweiligen Sprache ab. Viele westeuropäische Sprachen und besonders die Bildungs- oder Unterrichtssprachen genießen in der Regel einen hohen Stellenwert. Kenntnisse im Englischen, Französischen oder Spanischen werden zumeist als Ressource wahrgenommen. Im 3. Kapitel wird aufgezeigt, wie wichtig eine gut entwickelte Erstsprache für die Gesamtentwicklung des Kindes und speziell für den Erwerb mehrsprachiger Kompetenzen ist und wie wichtig die Einstellungen der Bezugspersonen des Kindes im Spracherwerbsprozess sind.

Einstellung des pädagogischen Teams

Die Einstellung des pädagogischen Teams gegenüber den Erstsprachen der Kinder wirkt sich auch positiv auf die sprachliche Entwicklung der Kinder aus. Grundsätzlich ist es sprachförderlich, wenn die kulturelle Vielfalt und Mehrsprachigkeit als Bereicherung angesehen werden (Ringler et al. 2013). Die Akzeptanz und Einbindung kultureller Vielfalt sollten demzufolge als Bereicherung aufgefasst und tagtäglich gelebt werden.

> *„Grundsätzlich wird Mehrsprachigkeit von pädagogischen Fachkräften positiv beurteilt, vor allem wenn es sich um Kompetenzen in den sogenannten Bildungssprachen wie Englisch oder Französisch handelt" (Ringler et al. 2013, 50).*

Ist die Erstsprache Türkisch, Serbisch oder Arabisch, wird „die Zweisprachigkeit als besondere Kompetenz" als weniger greifbar erlebt und eher die mangelnde Kenntnis der deutschen Sprache beanstandet. „Gerade hier gilt es auch gegenzusteuern und Sprachkenntnisse prinzipiell als Ressource zu betrachten, die es lohnt aufrechtzuhalten" (Kalteis 2013, 45).

Wörter aus Erstsprachen lernen

Durch die Wertschätzung der Erstsprachen in den Kitas und schulischen Einrichtungen wird das Selbstvertrauen der Kinder positiv beeinflusst. Für die Kinder ist es motivierend, wenn die Pädagogin auch einige Wörter in der Erstsprache versteht oder sogar auf einzelne alltägliche Phrasen zurückgreifen kann, bspw. aus dem Französischen: „Bon appétit!" (Guten Appetit!), „Bonjour!" (Guten Morgen!), oder aus dem Türkischen: „Afiyet olsun!" (Guten Appetit!), „Günaydın!" (Guten Morgen!).

> *„Seit ich mir Mühe gebe, auch türkische Wörter zu lernen, merke ich, dass die türkischsprachigen Kinder mir offener gegenüber werden. Ich kann jetzt auch besser verstehen, was es heißt: sprachlos zu sein, nichts zu verstehen. […] Der Blick auf die kulturelle Bereicherung impliziert, dass die anderen etwas zu bieten haben, was uns gut tut" (Ringler et al. 2013, 15).*

Im interkulturellen Arbeitsfeld sind demnach Empathie und Offenheit für fremde Verhaltensweisen und Wertvorstellungen hilfreich (Ringler et al. 2013).

Die beiden Ausführungen für eine lebendige Mehrsprachigkeit in unseren Kitas und Schulen von Küpelikilinc und Özbölük (2016, 8) verdeutlichen ganz treffend eine sprachschätzende und -fördernde Haltung:

1. Die sprachliche Vielfalt ist ein wichtiger Teil des kulturellen Erbes eines Landes.
2. Die Wertschätzung der Sprachen ist gleichzeitig die Wertschätzung der Menschen, die sie sprechen, und der Kulturen, in denen die Sprachen entstanden sind.

Informationsbedarf

Nach Ringler et al. (2013) sind die Fachkräfte prinzipiell gegenüber Familien mit Migrationshintergrund aufgeschlossen und hätten gerne mehr Informationen über die kulturellen, traditionellen, religiösen Verhaltensweisen und Werthaltungen. Allerdings wird diese kulturelle Offenheit nicht immer konzeptionell in der allgemeinen pädagogischen Arbeit und insbesondere in der Sprachförderung umgesetzt. Eine mögliche konzeptionelle Umsetzung bietet das interkulturelle Lernen an. Zum interkulturellen Lernen (ÖSZ 2012) als Unterrichtsprinzip gehören neben der Sprache insbesondere Aspekte wie

Lebensgewohnheiten, Gebräuche, Erzählungen, Märchen, Sagen, Lieder und Traditionen. Im praktischen Teil dieses Buches wird versucht, auch diesen Aspekten Rechnung zu tragen.

1.4 Begriffserläuterungen

„Mehrsprachigkeit wird als eine kommunikative Kompetenz verstanden, zu der alle Sprachkenntnisse und Spracherfahrungen beitragen und in der die Sprachen miteinander in Beziehung stehen und interagieren. In verschiedenen Situationen können Menschen flexibel auf verschiedene Teile dieser Kompetenz zurückgreifen, um eine effektive Kommunikation mit einem bestimmten Gesprächspartner zu erreichen" (Conseil de l'Europe 2001, 17, nach Grosjean 1984).

flexible Handhabung

Nach dieser Definition kann ein Kind als mehrsprachig bezeichnet werden, wenn es zwei oder mehr Sprachen in unterschiedlichen Situationen flexibel einsetzen kann:

BEISPIEL

Der 5-jährige **Yasin** ist genau wie die 4-jährige **Selma** schon seit einigen Jahren in einer Kita eingeschrieben. Die Eltern beider Kinder stammen aus der Türkei. Heute Morgen spielen die beiden gemeinsam mit anderen Kindern im Einkaufsladen. Je nach Gesprächspartner und sprachlichem Kontext wechseln sie vom Türkischen ins Deutsche und umgekehrt. Die Pädagogin gesellt sich gelegentlich auch hinzu, nimmt einen Einkaufskorb und betritt den „Einkaufsladen". Beide Kinder verbleiben jetzt konsequent im monolingualen Modus und versuchen, sich ausschließlich in ihrer Zweitsprache Deutsch verständlich zu machen. Sie wissen, dass die Pädagogin kein Türkisch versteht.

Bedeutung der starken Sprache

Eine „äquilibrierte", also „ausgeglichene" Mehrsprachigkeit ist eher selten bei Kindern wie auch bei Erwachsenen vorzufinden. Meistens besitzt das Kind eine stärkere Sprache, in der es sich besser ausdrücken kann. Die sprachlichen Kompetenzen in dieser starken Sprache sind für die sozial-emotionale und kognitive Entwicklung, z.B. für das Erfassen und Verarbeiten abstrakter Zusammenhänge (Cummins 1979; ÖSZ 2012), von grundlegender Bedeutung und bilden das Fundament, welches für den Erwerb weiterer Sprachen wichtig ist.

Es ist wesentlich, dass die starke Sprache des Kindes nach dem Eintritt in die Kita oder später in die Schule weiterhin gefördert wird, ganz besonders im Elternhaus und im optimalen Fall zusätzlich in der Kita oder in der Schule.

!

Erhält die Erstsprache des Kindes nicht die nötige Unterstützung, so werden die im folgenden Kapitel dargestellten langfristigen Vorteile einer frühen mehrsprachigen Erziehung minimisiert (Barac et al. 2014).

BEISPIEL _

Die Mutter der heute 5-jährigen **Lara** lernt seit ein paar Jahren Deutsch in Abendkursen. Kurz nach dem dritten Geburtstag ihrer Tochter beschließen die portugiesisch sprechenden Eltern, dass die Mutter, die öfters als der Vater zu Hause ist, fortan mit ihrer Tochter in deutscher Sprache kommuniziert. Ihrer Tochter Lara soll durch den Erwerb erster Kompetenzen in der Bildungssprache Deutsch die Einschulung erleichtert werden.

„Sprachenwechsel“ gut überlegen

Eine wesentliche Reduzierung des Kontakts mit der Erstsprache führt häufig zu einem verzögerten oder längerfristig nur teilweisen Erwerb dieser Sprache. Der Wechsel der Sprache einer nahen Bezugsperson, wie im obigen Beispiel beschrieben, sollte im Voraus gut überlegt und begründet sein. Es ist nicht ratsam, einen Sprachenwechsel vorzunehmen, wenn die erstsprachliche Entwicklung des Kindes darunter leidet. Bekommt die 5-jährige Lara durch den Sprachenwechsel ihrer Mutter nicht genügend Sprachinput in ihrer Erstsprache Portugiesisch über die Interaktion mit ihrem Vater oder anderen Bezugspersonen, so ist von einem Sprachenwechsel der Mutter von ihrer Erstsprache Portugiesisch auf die Kommunikations- und spätere Unterrichtssprache Deutsch unbedingt abzuraten.

Die Reduktion der erstsprachlichen Kommunikation kann zu einem Stagnieren der erstsprachlichen Entwicklung führen (Cummins 1979; ÖSZ 2012).

!

Vorrangiges Ziel muss es sein, dem Kind genügend Interaktionsmöglichkeiten in der starken Sprache zu gewährleisten, weil daran ein bedeutender Teil der kognitiven Entwicklung des Kindes gebunden ist. Zudem macht ein Sprachenwechsel noch weniger Sinn, wenn die entsprechende Person, im vorherigen Beispiel die Mutter, keine „erstsprachlichen Kompetenzen" in der entsprechenden Sprache besitzt. Je intensiver der Kontakt des Kindes mit der Bezugsperson ist, desto wichtiger ist die Qualität der sprachlichen Kompetenzen.

Allerdings kann die Mutter im obigen Beispiel gelegentlich auf die zweite Sprache zurückgreifen:

BEISPIEL

Die portugiesischsprachige Mutter der 5-jährigen **Lara** ist sicherlich stolz darauf, dass sie bereits vieles auf Deutsch versteht und sich auch in alltäglichen Situationen verständlich mitteilen kann. Sie erklärt ihrer Tochter, dass sie im Begriff ist, eine neue Sprache, nämlich Deutsch, zu lernen, und dass es diese Sprache auch in der Kita mit den anderen Kindern und mit den Pädagoginnen sprechen wird. Abends vor dem Schlafengehen erzählt sie ihr ein Buch in deutscher Sprache und erklärt ihr, wie die vielen Spielsachen auf Deutsch heißen. Auch der Vater gesellt sich zu den beiden und versucht, die Bezeichnungen so korrekt wie möglich auf Deutsch nachzusprechen.
Außerhalb dieser gesonderten, zeitlich stark begrenzten Situationen gebrauchen beide Elternteile ihre jeweils stärkste Sprache in der alltäglichen Interaktion mit dem Kind.

simultane Zweisprachigkeit

Die starke Sprache wird oft als „Muttersprache" bezeichnet, demnach als die Sprache, die das Kind im Elternhaus lernt. Die Begriffe Erst-, Zweit- oder Drittsprache weisen präziser darauf hin, in welcher Reihenfolge der Erstkontakt mit den verschiedenen Sprachen stattfand. Erwirbt das Kind zwei Sprachen gleichzeitig, wobei der Erstkontakt mit beiden Sprachen innerhalb der beiden ersten Lebensjahre liegt, wird von „simultaner Zweisprachigkeit" oder auch vom „doppelten Erstspracherwerb" gesprochen. Erwirbt das Kind eine zweite Sprache, nachdem es bereits erste Kompetenzen in der Erstsprache erworben hat, so spricht man vom „sequentiellen Zweitspracherwerb":

frühkindlicher Zweitspracherwerb

- frühkindlicher Zweitspracherwerb zwischen dem zweiten und sechsten Lebensjahr
- später Zweitspracherwerb nach dem sechsten Lebensjahr

In der Altersspanne von der Geburt bis zum sechsten Lebensjahr kann das Erlernen einer zweiten Sprache besonders gut gelingen (Wode 2000).

Die Bevorzugung einer Sprache hängt oft mit dem jeweiligen Kontext zusammenhängen:

BEISPIEL

Der oben erwähnte **Yasin** spricht während des Einkaufsspiels mit seiner Freundin **Selma** in türkischer Sprache. Beide begleiten öfters ihre Eltern in den Einkaufsladen um die Ecke, in dem die Verkäufer und die meisten Kunden türkischer Abstammung sind. Dort wird praktisch nur türkisch gesprochen.
Während des Bastelns einer Fastnachtsmaske unterhalten sich beide fast nur in deutscher Sprache, der spezifische Wortschatz in Zusammenhang mit dem Thema „Fastnacht" ist ihnen aus der Kita in deutscher, aber nicht in türkischer Sprache geläufig.

Der unterschiedliche Gebrauch der Sprachen führt dazu, dass die von den Kindern erlernten Sprachen nicht in gleicher Breite und Tiefe erworben werden.

Verknüpfung der Sprachen

In der Regel kann man davon ausgehen, dass zwei Sprachen umso enger miteinander „verknüpft" sind, je früher der Erstkontakt mit beiden Sprachen ist und je öfter beide Sprachen in vergleichbaren Kontexten präsent sind. Die „Verknüpfung" der Sprachen ist nicht nur durch Untersuchungen in der Computertomographie nachgewiesen worden (Meisel 2008; Hoppenstadt/Apeltauer 2010; de Simoni 2011), sondern zeigt sich auch durch das schnelle Wechseln des Kindes von einer Sprache in die andere: Kennt das Kind eine bestimmte Bezeichnung in einer Sprache nicht, so „leiht" es sich das Wort in einer zweiten Sprache aus. Dieses Ausleihen wird im Englischen als „borrowing" bezeichnet:

Ich esse jetzt kayisi (eine Aprikose).

Code-switching

Spricht das Kind mit einer Person, die seine zwei Sprachen versteht, so kann es ganz ungehemmt von einer Sprache in die andere wechseln. Dieses Wechseln zwischen den Sprachen wird als „Code-switching" bezeichnet.

mehrsprachige Kompetenzen

Das flexible Zurückgreifen auf bereits erworbene Fähigkeiten in verschiedenen Sprachen in mehrsprachigen Kontexten wird positiv als Zeichen „mehrsprachiger Kompetenzen" angesehen.

Interlanguage-effekte

Spricht das Kind hingegen mit einer Person, die nur eine der zwei Sprachen versteht, so ist es gewissermaßen gezwungen, sich auf eine Sprache zu beschränken. Dies äußert sich dann dadurch, dass gehäuft „Interlanguageeffekte" auftreten: Das Kind greift immer wieder auf Strukturen einer Sprache zurück (z.B. auf eine bestimmte syntaktische Struktur) und überträgt diese in die andere Sprache. Es kommt zu Transfers, die zu „Fehlern" führen, wenn zwischen den Sprachen sprachstrukturelle Unterschiede bestehen:

BEISPIEL

Matthieu spricht zu Hause Französisch mit seinen Eltern. Seit einigen Jahren lernt er auch schon Deutsch im Kindergarten. Zu seiner Mutter sagt er abends vor dem Einschlafen: „Demain, je veux aller au cinéma." (Wort für Wort übersetzt: Morgen, ich will gehen ins Kino.) Am anderen Morgen sitzt er im Bus neben seinem deutschsprachigen Freund und erklärt ihm ganz aufgeregt: „Heute ich werde gehen ins Kino."

In diesem Beispiel fallen gleich zwei negative Transfers auf. Im Gegensatz zu den romanischen Sprachen muss im Deutschen nach einer adverbialen Bestimmung (morgen, heute) eine Inversion von Subjekt und Verb („will ich") vorgenommen werden (Kap. 1.2). Im Französischen ist dies nicht der Fall, die Reihenfolge der Wörter im Satz ist relativ unflexibel. Im Französischen wird von einer „starren kanonischen Reihenfolge" Subjekt-Verb-Ergänzung gesprochen. Das Subjekt steht fast immer vor dem Verb, eine Inversion wird nur noch selten vorgenommen:

„Aujourd'hui, je vais au cinéma. Est-ce que tu viens avec moi. On va prendre le bus vers six heures."
(Wort für Wort übersetzt: „Heute, ich gehe ins Kino. Du kommst mit mir? Man wird nehmen den Bus gegen sechs Uhr.")

Der zweite Transfer betrifft die zusammengesetzten Tempora der französischen Sprache, in denen Hilfs- oder Modalverb nicht wie in der deutschen Sprache vom Hauptverb getrennt werden:

Je vais prendre le bus à six heures.
(Wort für Wort übersetzt: Ich werde nehmen den Bus um sechs Uhr.)

1.5 Positive Effekte der mehrsprachigen Erziehung

In einer interkulturellen Gesellschaft und globalisierten Welt stellen mehrsprachige Kompetenzen einen besonderen Vorteil dar. Mehrsprachige Kinder können sich mit Kindern anderer Herkunft unterhalten und haben ein besseres Verständnis für andere Kulturen und Sichtweisen sowie ein ausgeprägteres Sprachbewusstsein (Tracy 2014). Jugendliche und Erwachsene, die Kompetenzen in mehreren Sprachen besitzen, haben zudem einen leichteren Zugang zum Arbeitsmarkt: Unternehmen stellen in zunehmendem Maße Personen ein, die mehrsprachig sind.

Zahlreiche wissenschaftliche Studien belegen zudem die positiven Auswirkungen des *frühen* Kontakts mit einer Zweitsprache.

> *„Das Lernen einer zweiten Sprache gelingt umso leichter, je früher das Kind beginnt, diese Sprache zu erlernen, und je öfter das Kind diese Sprache einsetzen kann: z.B. im Kindergarten, auf dem Spielplatz, mit Freunden, zuhause usw." (Deutscher Bundesverband für Logopädie 2017, 1).*

enge neuronale Verknüpfungen

Unter denselben äußeren Bedingungen wird eine zweite Sprache in einem frühen Alter schneller gelernt als in einem späteren Alter. Ein Kind, welches schon früh, am besten noch vor dem Abschluss des zweiten Lebensjahres, einen intensiven Kontakt mit zwei Sprachen hat, ist in der Lage, in beiden Sprachen sogenannte monolinguale, erstsprachliche Kompetenzen zu erwerben. In dem Fall sind, wie bereits erwähnt, beide Sprachen, neurologisch gesehen, eng miteinander „verknüpft" und unterstützen sich gegenseitig. Die Sprachen werden in identischen Hirnarealen in *einem* neuronalen Netzwerk aufgebaut (Gasser 2008; Overmann 2003). In dieses Netzwerk kann ein simultan zweisprachiges Kind in einem späteren Alter auch eine Dritt- oder Viertsprache „integrieren", welches das Lernen sehr erleichtert (Gombos 2008). Es „schafft damit strukturelle Anknüpfungspunkte für weiteres Sprachenlernen" (Gasser 2008, 71).

Die Fähigkeit zur sprachlichen Analyse und die Qualität und Quantität der Spracherwerbsstrategien sind bei bilingualen Kindern höher als bei monolingualen (ÖSZ 2012). Mehrsprachige Kinder haben nach der in Deutschland durchgeführten DESI-Studie (Deutsch-Englisch Schülerleistungen International, Hesse/Göbel 2007) einen Vorteil beim Erwerb der Fremdsprache Englisch und schneiden besser ab als einsprachig deutschsprachige (ÖSZ 2017).

Zudem hat ein früher Kontakt mit der Zweitsprache Deutsch für Kinder mit einer anderen Erstsprache ganz einfach den Vorteil, dass insgesamt mehr Zeit zur Verfügung steht, um die für den Schulerfolg notwendigen Kompetenzen in der deutschen Sprache noch vor Schuleintritt zu erwerben.

Neben den rein sprachlichen Vorteilen wirkt sich die frühe Mehrsprachigkeit u.a. auch in folgenden Bereichen positiv aus:

vielfältige Vorteile

- Mehrsprachige Kinder können durch die stete Konfrontation mit verschiedenen Sprachen besser über Sprache reflektieren. Diese erhöhten **metasprachlichen Reflexionen** zeigen sich dadurch, dass die Kinder sprachliche Gemeinsamkeiten und Unterschiede sowie grammatische Regeln eher erkennen als einsprachige (Bialystok 2007), sie haben eine höhere Sensitivität gegenüber Sprache, ihren Regeln und deren angemessener Anwendung (Schölmerich et al. 2010).
- Die **Konzentrationsfähigkeit bzw. Impuls- und Aufmerksamkeitskontrolle** mehrsprachiger Kinder ist erhöht (de Bleser/Paradis 2006; Bialystok 2007; Bengsch 2011).
- Schwierige Aufgaben werden besser von mehrsprachigen Kindern gelöst, v.a. weil sie **flexibler denken** und kreativer sind als einsprachige Kinder (ÖSZ 2012).
- Insgesamt schneiden mehrsprachige Kinder besser in nonverbalen und verbalen **Intelligenztests** ab, ihre kognitive Leistungsfähigkeit ist besser als diejenige monolingual aufwachsender Kinder (Peal/Lambert 1962; Bengsch 2011; ÖSZ 2012).

Es kommt in unserer vielsprachigen Gesellschaft immer häufiger vor, dass ein Kind schon in einem frühen Alter mit drei oder sogar vier Sprachen in Kontakt kommt. Obschon es keine Anhaltspunkte dafür gibt, dass die Anzahl der Sprachen, die ein Mensch lernen kann, begrenzt ist (Küpelikilinc/Özbölük 2016), sollte man sich doch zumindest bei drei oder mehr Sprachen genau überlegen, welche Sprachen wofür benötigt werden. Besonders wichtig ist die Überlegung, ob das Kind in seiner starken Sprache, wie in Kapitel 1.4 bereits erwähnt, über intensive Interaktionsmöglichkeiten verfügt.

Ein multilinguales Umfeld stellt an sich keinen Risikofaktor für die Ausbildung von grammatischen Entwicklungsstörungen dar (Keilmann/Zickgraf 1992; Kracht 2000; Paradis et al. 2003; Cárdenas/Inglisa 2006; Tracy 2007; Chilla et al. 2013; Lüke/Ritterfeld 2011; Triarchi-Hermann 2012). Ungünstige Bedingungen führen allerdings oft zu Spracherwerbsschwierigkeiten. Im folgenden Kapitel 1.6 steht die Frage im Mittelpunkt, inwieweit und wie die Sprachen im Umfeld des Kindes „organisiert" werden sollten, um Schwierigkeiten vorzubeugen.

1.6 Spracherwerbsbedingungen

> *„Nach Untersuchungen zur Immersionsmethode ist es für Kinder möglich, drei Sprachen parallel zu erlernen, ohne dass sie in einer Sprache Defizite zeigen. Kinder, die zunächst nur Deutsch gelernt haben, können problemlos im Vorschulbereich eine andere Sprache (bzw. zwei andere Sprachen) durch die Methode des „Sprachbads" erlernen" (Carroll 2008, 283f.).*

überproportional häufige Spracherwerbsschwierigkeiten

In dieser These, die stellvertretend für viele vergleichbare steht (Kap. 2), wird unterschwellig darauf hingewiesen, dass der gleichzeitige Erwerb mehrerer Sprachen nicht immer reibungslos verläuft. Statistische Erhebungen (Rolffs 1999; Lüke/Ritterfeld 2011) weisen darauf hin, dass Kinder, die mehrsprachig aufwachsen, im Vergleich zu einsprachig aufwachsenden Kindern überproportional häufig Spracherwerbsschwierigkeiten aufzeigen.

> *„Sie scheitern in unserem Bildungssystem überdurchschnittlich häufig, meist aufgrund von ungenügenden Sprachkompetenzen in der Unterrichtssprache" (Bayer 2010, 5).*

angeborene Voraussetzungen

Die überproportional hohe Anzahl Kinder mit Spracherwerbsschwierigkeiten kann logischerweise nicht auf die angeborenen Voraussetzungen der Kinder, Sprachen zu lernen, zurückgeführt werden. Unter den angeborenen Voraussetzungen spielen z.B. die zentral-auditive Verarbeitung und speziell das phonologische Arbeitsgedächtnis eine wichtige Rolle: Je besser die auditiven Reize (der sprachliche Input) im Kurzzeitgedächtnis verarbeitet werden, desto größer ist die Wahrscheinlichkeit, dass der Spracherwerbsprozess reibungslos verläuft. Bei mehrsprachigen Kindern gibt es selbstverständlich im Mittelwert nicht mehr und auch nicht weniger Kinder mit angeborenen Sprachverarbeitungsschwierigkeiten.

äußere Bedingungen

Die Ursachen der überproportional hohen Anzahl von Kindern mit Spracherwerbsschwierigkeiten liegen demnach im Bereich der äußeren, externen, Spracherwerbsbedingungen:

age of onset

Ein wichtiger Faktor stellt das Alter beim Erstkontakt mit der Zweitsprache (das sogenannte „age of onset") dar. Die Art und Weise und die Leichtigkeit, mit der sich ein Kind eine neue Sprache aneignet, verändern sich mit dem Alter. Wissenschaftlich gesehen, geht man heute von einem abnehmenden Kontinuum in der Sprachlernfähigkeit aus (Wode 2000): Je älter das Kind ist, desto schwieriger wird es, gute Kompetenzen in der Zweitsprache zu erwerben. Demnach ist ein möglichst früher Kontakt mit einer Zweitsprache sinnvoll: Bei gleichen Bedingungen lernt ein jüngeres Kind eine Sprache insgesamt schneller als ein älteres Kind (ohne auf Detailbereiche des Zweitspracherwerbs einzugehen, positive Transfers führen auch bei älteren Kindern zum schnellen Erwerb bestimmter Strukturen).

Organisation der Sprachen

Entscheidende Unterschiede gibt es hinsichtlich der sogenannten „Organisation" der Sprachen im Umfeld des Kindes. Unter „Organisation" der Sprachen wird im Folgenden der bewusste Gebrauch der Sprachen durch die nahen Bezugspersonen verstanden:

- Welche Sprachen werden von den Bezugspersonen in der Interaktion mit dem Kind gebraucht?
- In welcher Situation setzen die Bezugspersonen in der Interaktion mit dem Kind welche Sprache ein?

„Entscheidend ist, dass das Kind eine klare Orientierung hat, in welchem Kontext und bei welchen Personen welche Sprache angemessen ist und mit wem und wo es welche Sprache(n) sprechen kann" (Chilla/Fox-Boyer 2014, 44).

Mischen der Sprachen

Vermeidet werden sollte, dass die Bezugspersonen in derselben Situation ständig von einer in die andere Sprache wechseln. Durch das häufige Mischen der Sprachen erhält das Kind weder in der einen noch in der anderen Sprache einen guten Input. Das Mischen der Sprachen kommt z.B. oft in Familien vor, die bereits in der zweiten oder dritten Generation im Einwanderungsland leben und zu Hause sowohl die Kommunikationssprache, die in der Kita oder in der Schule gesprochen wird, als auch die Herkunftssprache sprechen. Der Sprachgebrauch in der Familie steht meistens im Zusammenhang mit der Aufenthaltslänge.

Quantität des Sprachinputs

Es reicht allerdings nicht aus, die Sprachen im Umfeld des Kindes bewusst einzusetzen. Auch die Quantität und Qualität des sprachlichen Inputs und der sprachlichen Interaktion müssen gewährleistet sein. Der Erwerb einer zweiten Sprache gelingt zum einen umso leichter, je öfter das Kind diese Sprache hört, sei es zu Hause, im Kindergarten, auf dem Spielplatz oder mit Freunden.

Qualität des Sprachinputs

Zum anderen spielt die Qualität des Sprachinputs eine wichtige Rolle. Eine Bezugsperson, die, v.a. in einem frühkindlichen Alter, oft mit dem Kind kommuniziert, sollte in der Sprache, die sie einsetzt, sehr gute, am besten erstsprachliche Kompetenzen besitzen. Sie sollte dann diese starke Sprache die meiste Zeit über gebrauchen und den Einsatz einer zweiten (schwächeren) Sprache auf bestimmte Situationen beschränken. Dies ist umso wichtiger, wenn die Sprache der nahen Bezugsperson gleichzeitig auch die starke Sprache des Kindes ist. Ein schlechtes Sprachvorbild führt ansonsten schnell zu Spracherwerbsschwierigkeiten.

Die Qualität des Sprachinputs wird v.a. durch den Begriff „entwicklungsproximal" definiert. Die Sprache der Bezugsperson sollte so gut wie möglich an den kindlichen Entwicklungsstand angepasst sein (Kap. 3). Zudem muss gewährleistet sein, dass das Kind aktiv an der Interaktion teilnehmen kann, dass ihm vielfältige Gelegenheiten geboten werden, sich selbst zu äußern.

Schlussfolgernd sollten folgende Grundsätze die Interaktion mit dem Kind leiten (Deutscher Bundesverband für Logopädie 2017):

- Die nahen Bezugspersonen sprechen in der Sprache mit dem Kind, die sie am besten beherrschen.
- Ein Kind gebraucht möglichst häufig die Sprachen, die es im Begriff ist zu lernen.

sozialer Status

Neben der Qualität und Quantität des sprachlichen Inputs übt auch die Bildungsnähe der Familien, deren Berufsausbildung und sozialer Status einen nicht zu unterschätzenden Einfluss auf die sprachliche Entwicklung des Kindes aus. Der sozioökonomische Status einer Familie hängt von vielen Faktoren ab: Neben finanziellen spielt z.B. auch die ethnische Herkunft, das Arbeitsverhältnis der Eltern und der Einfluss der Gleichaltrigengruppen eine wichtige Rolle (Europäische Kommission 2006). Für diese Kinder bietet der Kindergartenbesuch wichtige komplementäre Anreize an: Eine vorschulische Einrichtung ist umso wichtiger für die Sprachentwicklung des Kindes, desto geringer die Anregung zu Hause ist (Schölmerich et al. 2010).

„Auf Seiten der Schülerinnen und Schüler sind die Sozialschichtzugehörigkeit und die Beherrschung der Unterrichtssprache die beiden einflussreichsten Faktoren" (Reich/Roth 2002, 41).

1.7 Spracherwerbsverläufe

Irinas Mutter ist in Russland aufgewachsen und lebt seit der Heirat mit ihrem deutschsprachigen Mann in Deutschland. Irina ist in Deutschland geboren, ihre Mutter spricht seit ihrer Geburt in russischer und ihr Vater in deutscher Sprache mit ihr.

doppelter Erstspracherwerb

In der Regel fällt es einem Kind unter guten Spracherwerbsbedingungen nicht schwerer, zwei Sprachen gleichzeitig zu lernen, als eine einzige Sprache. Die einzelsprachlichen grammatischen Schwerpunkte werden vom zweisprachig aufwachsenden Kind in derselben Abfolge erworben als vom einsprachigen. Zudem ist die Zeitspanne, während der die verschiedenen Erwerbsschritte vollzogen werden, nicht wesentlich länger. Auch die Aussprache, die Betonung, die Melodie und der Rhythmus weisen bei simultan zweisprachig aufwachsenden Kindern in beiden Sprachen einsprachige Qualität auf. Aus diesem Grund wird der simultane Erwerb von zwei Sprachen als „doppelter Erstspracherwerb" verstanden.

DEFINITION

Als **doppelter Erstspracherwerb** wird der simultane Erwerb von zwei Sprachen definiert, vorausgesetzt, dass der Erstkontakt mit der zweiten Sprache vor Abschluss des zweiten Lebensjahres liegt (Chilla/Niebuhr-Siebert 2017, 38). Diese Altersangabe unterliegt allerdings interindividuellen Variationen, kann demnach von Kind zu Kind unterschiedlich sein (zwischen abgeschlossenem zweiten und abgeschlossenem dritten Lebensjahr).

frühkindlicher Zweitsprachererwerb

Bis zum Alter von etwa sechs Jahren wird eine Zweitsprache anhand vergleichbarer Sprachlernstrategien erworben als eine Erstsprache (Tracy 2007; Hoppenstadt/Apeltauer 2010). Die neue Sprache wird in einem frühen Alter auf eine natürliche und intuitive Art und Weise gelernt. Erst nach Abschluss des sechsten Lebensjahres schließt sich das optimale Zeitfenster des Zweitspracherwerbs. Es kommen vermehrt allgemeinere kognitive Mechanismen der Sprachverarbeitung zum Einsatz. Diese sind stark abhängig von den individuellen Lernstrategien, Lernerfahrungen und der Motivation, die Anstrengung des Sprachenlernens überhaupt auf sich zu nehmen (Rössel 2011).

BEISPIEL

Samir ist vor zwei Jahren mit seiner Familie aus dem Nordosten Syriens geflüchtet. Damals war er drei Jahre und vier Monate alt. Heute lebt er in der deutschsprachigen Schweiz und lernt dort im Kindergarten Schweizerdeutsch. Er kann sich mittlerweile gut auf Schweizerdeutsch mitteilen und spricht nach den Aussagen seiner Eltern fließend syrisch.

DEFINITION

Liegt der Erstkontakt mit der zweiten Sprache zwischen dem zweiten bis dritten Lebensjahr und dem abgeschlossenen sechsten Lebensjahr, wird von **frühkindlichem Zweitspracherwerb** gesprochen.

In dem Fall hat das Kind bereits grundlegende Aspekte und Funktionen von Sprache in seiner Erstsprache erschlossen, auf die es zurückgreifen kann. Auch der frühkindliche Zweitspracherwerb durchläuft vergleichbare Spracherwerbsphasen als der Erstspracherwerb und ähnelt dem einsprachigen Erwerb (Ehlich et al. 2008).

Die Erwerbsphasen der deutschen Sprache und verschiedener Erstsprachen werden im 4. Kapitel näher beschrieben.

Einhörphase

Nach dem ersten Kontakt mit einer neuen Sprache befindet sich das Kind in der sogenannten „Einhörphase", in der v.a. der sprachspezifische Rhythmus, die Sprachmelodie und die Akzentuierung erfasst werden. Während dieser Phase, die je nach Verwandtschaft mit der ersten Sprache bis zu neun Monate dauern kann (im Durchschnitt dauert sie nach Apeltauer (2010) drei bis vier Monate), werden nur wenige Wörter gelernt. Erst dann beginnt sich die Wortschatzentwicklung allmählich zu beschleunigen. Die Sprachproduktion verläuft selbstverständlich auch beim Zweitspracherwerb im Vergleich zur Sprachrezeption zeitlich versetzt: Zu jedem Zeitpunkt versteht ein Kind mehr, als es selbst sagen kann. Die ersten Sprachproduktionen sind dann meistens sogenannte „Chunks", auswendig gespeicherte Floskeln, die immer wieder gehört werden. Erst allmählich werden einzelne Wörter zu Satzteilen und später zu ganzen Sätzen kombiniert.

Im normalen frühen Zweitspracherwerbsverlauf können sich die meisten Kinder schon mit zehn Monaten in einem alltäglichen Kontext und mit der Unterstützung von Mimik und Gestik in der Zweitsprache mitteilen (Chilla et al. 2013). Zu Beginn kommt es zu mehr oder weniger häufigen Vermischungen beider Sprachen: Einzelne Wörter werden ausgeliehen, zwischen den einzelnen Sprachen wird hin und her gewechselt. Diese Sprachmischungen werden auch als crosslinguistische Kontaktphänomene bezeichnet, sind, wie bereits erwähnt, kein Zeichen mangelnder Kompetenz, sondern weisen auf einen dynamisch-kreativen Umgang mit Sprachen hin (Duverger/Maillard 1996; Zollinger 2004; Muysken 2008).

1.8 Von der Umgangssprache zur Bildungssprache

Nach Cummins (2003) lernen Kinder mit einer anderen Herkunftssprache, sich innerhalb von drei Jahren in ihrem neuen sprachlichen Umfeld zu verständigen.

BEISPIEL

Jana spricht zu Hause mit ihren Eltern albanisch. Mit drei Jahren hatte sie zum ersten Mal im Kindergarten Kontakt mit der deutschen Sprache. Heute ist sie sechs Jahre alt. Sie kann sich fließend auf Deutsch ausdrücken während des Spielens, der Bastelaktivität, in der Turnhalle und im Pausenhof.

Jana hat im Laufe ihres 3-jährigen Kindergartenbesuchs die grundlegenden kommunikativen Fähigkeiten, die zur Verständigung im Alltag von Bedeutung sind, erworben: „Das Auto! Gib es! Ich will damit spielen. Schau, da steht es! Tim! Ich brauch es. Meins ist kaputt!"

Die Sprache, die das Mädchen anwendet, reicht für die alltägliche Kommunikation, die in gewohnten Kontexten stattfindet, aus. Diese sogenannte „kommunikative Alltagssprache" ist allerdings eine in vielen Situationen reduzierte Sprache (Roth 2008). Sie ist durch kurze, unvollständige Sätze, grammatisch einfache Strukturen und einen wenig differenzierten Wortschatz geprägt (ÖSZ 2012).

grundlegende kommunikative Fähigkeiten, BICS

DEFINITION

Cummins (1984) hat diese **alltägliche Kommunikationssprache** als BICS bezeichnet: „Basic Interpersonal Communicative Skills", demnach grundlegende kommunikative Fähigkeiten, die zur Verständigung im Alltag von Bedeutung sind.

Diese grundlegenden kommunikativen Fähigkeiten reichen für den Schulerfolg nicht aus. Bei Schuleintritt sollte das Kind nicht nur gute kommunikative Kompetenzen besitzen, sondern darüber hinaus auch sogenannte „kognitiv-akademische Kompetenzen".

DEFINITION

kognitiv-akademische Kompetenzen, CALP

Cummins (1984) versteht unter **kognitiven-akademischen Kompetenzen** komplexere sprachliche Fähigkeiten, die in anspruchsvollen Kommunikationssituationen und zum Verständnis von Texten erforderlich sind, in denen der Kontext nicht als Verständigungsbasis dient. Er hat diese CALP („Cognitive Academic Language Proficiency") benannt.

„Tim, kannst du bitte Sebastian das Auto geben? Schau, es steht neben dem großen Lastwagen. (Warum?) Du gibst ihm das Auto, weil er seinen roten Rennwagen vergessen hat. Er möchte gerne mit dir spielen! Bist du damit einverstanden?"

Diese elaborierte Sprache, die auch als „Bildungssprache" bezeichnet wird, orientiert sich eher an den Regeln der Schriftlichkeit: Sie ist oft situationsunabhängig, von bestimmten formalen Anforderungen geprägt und weist eine hohe lexikalische Dichte auf. Bildungssprache kann beim Erzählen von Geschichten, während des Besuchs einer Ausstellung oder während der Durchführung von naturwissenschaftlichen Experimenten vermittelt werden. Allerdings zeigt das obige Beispiel, dass die Bezugspersonen des Kindes auch im Alltag eine Sprache anwenden können, die durch eine erhöhte Komplexität geprägt ist.

Unter Kindern, die eine Kita und später die Schule besuchen, sind erhebliche Unterschiede hinsichtlich des Umfangs des rezeptiven und produktiven Wortschatzes und des Beherrschens der Grammatik festzustellen. Einen großen Einfluss üben, wie bereits erwähnt, soziale Faktoren aus: Eltern mit hohem allgemeinbildendem Schulabschluss können den Kindern eine Sprache mit größeren formalen Anforderungen vermitteln, unabhängig davon, ob diese einen Migrationshintergrund haben oder nicht.

Nun wissen wir aber, dass gut ausgebildete Kompetenzen in der Schul- und Bildungssprache Deutsch bei Schuleintritt entscheidend für den Schulerfolg sind (Reich/Roth 2002; Organisation for Economic Co-operation and Development 2010). Diese bilden die Basis, um Lese- und Schreibfähigkeiten aufzubauen, abstrakte Relationen zu erfassen und zu verarbeiten und weitere Sprachen zu lernen (Fthenakis et al. 1985; Nauwerck 2013).

> *„Die Beherrschung der deutschen Sprache auf einem dem jeweiligen Bildungskontext angemessenen Niveau ist von entscheidender Bedeutung für den Bildungserfolg" (Deseniss 2014, 35).*

Schlussfolgernd ist es für jedes Kind wichtig, so früh wie möglich neben grundlegenden kommunikativen auch kognitiv-akademische Kompetenzen zu erwerben.

> *„Dies legt den Schluss nahe, dass die (vor-)schulische Sprachförderung in der Erst- und Zweitsprache neben den alltagssprachlichen Fähigkeiten auch den Aufbau der kognitiv-akademischen Sprachfähigkeiten, zu denen auch die Erzähl- und Textproduktionskompetenz gehört, in den Blick nehmen muss" (Nauwerck 2005, 245).*

Demnach sollte in den Kitas und später in der Schule neben einer einfachen Sprache, die v.a. in einem frühen Alter für die Stimulierung des Spracherwerbs von erheblicher Bedeutung ist, auch eine anspruchsvollere, zum

Teil dekontextualisierte Sprache in der Erst- bzw. Zweitsprache Deutsch gebraucht werden.

common underlying proficiency

Kinder, die in ihrer Erstsprache ein hohes Niveau erreichen, erwerben in der Zweitsprache Deutsch relativ schnell kognitiv-akademische Kompetenzen und besitzen demnach gute Voraussetzungen, um in der Schule Erfolg zu haben. Viele Fähigkeiten, die Cummins (1984) als CUP bezeichnet („common underlying proficiency"), sind von einer Sprache auf eine zweite übertragbar: v.a. sprachenübergreifende Verarbeitungsprozesse (z.B. Analogiebildung) oder metasprachliche Fähigkeiten. Die konsequente Förderung der Erstsprache im Elternhaus und, wenn möglich, auch in der Schule, ist für das einzelne Kind entscheidend:

> *„Darüber hinaus spielt die Förderung der Erstsprache eine nicht zu unterschätzende Rolle: Die kognitiv-akademische Sprachbeherrschung (CALP) wird sprachenübergreifend wirksam. D.h. wenn diese in einer Sprache erworben wurde, kann sie in einer zweiten relativ leicht angewandt werden" (Nauwerck 2005, 240).*

2 Mehrsprachige Projekte

2.1 Bestandsaufnahme

In diesem Kapitel werden Projekte, in denen die frühe mehrsprachige Förderung im Vordergrund steht, beschrieben und vergleichend analysiert. Ziel wird es sein, die unterschiedlichen Herangehensweisen an die mehrsprachige Förderung in Kitas aufzuzeigen und grundlegende Schlussfolgerungen zu ziehen: Unter welchen Bedingungen (organisatorischer und methodisch-didaktischer Art) ist das Erlernen einer oder mehrerer Sprachen im Vorschulalter besonders effektiv.

unterschiedliche Ausrichtung

Weltweit gibt es mittlerweile eine ganze Reihe mehrsprachiger Projekte mit unterschiedlicher Ausrichtung, nachfolgend einige Beispiele:

- Einsprachige Kita: Die Kinder erwerben die Kommunikations- und spätere Unterrichtssprache als Erstsprache in der Familie (z.B. Deutsch im deutschsprachigen oder Englisch im englischsprachigen Raum), in der Kita wird hingegen eine zweite Sprache als Kommunikationssprache gesprochen (z.B. Französisch). Dies trifft z.B. auf die kanadischen „Immersionsprojekte" zu (die „total immersion projects"): Die englischsprachigen Kinder, die in der französischsprachigen Provinz Quebec leben, lernen im Kindergarten Französisch. Vergleichbare Projekte gibt es u.a. in den USA, Australien, Skandinavien, Frankreich und Spanien.

Lernen Kinder mit einer Minoritätensprache (z.B. Portugiesisch) in einer einsprachigen Kita die Kommunikationssprache (z.B. Deutsch) und wird der Minoritätensprache nur wenig Beachtung geschenkt, wird von „Submersionsmodellen" gesprochen. Die Kinder werden umstandslos in Regelgruppen integriert (Reich/Roth 2002).

- Zweisprachige Kita: In der Regel werden die Majoritätensprache (z.B. Deutsch im deutschsprachigen Raum) und eine weitere Sprache (z.B. Englisch oder Französisch im deutschsprachigen Raum) als Kommunikationssprachen in der Kita gesprochen. Kinder, die zu Hause einsprachig aufwachsen, kommen somit schon früh mit einer Zweitsprache in Kontakt. Kinder, die zu Hause keine der zwei Sprachen erwerben, die in der Kita angeboten werden, lernen gleichzeitig eine Zweit- und eine Drittsprache. Die Anzahl der Sprachen steigt selbstverständlich mit der Anzahl der Sprachen, die zu Hause oder im nahen Umfeld des Kindes gesprochen werden.

In vielen Ländern gibt es praktisch flächendeckend Kitas, die die Mehrsprachigkeit ihrer Einrichtung in den Vordergrund stellen. Dies trifft z.B. auf den gesamten deutschsprachigen Raum zu: in Deutschland, Österreich, in der deutschsprachigen Schweiz und den entsprechenden Grenzgebieten. Modelle zweisprachiger Kitas bzw. zweisprachiger Kindergärten befinden sich z.B. in Wien (Deutsch und Englisch), in Berlin (Deutsch und Türkisch), in Kiel (Deutsch und Englisch), in Rostock (Deutsch und Englisch bzw. Deutsch und Französisch) und in den Bundesländern Saarland (Deutsch und Französisch) und Schleswig-Holstein (Deutsch und Dänisch), um nur diese zu nennen. Auch im französischen Elsass (Deutsch als Zweitsprache), in Norwegen und in vielen anderen Ländern gibt es vergleichbare Projekte.

wissenschaftliche Begleitung

Viele Projekte wurden anhand von Studien wissenschaftlich begleitet bzw. waren Ausgangspunkt späterer Reflexionsarbeit, wie z.B. die Längsschnittstudie an den Wiener Schulen, das ÖSZ-Projekt INUMIK in Österreich, die BIVEM-Studie in Berlin und Untersuchungen mehrsprachiger Praxis in Kindergärten an der Universität Bochum und der Europäischen Union.

Die Schlussfolgerungen, die aus diesen Projekten gezogen wurden, sollen im Laufe des Kapitels zusätzlich mit Expertisen ergänzt werden, die Ergebnisse qualitativer und quantitativer empirischer Forschung aufgreifen.

Die erwähnten Projekte beziehen sich auf folgende drei Möglichkeiten der mehrsprachigen Förderung, denen auch im praktischen Teil dieser Publikation Rechnung getragen wird:

1. In einer einsprachigen Kita lernen die Kinder eine Zweitsprache, z.B. Deutsch.
2. In einer zweisprachigen Kita werden parallel zwei Sprachen angeboten, z.B. Deutsch und Englisch.
3. In einer mehrsprachig ausgerichteten Kita werden die Erstsprachen der Kinder konsequent einbezogen.

Willkommenskultur der Erstsprachen

Nach Carroll (2008, 279) werden in vielen Programmen für den Vorschulbereich, seien sie „auch noch so gut gemeint und didaktisch gut angelegt", die „deutschen" Kinder bei der Förderung des Erwerbs von Zwei- bzw. Mehrsprachigkeit oft nicht mit einbezogen: „Die Perspektive bleibt darauf beschränkt, dass die Familiensprachen der Migrantenkinder respektiert werden und die Migrantenkinder Deutsch lernen sollen." Es gehe demnach um eine „offene Position" bzw. eine „Willkommenskultur für die Erstsprachen der Kinder" (Viernickel/Schwarz 2009). Auch nach Kratzmann et al. (2016) besteht mittlerweile zwar eine gewisse Offenheit gegenüber Mehrsprachigkeit und gegenüber den Erstsprachen der Kinder, die konsequente Umsetzung mehrsprachiger Förderung bliebe aber zumindest in Europa auf einzelne Projekte beschränkt:

> *„Just a very low level of integration of multilingualism in preschools is realized. Although there are meanwhile concepts for the integration of multilingualism, the conversion hardly seems to have occurred in practice up to now" (Kratzmann et al. 2016, 1).*

kleiner Anteil multilingualer Einrichtungen

Auch wenn es mittlerweile weit über tausend sogenannte bilinguale oder trilinguale Kitas in Deutschland gibt, stellt diese Anzahl, bezogen auf deren Gesamtzahl, immer noch einen relativ kleinen Anteil dar.

Kinder besitzen ideale Voraussetzungen wie Unbefangenheit, Offenheit, Anpassungs-, Lern- und Leistungsbereitschaft und bringen auch die entsprechenden physiologischen Dispositionen wie zerebrale Plastizität mit, um zwei Sprachen gleichzeitig zu erwerben (Nauwerck 2005). Zudem profitieren die Kinder in ihrer globalen Entwicklung in mehrfacher Hinsicht von einem frühen und regelmäßigen Kontakt mit einer zweiten Sprache (Kap. 1). Umso erstaunlicher ist es, dass die erwähnten Projekte mehrsprachiger Erziehung meistens eher lokalen oder regionalen Charakter besitzen.

Projekt mehrsprachiger Förderung in Luxemburg

In Luxemburg wird momentan an einem landesweiten Projekt mehrsprachiger Förderung im Kindergarten gearbeitet: Neben der luxemburgischen Sprache (als Kommunikationssprache) wird ab dem Schuljahr 2017/18 die französische Sprache eine größere Rolle spielen, indem wöchentlich mehrere Aktivitäten in französischer Sprache angeboten werden. Zudem werden die Erstsprachen der Kinder gezielt miteinbezogen. Die Überlegungen zu diesem Projekt werden in der Erarbeitung des mehrsprachigen Konzeptes im 3. Kapitel einfließen.

2.2 Immersions- versus Angebotsmodelle

Der Erwerb mehrsprachiger Kompetenzen wird in den oben erwähnten Projekten entweder nach dem Immersionsmodell, dem Situations- bzw. Angebotsmodell oder aber aus einer Mischung der beiden gefördert:

Immersionsmodelle

- In Immersionsmodellen sind die Kinder einem Sprachbad „ausgesetzt": Die Pädagoginnen sprechen während des Alltags in der jeweiligen Zielsprache mit den Kindern. In Kitas, die nach dem Immersionsmodell verfahren, können während des Alltags eine oder mehrere Sprachen gesprochen werden. Die Pädagoginnen haben in der Regel in der Sprache, die sie anwenden, erstsprachliche Kompetenzen und beschränken sich jeweils auf eine Sprache. Es gibt aber auch Modelle, in denen mehrsprachige Pädagoginnen gezielt zwei Sprachen einsetzen (z.B. in dem oben erwähnten Modell mehrsprachiger Förderung in Luxemburg).

Situations- bzw. Angebotsmodell

- Das Situations- bzw. Angebotsmodell kann als „spielerischer Erwerb einer neuen Sprache in abgegrenzten Situationen" definiert werden. Nauwerck (2005) rät, dass Pädagoginnen, die nach dem Angebotsansatz arbeiten, die „neue" Sprache auch sicher beherrschen sollten, damit die Kinder die Zweitsprache auch richtig erwerben.

Vermischung beider Modelle

In der Praxis ist oft eine Vermischung beider Modelle feststellbar. Nach Nauwerck (2005) assoziieren Kindergärten, die nach dem Angebotsmodell arbeiten, Spracherwerb zwar eher mit einem frühen spielerischen Sprachenlernen in bestimmten abgegrenzten Situationen, und Kindergärten, die nach dem Immersionsmodell arbeiten, eher mit einem unbewussten und natürlichen Sprachenlernen. Allerdings existiere eine solche klare Trennung in der Praxis eher nicht:

- Auch in Immersionskindertagesstätten kommen ritualisierte Sprachspiele, Lieder und Reime, die sonst mit dem Angebotsansatz assoziiert werden, regelmäßig als integraler Bestandteil der Sprachförderung zum Einsatz.
- In Angebotsmodellen entstehen auch Situationen, in denen die Kommunikation über den Sprachumsatz, der sich auf das konkrete Angebot bezieht, hinausgeht, und dies sowohl zwischen der Pädagogin und den Kindern als selbstverständlich auch zwischen den Kindern untereinander.

In diesen gemischten Modellen muss man demzufolge genauso wie in Immersionsmodellen eher von Spracherwerb als von Sprachenlernen sprechen. In der Studie von Nauwerck (2005) geht hervor, dass Quantität und Qualität des sprachlichen Inputs einen entscheidenden Einfluss auf die Lernfortschritte des Kindes haben und dass in Immersionsmodellen der Sprachumsatz in der Regel größer ist als in Angebotsmodellen. Beides sind wichtige Faktoren, die in der Umsetzung eines mehrsprachigen Konzeptes berücksichtigt werden müssen.

2.3 Allgemeine Effekte des Kita-Besuchs auf die kindliche Entwicklung

Der Erwerb sprachlicher Kompetenzen kann nicht isoliert, sondern nur im Zusammenhang mit der globalen Entwicklung eines Kindes gesehen werden (Kap. 1). Die Entwicklung sprachlicher Fähigkeiten korreliert stark mit dem Erwerb emotionaler, sozialer und kognitiver Kompetenzen. Die erste Frage lautet demnach, inwieweit sich der Kindergartenbesuch nachhaltig positiv auf die Gesamtentwicklung des Kindes auswirkt. Erst dann werden die spezifisch sprachlichen Fortschritte differenzierter analysiert.

EPPE-Study

Eine groß angelegte britische Studie, die „EPPE-Study" („Effective Provision of Pre-School Education"), die zwischen 1997 und 2003 in England durchgeführt wurde, gibt wichtige Hinweise darüber, wie sich der Besuch einer Kita auf die kognitive und soziale Entwicklung der Kinder auswirkt (Sylva et al. 2004). Etwa 2.800 Kinder aus unterschiedlichen Kitas diverser Konzeptionen wurden mehrmals getestet (dies vom dritten bis zum siebten Lebensjahr) und mit über 300 Kindern verglichen, die keine vorschulische Einrichtung besuchten. Die Resultate waren in einigen Punkten eindeutig:

positive Effekte

- Im Vergleich zu Kindern, die zu Hause aufwuchsen, konnte bei Kindern, die eine Kita besuchten, im Mittelwert eine bessere „intellektuelle Leistungsfähigkeit", eine größere Unabhängigkeit, eine bessere Konzentrationsfähigkeit und eine höhere Soziabilität nachgewiesen werden.
- Die beschriebenen Effekte waren v.a. bei Kindern aus sozial schwächeren Milieus, in denen die Lernumgebung wenig stimulierend für das einzelne Kind war, eindeutig.
- Als besonders fördernd wurden das Vorlesen, das Singen, Malen und Zeichnen genau wie Besuche in der Bücherei und das Spielen mit Freunden identifiziert.

- Auch die Qualität der Kita in Bezug auf die Ausbildung des Personals (fundiertes Wissen nicht nur im pädagogisch-didaktischen Bereich, sondern auch hinsichtlich der sozial-emotionalen, sprachlichen und kognitiven Entwicklung) war ein wichtiger Einflussfaktor: Das Gleichgewicht zwischen freiem Spiel und Aktivitätsangeboten, die intensive Kooperation mit den Eltern, der Aufbau einer positiven Beziehung zwischen dem Kind und der Pädagogin sowie Grundlagenwissen über die sprachliche und kognitive Entwicklung spielten eine wichtige Rolle.

früher Eintritt ab zwei Jahren

Die tägliche Aufenthaltsdauer in der vorschulischen Betreuung (halb- oder ganztags) hatte keinen zusätzlichen Einfluss auf die erwähnten Entwicklungsbereiche. Einen zusätzlichen positiven Einfluss hatte allerdings ein früher Eintritt (ab zwei Jahren). Ein noch früherer Eintritt (vor dem dritten Lebensjahr) führte hingegen zu keinen zusätzlichen Effekten.

ZUSAMMENFASSUNG

Schlussfolgernd wirkt sich ein früher Besuch einer Kita nach der EPPE-Studie positiv auf die Gesamtentwicklung des Kindes aus, wobei die Qualität der Betreuung einen maßgebenden Einfluss ausübt. Die Effekte treffen v.a. auf die Kinder zu, die zu Hause in einer wenig stimulierenden Lernumgebung aufwachsen.

2.4 Studien zu Immersionsmaßnahmen

Sprachbad

In Kindergärten, in denen das Immersionsprinzip umgesetzt wird, verwenden die Pädagoginnen eine bestimmte Zielsprache als Kommunikationssprache. Die Zielsprache wird demnach nicht nur im Rahmen von bestimmten geplanten Aktivitäten (wie dies im Angebotsmodell der Fall ist), sondern im Laufe des Alltags von einer, mehreren oder in den „total immersion projects“ von allen Pädagoginnen angeboten (einsprachige Kitas). Die Kinder befinden sich in einem „Sprachbad“, hören die Sprache während des gemeinsamen Spiels, im Morgenkreis und während des Essens. Auch Bücher werden in der Zielsprache vorgelesen bzw. Geschichten werden in der Sprache erzählt. Es besteht demzufolge ein intensiver Kontakt mit der neuen Sprache.

one person – one language

In den meisten Immersionsmodellen verwenden die Pädagoginnen im Umgang mit den Kindern ausschließlich eine Sprache, dies nach dem personengebundenen Prinzip („one person – one language“). Verfolgen bilinguale Kitas das Ziel, einen möglichst großen Sprachumsatz in beiden Sprachen zu garantieren, müssen die alltäglichen Aufgaben und Funktionen mehr oder weniger gleichmäßig auf Pädagoginnen beider Sprachen verteilt werden.

situationsbezogene Trennung

Es gibt, wie bereits erwähnt, auch Immersionsmodelle, in denen die beiden Kommunikationssprachen von zweisprachigen Pädagoginnen vermittelt werden. In der Regel orientieren sie sich in diesen Modellen an der „situationsbezogenen Trennung“ der beiden Sprachen: In bestimmten Situationen wird die eine, in anderen Situationen die andere Sprache eingesetzt.

Je nach Zielsetzung wird, wie weiter oben erwähnt, auf diese Art und Weise entweder die Erstsprache der Kinder gefördert und zeitgleich eine zweite Sprache gelernt (z.B. Deutsch und Englisch oder Türkisch und Deutsch), oder die Kinder kommen in Kontakt mit zwei neuen Sprachen (türkischsprachige Kinder lernen z.B. Deutsch und Englisch). Nach Wode (2000) liegt ein optimaler Kontakt mit der neu zu erwerbenden Sprache bei 50% oder darüber.

Zusammenfassend gibt es demnach folgende Umsetzungsmöglichkeiten:

unterschiedliche Modelle

- Die Kinder werden entweder mit einer einzigen Sprache in Kontakt gebracht („total immersion“). Diese Sprache kann die Zweit- oder, je nach Familiensituation des Kindes, dessen Drittsprache sein.
- Die Kinder werden mit zwei unterschiedlichen Sprachen in Kontakt gebracht („partial immersion“). In einem solchen Modell spricht ein Teil des Personals konsequent in einer Sprache, ein Teil des Personals in einer zweiten Sprache bzw. mehrsprachige Pädagoginnen situationsbezogen in der einen oder anderen Sprache.

Immersionsmodelle in Kanada

Die ersten Forschungsarbeiten über den Erwerb einer neuen Sprache nach dem Immersionsprinzip haben bereits in den 60er und 70er Jahren in Kanada stattgefunden (Lambert/Tucker 1972). Damals überlegten die Eltern englischsprachiger Schüler in der französischsprachigen Provinz Quebec, dass es Sinn machen würde, wenn ihre Kinder in der Schule mit der französischen Sprache als Kommunikationssprache in Kontakt kommen würden. Diese Unterrichtsform hat seitdem in allen Provinzen Kanadas einen großen Zulauf und wird mittlerweile auch in vielen anderen Ländern umgesetzt, entweder mit regionaler oder eher lokaler Ausrichtung, bspw. in den USA, in Australien, den skandinavischen Ländern, Spanien, Frankreich, Österreich und Deutschland (z.B. die deutsch-englische Kita in Kiel-Altenholz, in der die

Gruppenbetreuer jeder Gruppe die Sprachen Deutsch und Englisch nach dem personengebundenen Prinzip verwenden).

In Deutschland gibt es weit über tausend mehrsprachige Kindergärten. Auf der Internetseite der fmks (Frühe Mehrsprachigkeit an Kindergärten und Schulen; www.fmks-online.de/bilikitas) sind diese nach Bundesland bzw. nach Postleitzahl aufgelistet. Listen von zweisprachigen Kitas findet man im Internet auch anhand der entsprechenden Suchbegriffe: zweisprachige / bilinguale / mehrsprachige Kindergärten / Kitas.

> *„Die Immersionsmethode ist vielfach durch Untersuchungen als sinnvolle Methode zum Erwerb von Mehrsprachigkeit von Kindern bestätigt worden. Bei diesen Untersuchungen wurde festgestellt, dass eine „early immmersion" (frühe Immersion), mit einer kontinuierlichen Weiterführung dieser Methode, der ideale Weg zu einer langfristig beherrschten Mehrsprachigkeit ist" (Carroll 2008, 283).*

Nach Wode (1995) sind die Ergebnisse der kanadischen Studien erstaunlich einheitlich:

Ergebnisse der kanadischen Studien

- Der erreichte Sprachentwicklungsstand in der Zweitsprache ist bei allen Immersionsvarianten (früher bzw. später Kontakt, totale oder partielle Immersion) um ein Beträchtliches höher als bei Kindern, die die Zweitsprache nicht nach dem Immersionsprinzip erwerben.
- Der Erstspracherwerb wird durch den simultanen Erwerb der Zweitsprache positiv beeinflusst und übertrifft oft die sprachlichen Fähigkeiten der Kinder, die monolingual aufwachsen.
- Der Bildungsstand im Fachwissen und damit verbunden die schulischen Leistungen der Kinder werden nicht dadurch beeinträchtigt, dass die Fachinhalte in einer Zweitsprache vermittelt werden.
- Die soziopsychologische Einstellung der Schüler gegenüber der fremden Sprache und der fremden Kultur ist in der Regel positiver als die der Vergleichsgruppen.

In den verschiedenen Studien hat sich zudem herausgestellt, dass auch lernschwächere Schüler von einem frühen Kontakt mit einer Zweitsprache nach dem Immersionsprinzip profitieren (Bruck 1982). Der Kontakt mit einer zweiten Sprache nach dem Immersionsprinzip scheint zu einer Stimulierung der kognitiven Entwicklung des Kindes zu führen.

Erstsprache weiterhin fördern

In vielen Berichten wird darauf hingewiesen, dass auch in Immersionsmodellen sichergestellt werden sollte, dass die Erstsprache der Kinder weiter gefördert wird. Dies bedeutet, dass die nahen Bezugspersonen, v.a. die Eltern, weiterhin viel mit den Kindern in deren Erstsprache kommunizieren.

!

Die Immersionsmethode und die Berücksichtigung der Erstsprachen der Kinder stellen wichtige Säulen im Konzept mehrsprachiger Förderung dar, welches in den folgenden Kapiteln erläutert wird.

„Nach allen bisherigen Erkenntnissen können wir also nur befürworten, bilinguale Einrichtungen in Europa zu fördern und Kindern möglichst früh zugänglich zu machen. In einer sich verändernden politischen und wirtschaftlichen Situation ist Immersion eine hervorragende Methode, ohne Einschränkungen in anderen Sachbereichen für eine den neuen Erfordernissen angemessene sprachliche Ausbildung zu sorgen. Mit einer Schulpolitik, die in diese Richtung weist, lassen sich die Weichen dafür stellen, junge Menschen für andere Sprachen und Kulturen zu öffnen, und sie dabei so effektiv wie möglich auf die Zukunft vorzubereiten" (Kersten 2002, 30).

2.5 Vergleich zwischen additiven und alltagsintegrierten Maßnahmen

Ziel der BIVEM-Studie in Berlin (BIVEM: Berliner Interdisziplinärer Verbund für Mehrsprachigkeit, Gagarina et al. 2014) war es,

BIVEM-Studie

- einerseits die Wirksamkeit von Sprachförderung bei jüngeren mehrsprachigen Kindern in der Zweitsprache Deutsch zu erschließen
- andererseits die alltagsintegrierte Sprachförderung mit additiven Maßnahmen zu vergleichen

112 bilinguale Kinder aus 15 Berliner Kitas im Alter von zwei bis vier Jahren mit den Erstsprachen Russisch und Türkisch nahmen an der Studie teil. Sie erhielten außerhalb ihres Klassenverbandes in Kleingruppen über einen Zeitraum von vier Monaten zweimal pro Woche eine 30-minütige Sprachförderung. Die Pädagoginnen nahmen im Voraus an einer zwölfstündigen Fort-

bildung teil, in der die Umsetzung der entwicklungsproximalen (Dannenbauer 1994) und inputorientierten (Tomasello 2003; Siegmüller/Fröhlich 2010) Sprachförderung im Mittelpunkt stand. Die Schlussfolgerung war eindeutig:

> *„Die in der BIVEM-Studie untersuchten Sprachfördermaßnahmen erwiesen sich beide als wirksam. Allerdings zeigten die Kinder, die alltagsintegriert durch ihre eigens fortgebildeten Pädagoginnen gefördert wurden, in mehr Bereichen Verbesserungen als Kinder, die an einer additiven Sprachförderung teilnahmen" (Gagarina et al. 2014, 145).*

Es zeigte sich, dass die Kinder, die eine additive zweimal wöchentlich stattfindende Sprachförderung erhielten, im Bereich des Morphologieerwerbs (Kasus) vergleichbare signifikante Lernfortschritte aufzeigten, dass aber die alltagsintegrierten Maßnahmen im Bereich des Wortschatzerwerbs den additiven Maßnahmen überlegen sind.

Kombination aus Immersions- und Angebotslernen

Schlussfolgernd scheint demnach die Arbeit an bestimmten Strukturen und Regeln auch innerhalb eines reduzierten zeitlichen Rahmens sinnvoll zu sein. Ansonsten ist die alltagsintegrierte Sprachförderung additiven Maßnahmen gegenüber überlegen. Eine Kombination aus Immersions- und Angebotslernen scheint dem einzelnen Kind demnach gute Lernmöglichkeiten zu eröffnen. Dieser Kombination aus Sprachbad und Angebot wird im vorliegenden Konzept mehrsprachiger Förderung Rechnung getragen.

2.6 Erkenntnisse aus diversen Projekten

In diesem abschließenden Unterkapitel werden einige weitere Projekte aufgegriffen (ohne Anspruch auf Vollständigkeit) und Aspekte dargestellt, die in den folgenden Kapiteln von Bedeutung sind, wenn es um die Darstellung eines mehrsprachigen Konzeptes geht.

2.6.1 Studien in Österreich

In den letzten Jahrzehnten wurden im österreichischen Schulsystem viele Akzente gesetzt, die die Mehrsprachigkeit unterstützen. Dabei konnten u.a. die positiven Effekte, die auf den Einbezug der Erstsprachen der Kinder zurückzuführen sind, in vielen Forschungsarbeiten nachgewiesen werden (ÖSZ 2012), z.B. in der groß angelegten Längsschnittstudie an den Wiener Volksschulen (1999–2003) und in deren Folgestudie (2007).

Einbezug der Erstsprachen

Cummins (1984) hat immer wieder darauf verwiesen, dass eine mangelnde Förderung der Erstsprache zu einer starken Einschränkung in der Beherrschung der Zweitsprachen führen kann. Eine Unterbrechung oder ein nur teilweiser Erwerb der Erstsprache sind nicht förderlich für die gesamtsprachliche und die kognitive Entwicklung eines Kindes. Dies zeigt sich später auch in den schulischen Leistungen: Die Lese- und Schreibfähigkeit oder die Fähigkeit, abstrakte Zusammenhänge zu erfassen und zu verarbeiten (z.B. bei Rechenaufgaben), leiden darunter.

In Österreich wurden aus diesen Gründen in der Vorschulstufe der allgemein bildenden Pflichtschulen verstärkt muttersprachliche Lehrerinnen (über 20 unterschiedliche Erstsprachen) eingestellt (ÖSZ 2012). Ziel ist „der qualifizierte Erwerb der deutschen Sprache bei gleichzeitiger Förderung der Kompetenzen in den jeweiligen Erstsprachen der Kinder" (ÖSZ 2012, 27), u.a. durch folgende Maßnahmen:

- Die Erstsprachen werden zugelassen, wertgeschätzt, sichtbar gemacht (z.B. durch mehrsprachige Plakate) und gestärkt.
- Sprachvergleiche werden vorgenommen. Zweitspracherwerb bedeutet ein Wechselverhältnis von Erst- und Zweitsprache, die Sprachen werden nicht isoliert betrachtet, das Vorwissen der Kinder wird einbezogen.
- Die Steuerung des Lernprozesses erfolgt von den strukturellen Merkmalen der Zielsprache her.
- Der sprachliche Input ist qualitativ hochwertig (kurze, klare, korrekte Sätze).

zusätzliche Sprache

Es gibt auch Projekte in Österreich, in denen sowohl die Erstsprachen der Kinder wertgeschätzt und unterstützt werden als auch eine weitere Sprache (neben Deutsch) eingeführt wird. In den Wiener Kindergärten steht mit dem Projekt „Swing" Englisch neben den Erstsprachen und der deutschen Sprache im Mittelpunkt (Wiener Kindergärten 2017). Über einen spielerischen Kontakt mit der neuen Sprache (auch über unterschiedliche Medien) soll ein positiv besetzter Zugang erreicht und somit dem schulischen Weg des Fremdsprachenlernens eine neue Ausgangsposition verschafft werden. Englisch wird in den Alltag eingebaut, dies über eine zwanglose, lustvolle Begegnung mit der Sprache. Die Pädagoginnen bieten die Sprache selbst an. Sie sollten diese auf annähernd erstsprachlichem Niveau beherrschen. Aus diesem Grund erhalten sie eine zusätzliche Aus- bzw. Weiterbildung in diesem Bereich.

2.6.2 Studien in Deutschland

Erstsprachen einbeziehen: Die Bedeutung des Einbezugs der Erstsprachen wird auch immer wieder in Projekten, die in Deutschland umgesetzt werden, hervorgehoben. Für Küpelikilinc und Özbölük (2016) ist es wichtig, die Erstsprachen der Kinder wertzuschätzen und aufzugreifen und somit das jeweilige Kind über die Brücke der Erstsprache besser zu erreichen. Kinder mit Migrationshintergrund sollten zudem, wo immer dies in vertretbaren Lerngruppen möglich ist, in ihrer Erstsprache gefördert werden.

Früher Kontakt mit der Zweitsprache: Die Universität Bochum (Schölmerich et al. 2010) kommt bei der Begleitung von Kitas mit zweisprachiger Ausrichtung zur Schlussfolgerung, dass der Zweitspracherwerb bei Kindern mit Migrationshintergrund erfolgreich verläuft, wenn die Kinder bereits in einem frühen Alter und regelmäßig den Kindergarten besuchen und wenn die deutsche Sprache zusätzlich zu Hause wertgeschätzt wird (z.B. Vorlesen deutscher Bücher).

Zusätzliche Sprache als Zweit- oder Drittsprache einbeziehen: Im Saarland (Ministerium für Bildung, Saarland 2011) bieten etwa 150 Kindertageseinrichtungen, dies entspricht jeder dritten Vorschuleinrichtung im Saarland, eine zweisprachige Erziehung und Bildung auf Deutsch und Französisch an. Langfristig wird angestrebt, dass alle Kindertageseinrichtungen das Konzept der frühen zweisprachigen Erziehung und Bildung in ihre Arbeit integrieren und dass in der Schule auch Englisch als Weltverkehrssprache für alle Kinder später hinzukommt. Im Kindergarten erleben die Kinder im Kontakt mit Muttersprachlerinnen die französische Sprache nach dem Immersionskonzept. Nach den bisherigen Ergebnissen „erreichen die Kinder in der französischen Sprache altersgemäße sprachlich-interkulturelle Kompetenzen im Bereich des Hörverstehens, aber auch des Sprechens, die je nach Länge und Intensität der zweisprachigen Erziehung differieren“ (Ministerium für Bildung, Saarland 2011, 20).

Der frühe Einbezug einer weiteren Sprache schärft nach Küpelikilinc und Özbölük (2016) das Interesse und die Wahrnehmung für andere Sprachen, die Freude am Umgang mit ihnen und trägt damit zur interkulturellen Erziehung bei.

2.6.3 Diglossie in der Schweiz

Auch in der Schweiz gibt es mittlerweile viele bilinguale oder sogar trilinguale Kindergärten. In der deutschsprachigen Schweiz werden bspw. neben der Standardsprache noch eine Zweit- oder Drittsprache nach dem Immersionsprinzip angeboten, meistens Englisch, Französisch oder Italienisch. Bei den Eltern stößt das Angebot auf großen Anklang. Die Anzahl der Kindergärten, die mehrsprachig ausgerichtet sind, erhöht sich kontinuierlich. Die meisten orientieren sich am Immersionskonzept und der personengebundenen Sprachvermittlung.

schweizerdeutsche Mundart

Wie in vielen westeuropäischen Ländern leben auch in der Schweiz viele Kinder mit Migrationshintergrund. Nach Grossenbacher und Vögeli-Mantovani (2010) kommt v.a. in der Deutschschweiz hinzu, dass die Bedingungen zum Erwerb der Standard- und Schulsprache durch die Situation der Diglossie (Vorkommen von zwei Sprachen oder zwei Varietäten [Erscheinungsformen] einer Sprache) für die Kinder mit Migrationshintergrund erschwert sind. Während in den meisten Schweizer Familien die Mundart als Familien- und Umgangssprache fest verankert ist, steht in der Vorschule die Förderung der Standardsprache im Vordergrund. Allerdings wird in den vorschulischen und schulischen Einrichtungen zum Teil auch die Mundartsprache verwendet. „Dieses Nebeneinander der beiden Varietäten erschwert eine saubere Trennung und es kann zu Mischformen kommen, da das Wissen um die korrekte Zuordnung der Formen zu der jeweiligen Varietät nicht immer vorliegt" (Kalbermatten 2008, 10).

Seit einigen Jahren ist ein Wertewandel in der Schweizer Schullandschaft festzustellen. Der Schwerpunkt des sprachdidaktischen Auftrags hat sich in Richtung der Standardsprache verschoben, „nicht zuletzt dank der Erkenntnis, dass der weit reichende Gebrauch der Mundart und die Diglossie in Deutschschweizer Schulen und Kindergärten den Zweitspracherwerb fremdsprachiger Schülerinnen und Schülern erschweren und damit letztlich auch den schulischen Erfolg beeinträchtigen" (Gyger 2005, 5). Zur optimalen Förderung wird in den Sprachenkonzepten der Kantone Bern und Thurgau eine konsequente Verwendung der Standardsprache bzw. ein bewusster Gebrauch der Varietäten vorgeschlagen (Kalbermatten 2008).

2.6.4 Europäische Studien

Eine Reflexionsarbeit im Auftrag der Europäischen Kommission (Edelenbos et al. 2006) hat grundlegende Erkenntnisse aus der Forschungsarbeit unterschiedlicher Forschergruppen quer durch Europa zusammengetragen. Im Folgenden werden jene Erkenntnisse aufgegriffen, die für die Darstellung des mehrsprachigen Konzeptes im 3. Kapitel wesentlich sind. Auf der einen Seite wurden in diesen Studien die eben erwähnten Schlussfolgerungen aus den Projekten in Österreich, Deutschland und der Schweiz untermauert, andererseits wurden weitere Schlüsse gezogen:

weitere Erkenntnisse

- Der frühe Kontakt mit einer Zweitsprache aktiviert die natürlichen Sprachlernmechanismen des Kindes und beeinflusst die kognitive, soziale, kulturelle und linguistische Entwicklung vorteilhaft.
- Die Kontinuität des Kontakts mit der oder den verschiedenen Sprachen muss vorhanden sein.
- Die Kinder müssen die Bedeutung der neuen Sprache erfassen. Optimal wäre, wenn sie der neuen Sprache auch in ihrer Umgebung, außerhalb der Schule, begegnen.
- Von großer Bedeutung ist es, die Kinder über das Produzieren vorgefertigter und auswendig gelernter Sprachäußerungen hinaus zu fördern.
- Positive (Ermutigung) oder korrigierende Rückmeldungen sind für die Verbesserung des sprachlichen Systems der Schüler von großer Bedeutung: Wie alle Lernenden profitieren Kinder deutlich von geeignetem Feedback, was ihnen hilft, ihren Fortschritt zu überwachen.

ZUSAMMENFASSUNG

Im vorliegenden Konzept mehrsprachiger Förderung wird auch diesen Erkenntnissen Rechnung tragen: Einbezug und wenn möglich Förderung der Erstsprachen, qualitativ hochwertige Förderung, bspw. durch Sprachvergleiche, durch ein strukturzentriertes Vorgehen, durch die Visualisierung der Sprachen und durch den Einsatz der Modellierungstechniken. Die zehn Prinzipien des mehrsprachigen Konzeptes, die im folgenden 3. Kapitel dargestellt werden, spiegeln die eben erläuterten Erkenntnisse wider.

3 Kontrastoptimierung: ein Konzept mehrsprachiger Förderung

3.1 Grundlagen des Konzeptes

Das vorliegende Konzept mehrsprachiger Förderung kann, je nach Zielsetzung, flexibel eingesetzt werden:

flexible Handhabung des Konzeptes

- Zwei Sprachen werden parallel als Kommunikationssprachen in der Kita vermittelt (z.B. Deutsch und Englisch).
- Neben der Kommunikationssprache (z.B. Deutsch) werden die Erstsprachen der Kinder konsequent einbezogen.
- Diese beiden Möglichkeiten werden kombiniert: Neben dem Einbezug der Erstsprachen sind zwei weitere Sprachen im vorschulischen Alltag präsent.

In Elternhäusern, Kitas und Schulen, in denen Mehrsprachigkeit einen wichtigen Stellenwert einnimmt, sollte von folgendem Leitgedanken ausgegangen werden:

! Je mehr Sprachen im Umfeld des Kindes auftreten, desto wichtiger ist die Berücksichtigung sprachfördernder und sprachorganisatorischer Prinzipien.

Diese sprachfördernden und sprachorganisatorischen Prinzipien werden in Kapitel 3.2 detailliert und anhand vieler Beispiele illustriert erläutert. Im 5. Kapitel werden die Prinzipien innerhalb von mehreren Rahmenthemen konsequent umgesetzt.

Förderung im weiteren Sinne

Innerhalb des in diesem Buch vorgestellten mehrsprachigen Konzeptes wird unter sprachlicher „Förderung" kein Programm verstanden, welches an einen bestimmten zeitlichen Rahmen und an einen bestimmten Ort gebunden ist. Vielmehr wird Sprachförderung in einem weiteren Sinn gesehen: Sprachförderung kann jederzeit und überall stattfinden. Das gesamte Umfeld des Kindes ist in dessen sprachliche Förderung eingebunden, demnach nicht nur das pädagogische Team, sondern auch alle weiteren nahen Bezugspersonen in und außerhalb der Familie. Die sprachlichen Kompetenzen des Kindes erweitern sich sowohl zu Hause, v.a. in der Interaktion mit den Eltern, als auch mit den Pädagoginnen in den Kitas.

grundlegende Kenntnisse

Der Spracherwerbsprozess des Kindes wird selbstverständlich durch Interaktionspartner, die grundlegende Kenntnisse in den Bereichen Sprachförderung und früher Erwerb sprachlicher Kompetenzen besitzen, optimiert. Demnach fällt den Pädagoginnen in den Kitas eine besonders wichtige Funktion zu. Die Darstellung dieser grundlegenden Kenntnisse, besonders in einem mehrsprachigen Umfeld, ist ein Ziel des vorliegenden Buches.

Bedeutung des familiären Umfeldes

Die Kooperation mit den Eltern und allen weiteren Bezugspersonen im familiären Umfeld des Kindes sollte in einem Konzept mehrsprachiger Förderung ganz besonders hervorgehoben werden. Nach Wagner (2010) betonen Erkenntnisse aus Studien zur Qualität familienexterner Betreuung unisono und an erster Stelle den hohen Stellenwert der familieninternen Betreuung in den ersten Lebensjahren. Aus diesem Grund wird u.a. im 6. Kapitel gezeigt, wie die sprachliche Erziehung und Förderung im familiären Umfeld und die Kooperation mit den Eltern aussehen kann.

Ferner konnte in diesen Studien belegt werden, dass Kinder umso mehr von einer hochwertigen institutionellen Betreuung profitieren, wenn das familiäre Umfeld wenig sprachanregend für das Kind ist. Dies trifft sowohl auf die ganz frühe Betreuung in den ersten zwei, drei Lebensjahren in Krippen zu als auch auf die spätere Betreuung in vorschulischen und schulischen Einrichtungen.

Die sprachliche und ganz besonders die mehrsprachige Förderung wird schlussfolgernd als Querschnittsaufgabe aller nahen Bezugspersonen des Kindes verstanden.

!

Förderung als Querschnittsaufgabe

Ein regelmäßiger Austausch und das gemeinsame Zusammenwirken innerhalb eines konzeptionellen Ansatzes können sich nur förderlich auf die mehrsprachige Entwicklung des Kindes auswirken.

Institutionen, die mehrsprachige Konzepte umsetzen, brauchen zudem die Unterstützung durch schulpolitische Entscheidungsträger. Diese sollten nicht nur von Anfang an in solche Projekte einbezogen werden, auch ein regelmäßiger Austausch sollte im Voraus sichergestellt sein (Kersten 2002, 24f.).

Ein Konzept mehrsprachiger Förderung setzt eine gewisse Grundhaltung zur Mehrsprachigkeit, die die Bezugspersonen des Kindes haben sollten, voraus:

Grundhaltung der Bezugspersonen

- Alle Sprachen des Kindes und die damit einhergehende kulturelle Vielfalt werden als wertvoll betrachtet, d.h. als Ressource angesehen. Sie bereichern das soziale Miteinander.
- Es besteht eine natürliche Offenheit gegenüber anderen Kulturen und Sprachen.
- Es herrscht eine Neugierde vor, andere Kulturen und Sprachen kennenzulernen.
- Die Freude des Kindes und der Bezugspersonen an neuen Sprachen wird gefördert.
- Den Kindern wird das Gefühl vermittelt, dass sie sich auch zwei Sprachkulturen zugehörig fühlen dürfen und dass die Integration in eine neue Sprachkultur nicht bedeutet, dass sie die erste aufgeben müssen.

emotionale Bindung

Hinzu kommt, dass Kinder, die sich in ihrem Umfeld wohlfühlen, ein erhöhtes Explorationsverhalten zeigen (Beckh et al. 2016). Dieses wirkt sich äußerst stimulierend auf die Entwicklung und v.a. auch auf die Sprachentwicklung aus. Kinder brauchen demnach in ihren ersten Lebensjahren eine stabile emotionale Bindung und eine vertrauensvolle Beziehung zu ihren Bezugspersonen. In den ersten Lebensmonaten ist die sozial-emotionale Bindung zwischen der Mutter und/oder dem Vater und dem Kind entscheidend. Ab dem zweiten Lebensjahr kann dann, darauf aufbauend, der zeitweise Aufenthalt bei einer weiteren Betreuungsperson oder in einer Gruppe zusätzliche Entwicklungsimpulse geben (Einsiedler 2005; Ahnert 2007). Auf dieser Basis

- der Offenheit, Neugierde und Wertschätzung gegenüber anderen Sprachen und Kulturen,
- der stabilen sozial-emotionalen Bindung
- und der Notwendigkeit, dass die mehrsprachige Entwicklung des Kindes als Querschnittsaufgabe der schulischen und außerschulischen Bezugspersonen verstanden wird,

werden im Folgenden zehn wichtige Prinzipien der mehrsprachigen Förderung beschrieben.

Diese bilden die Basis eines Konzeptes, welches am besten unter dem Begriff „Kontrastoptimierung" zusammengefasst werden kann:

Kontrastoptimierung

Lernprozesse werden von den Bezugspersonen des Kindes dadurch optimiert, dass sie Kontraste in den Mittelpunkt rücken, wodurch ein vieldimensionales Spannungsfeld aufgebaut wird: Sowohl auf der Ebene der einzelnen Sprache als auch sprachenübergreifend sowie auf der Ebene des gesamten Kontextes, in dem sich die Lernprozesse abspielen, stehen Kontraste im Fokus. Eine Monotonie durch immer Gleiches soll in diesem Spannungsfeld vermieden werden. Die zehn Prinzipien werden demzufolge jeweils als Darstellung von zwei unterschiedlichen, oft entgegengesetzten Ansichten präsentiert, zwischen denen sich der Spracherwerb und die Sprachförderung abspielen.

3.2 Zehn Prinzipien mehrsprachiger Förderung

Folgende zehn Prinzipien bilden die Basis der Kontrastoptimierung:

1. Sprachfördernde Aktivitäten ergänzend zur alltagsintegrierten Sprachförderung anbieten
2. Erstspracherwerb als Fundament mehrsprachiger Kompetenzen verstehen
3. Sprachen untereinander bewusst in Beziehung setzen
4. Gleichgewicht zwischen monolingualen und multilingualen Situationen planen
5. Sprachlichen Input entwicklungsproximal gestalten
6. Sprachlichen Input qualitativ und quantitativ hochwertig gestalten
7. Sprachproduktion des Kindes anregen
8. Zusätzlich ganzheitliche Strukturen anbieten
9. Metasprachliche Reflexionen und visuelle Hilfen einbeziehen
10. Bildungssprache beachten

1. Prinzip: Sprachfördernde Aktivitäten ergänzend zur alltagsintegrierten Sprachförderung anbieten

Kontrastoptimierung durch:
alltagsintegrierte Sprachförderung versus sprachfördernde Aktivitäten

„Bis vor Kurzem stand vor allem das Entwickeln von verschiedensten Sprachförderprogrammen […] im Fokus der Bemühungen" (Zell 2013a, 26).

Es konnte allerdings festgestellt werden, dass viele Kinder mit Programmen (die sich ausschließlich in einem sehr strukturierten Rahmen abspielen) nicht wesentlich über ein Stadium hinauskamen, in dem sie größtenteils nur auswendig gelernte „vorgefertigte" Äußerungen produzierten (Zell 2013a).

Wichtig für die Sprachentwicklung und für eine größere Flexibilität bei der Beherrschung der Zielsprache sind demnach auch Situationen, in denen der Sprachgebrauch in einem authentischen, für das Kind sinnvollen Kontext im Vordergrund steht. Sprachliche Förderung im ein- und besonders auch im mehrsprachigen Kontext wird durch die Kombination aus alltagsintegrierten Situationen und geplanten sprachlichen Angeboten bestimmt:

„Alltagsintegrierte Sprachförderung und das spezifische Angebot von Aktivitäten zur Sprachförderung ergänzen einander" (Zell 2013b, 41).

Nach den grundlegenden Erkenntnissen aus langjähriger Forschungsarbeit (Europäische Kommission 2006) ergibt diese Kombination vielversprechende Resultate.

Alltagsintegrierte Sprachförderung

Kinder lernen das Sprechen im Alltag und am Alltag orientiert.

In einer Kita bieten sich viele Gelegenheiten, um mit den Kindern ein Gespräch zu führen und den Austausch zwischen den Kindern anzuregen. Das Verwenden von Sprache im gemeinsamen Handeln führt dazu, dass von den Kindern der Nutzen von Sprache erkannt wird. Ist die Sprache in die Abläufe der Kita eingebettet, so wird den Kindern z.B. die Bedeutung der Wörter aus den Situationen, in denen sie verwendet werden, klar (Kersten 2002). Sie sind dabei v.a. auf Bezugspersonen angewiesen, die „authentisch, ihnen emotional gewogen und in der Lage sind, sich in Sprache und Kommunikation auf das Kind einzustellen“ (Zell 2013a, 28).

Gelegenheiten schaffen

Ganz konkret: Der Grundgedanke ist, dass Kitas so organisiert werden, dass sich für die Kinder möglichst günstige Gelegenheiten ergeben, ihre natürlichen Sprachlernfähigkeiten zu entfalten (Wode 1997). Es geht also darum, im Alltag Raum zu schaffen, in dem die Kinder entsprechend ihren Bedürfnissen und Interessen Tätigkeiten nachgehen können, in denen der Sprachumsatz möglichst groß ist. Solche Tätigkeiten können z.B. eine Reparatur in der Autowerkstatt, ein Stau auf dem Straßenteppich, ein Spiel mit dem Puppenhaus, dem Bauernhof, dem Einkaufsladen (Abb. 1), dem Zirkus oder dem Tierpark sein. Auch das gemeinsame Bauen eines Turms, Malen eines Bildes oder Backen von Keksen bieten gute Interaktionsmöglichkeiten. Sinnvoll ist es, das Angebot an Spielsachen im Laufe eines Schuljahres zu variieren. So kann bspw. der Bauernhof nach einiger Zeit durch den Tierpark ersetzt oder die Spielecke zu einer Bastelecke werden.

Abb. 1: Die Kinder malen eine Einkaufsliste und kaufen im Laden ein.

Abb. 2: Die Kinder spielen gemeinsam mit der Pädagogin mit dem Bauernhof.

aktive Teilnahme

Im Laufe dieser Situationen kommunizieren die Kinder nicht nur unter sich. Die Pädagogin nimmt aktiv an unterschiedlichen Aktivitäten teil. Sie passt ihren sprachlichen Input an den Entwicklungsstand der Kinder an (5. Prinzip) und versucht ganz gezielt, jedes einzelne Kind zum Sprechen zu stimulieren (7. Prinzip).

Die Freude an der Aktivität, die die Möglichkeit beinhaltet, Lernprozesse anzustoßen, sollte dabei nicht verloren gehen (Garnitschnig/Sobczak 2013).

BEISPIEL

Spiel mit dem Bauernhof (Abb. 2):
A (Kind A): „Die Kuh hat Hunger."
B (Kind B): „Meine Kuh auch!"
P (Pädagogin): „Meine Kuh hat auch Hunger. Was frisst deine Kuh?"
A: „Gras."
B: „Nein, meine Heu und Blumen."
P: „Meine Kuh steht auf der Wiese. Auf der Wiese wachsen Blumen. Gras wächst auch auf der Wiese."
A: „Heu ist in Stall."
P: „Es wird schon dunkel. Meine Kuh geht jetzt in den Stall. Ja, Heu ist im Stall. Im Stall liegt viel Heu. Mmm, ich esse auch gerne Heu."
B: „Meine Kuh auch!"
P: „Deine Kuh geht auch in den Stall. Was macht deine Kuh im Stall?"

B: „Es schläft dort."
P: „Schön. Jetzt schläft deine Kuh. Im Stall. Auf dem Heu schläft sie."

Wie bereits erwähnt, sind solche Situationen besonders sprachfördernd, wenn die Pädagogin einen entwicklungsproximalen, also an die Entwicklung des Kindes angepassten Input in hoher Frequenz und Qualität anbietet und das einzelne Kind durch eine Reihe von Techniken zum Sprechen bewegt und seine Sprache modelliert.

Diese Art der Interaktion bildet die Basis einer qualitativen Sprachförderung. Eine solche nutzt die natürliche Sprachlernfähigkeit und Motivation der Kinder und stellt den größtmöglichen und qualitativ hochwertigsten Input bereit.

Angebot von sprachfördernden Aktivitäten

Die Interessen und Bedürfnisse der Kinder bilden den Ausgangspunkt der Planung sprachfördernder Aktivitäten. Durch das aktive Zuhören und die gezielte Beobachtung kann die Pädagogin erschließen, was die Kinder besonders beschäftigt. Auch die Gespräche mit den Eltern sind in dieser Hinsicht meistens sehr aufschlussreich.

Die Interessen sind oft an die Jahreszeit gebunden (z.B. Herbst, Winter, Frühjahr, Weihnachten, Ferien in den Bergen oder am Meer), an die Umgebung (z.B. Spielplatz, Stadtpark, Bauernhof, Polizei, Großbaustelle), an besondere Anlässe (z.B. Geburtstag, Muttertag, Ferien), an zeitnahe Erlebnisse (z.B. Besuch der Großeltern, Ausflug in den Tierpark) oder an bestimmte Neuigkeiten (z.B. neues Kind in der Gruppe, neues Spielzeug, Konfliktsituation im Pausenhof).

Rahmenthema

Es macht Sinn, innerhalb eines bestimmten Rahmenthemas (z.B. Tiere im Tierpark, Kleider), welches über mehrere Wochen im Mittelpunkt stehen kann, viele verschiedene Aktivitäten anzubieten, z.B.:

- Bücher erzählen, monologisch oder dialogisch, sprachlich angepasst an den Entwicklungsstand des Kindes
- eigene „Büchlein" zusammenstellen oder einzelne Situationen grafisch darstellen
- Rollenspiele in unterschiedlichsten Formen durchführen
- Sprachspiele, die sich vorzugsweise auf das Rahmenthema beziehen, in kleineren Gruppen oder mit der ganzen Klasse planen
- Lieder und Gedichte lernen, die auch Teil des Rollenspiels sein können

Ganz konkret: In einem ersten Schritt steht das Buch von Mario Ramos „Ich bin der Stärkste im ganzen Land" (13. Aufl., 2017) im Mittelpunkt. In einem zweiten Schritt werden Angebote aufgezeigt, die daran anschließen können.

Die Pädagogin erzählt den Kindern die Geschichte des eingebildeten Wolfes (der Originaltext wurde geändert):

BEISPIEL

Der Wolf spaziert durch den Wald. Er ist gut gelaunt und singt laut vor sich her: „Ich habe viele Muskeln. Ich habe viele Muskeln. Eins, zwei, drei, das nächste Tier kommt schnell herbei."
Plötzlich sieht er Rotkäppchen: „Rotkäppchen, wer hat viele Muskeln?"
Rotkäppchen ist ganz eingeschüchtert und stottert: „Lieber Wolf, du hast viele Muskeln! Ich habe nicht viele Muskeln. Du bist stark!"

In der Folge begegnet der Wolf vielen verschiedenen Figuren, sodass sich ein ähnlicher Dialog mehrmals wiederholt. Das Buch wird anschließend ein zweites Mal erzählt. Dieses Mal werden die Kinder aktiv einbezogen:

BEISPIEL

Der Wolf spaziert durch den Wald. Er ist gut gelaunt.
Was singt er? (…)
Plötzlich begegnet er einem Mädchen. (…)
Wie sieht Rotkäppchen aus? (…)
Der Wolf stellt Rotkäppchen eine Frage. (…)
Was antwortet das eingeschüchterte Mädchen? (…)

Auf Basis der Geschichte werden anschließend Rollenspiele inszeniert. Diese können ganz unterschiedlich gestaltet werden (Kap. 5). Sie spielen eine wichtige Rolle in der frühkindlichen Sprachförderung. Kinder zeigen ein natürliches Interesse an Geschichten, ihre Fantasie wird angeregt, und es entsteht im Rahmen des dialogischen Erzählens und der Umsetzung der Geschichte als Rollenspiel ein stetiger sprachfördernder Wechsel zwischen sprachlicher Rezeption (das Kind hört zu) und Produktion (das Kind wird zum Sprechen angeregt).

Ein kurzes Lied (auf Basis einer bekannten oder auch frei erfundenen Melodie) spiegelt den Stolz des Wolfes wider: „Ich habe viele Muskeln. (…)" Werden zusätzlich noch weitere Lieder gesungen, schult das außerdem die musischen Fähigkeiten der Kinder.

Während dieser sprachfördernden Angebote passt sich die Pädagogin an den sprachlichen Entwicklungsstand des Kindes an, gibt ihm immer wieder die Möglichkeit, sich selbst zu äußern, und modelliert seine Sprache.

2. Prinzip: Erstspracherwerb als Fundament mehrsprachiger Kompetenzen verstehen

Kontrastoptimierung durch:
Erstspracherwerb versus Erwerb einer Zweit- oder Drittsprache

„Man muss den ausländischen Kindern verbieten, sich untereinander in ihrer Sprache zu unterhalten. Das hindert sie am Erlernen der deutschen Sprache.' Nun, derart kurzschlüssige Argumentationen über die sprachliche Entwicklung von zweisprachigen Minderheitenkindern werden von der Spracherwerbsforschung und angewandten Sprachwissenschaft eindeutig widerlegt" (de Cillia 2013, 16).

Stellenwert der Erstsprache

Die Erstsprache des Kindes bzw. die Erstsprachen im Falle eines mehr oder weniger ausgewogenen doppelten Erstspracherwerbs (das Kind versteht und spricht zwei Sprachen in etwa gleich gut) spielt bzw. spielen eine wichtige Rolle in der Entwicklung des Kindes. Die Erstsprache ist v.a. in einem frühen Alter meistens die Sprache, mit der sich das Kind am besten mitteilen kann, in der es die besten Sprachkompetenzen besitzt. Wissend, dass die kognitive und die sozial-emotionale Entwicklung mit der sprachlichen Entwicklung Hand in Hand gehen (Kap. 1), sollte es in einer ersten Phase immer heißen: „First language first." Das bedeutet, dass der Erstsprache der Stellenwert zugeschrieben wird, den sie aufgrund der eben erläuterten Rolle in der gesamten Entwicklung des Kindes hat.

Erstsprache als Fundament

Hinzu kommt, dass der gleichzeitige Erwerb von Erst- und Zweitsprache nicht zulasten der Zweitsprache geht, ganz im Gegenteil: Der Erwerb bspw. der Zweitsprache Deutsch in einem primär deutschsprachigen Umfeld wird durch den Einbezug der Erstsprache eher unterstützt als verzögert. Erstsprachliche Fähigkeiten dienen als Fundament des Zweitspracherwerbs. Transferleistungen von bereits Gelerntem von der Erst- auf die Zweitsprache führen dazu, dass der Erwerb zweitsprachlicher Fähigkeiten in jenen Bereichen, in denen Gemeinsamkeiten bestehen, beschleunigt wird (Kap. 1.7).

keine Ausgrenzung der Erstsprache

Zudem ist mit der Erstsprache die soziokulturelle Identität des Kindes verbunden. Kinder mit einer anderen Erstsprache erleben eine Abwertung ihrer Identität, wenn in der Kita ausschließlich die Sprache der vorherrschenden Kultur gesprochen und ihnen dadurch implizit vermittelt wird, dass ihre Sprache nicht so wichtig ist. Mehrsprachige Kompetenzen erleben die Kinder im privaten Kontext als nützlich und bereichernd, im institutionellen Rahmen erfahren sie sich selbst hingegen vorwiegend als Kinder mit Nachholbedarf. Wie erwähnt, kommen sie dadurch in einen Identitätskonflikt und stellen sich die Frage, ob sie sich für eine Sprachkultur entscheiden müssen oder aber tatsächlich beiden Sprachkulturen gleichzeitig angehören dürfen (Rubio/Tabouret 2007).

Es besteht auch die Gefahr, dass Kinder ausgegrenzt werden: Das institutionelle Anliegen, die Kinder nicht über die Sprache auszugrenzen und sich deshalb auf eine Umgangssprache (z.B. Deutsch) zu beschränken, schließt eine mehrsprachige Kommunikation unter den Kindern aus. Die Verpflichtung auf den Gebrauch einer bestimmten Sprache nimmt allerdings den Kindern mit einer anderen Erstsprache, die noch keine Kompetenzen in der Umgangssprache besitzen, die Kommunikationsfähigkeit.

Ganz konkret: Aus den vorherigen Ausführungen wird ersichtlich, dass die Erstsprachen und die damit verbundene kulturelle Identität der Kinder wertgeschätzt und am besten auch in den vorschulischen Alltag einbezogen werden sollten. Hierzu bieten sich viele Möglichkeiten an:

- An erster Stelle wird den Kindern vermittelt, dass ihre Erstsprachen in der Kita ihren Platz haben und verwendet werden dürfen. Sprachverbote sind sicherlich nicht förderlich und können traumatisierend auf die Kinder wirken (de Cillia 2013).

„Die gesprochenen Sprachen der Kinder mit Migrationshintergrund werden nicht ausgegrenzt, alle vorhandenen Sprachen werden berücksichtigt und bereichern das soziale Miteinander der Kinder. Hierzu ist es wünschenswert, pädagogisches Fachpersonal mit entsprechenden Sprachkenntnissen bzw. mit Migrationshintergrund einzusetzen“ (Europäische Kommission 2006, 146ff.).

Erstsprachen bewusst wahrnehmen

- Die Pädagoginnen planen unterschiedliche Aktivitäten (Kap. 5), bei denen den Kindern bewusst wird, welche Sprache(n) sie selbst sprechen und welche Sprache(n) ihre Klassenkameraden sprechen. Die Kinder erfahren, dass vielleicht noch andere Kinder in der eigenen Klasse oder auch in den Nachbarklassen sind, mit denen sie sich in ihrer Erstsprache unterhalten können.

- Sie verstärken bewusst den Kontakt zwischen den Kindern mit der gleichen Erstsprache: In geplanten Aktivitäten werden die Kinder mit der gleichen Erstsprache derselben Gruppe zugewiesen, sodass sich diese in ihrer Erstsprache unterhalten können (Abb. 3).

Abb. 3: Kinder portugiesischer Herkunft unterhalten sich in ihrer Erstsprache.

Kompetenzen nutzen

- Das pädagogische Team stellt seine eigene Sprachbiographie auf: Welche Sprache(n) sprechen welche Pädagoginnen? Wird eine Sprache von einer Pädagogin gesprochen, die unter Umständen die Erstsprache eines oder mehrerer Kinder ist? Diese kann dann bewusst eingesetzt werden: Die Eingewöhnungsphase ist einfacher, Verständnisprobleme können ausgeschaltet werden, die Pädagoginnen sind eine Art „Brückenbauerinnen" von der Erst- auf die Zweitsprache. Zudem ist es möglich, punktuell bestimmte Aktivitäten in der Erstsprache durchzuführen, z.B. wird ein Buch in der entsprechenden Erstsprache der Kinder erzählt.

den Erstsprachen einen Platz gewähren

- Die Erstsprachen der Kinder werden sichtbar und hörbar gemacht, indem Informationen für die Eltern mehrsprachig ausgegeben oder Bücher und Zeitschriften in den Erstsprachen der Kinder besorgt werden. Mehrsprachige Willkommensschilder, Bilder, Fotos oder typische Objekte aus den verschiedenen Herkunftsländern hängen an der Wand oder stehen auf dem Schrank, die Namensschilder der Kinder sind in den verschiedenen Schriftzeichen aufgeschrieben. Die Kinder werden mehrsprachig begrüßt, mehrsprachige Lieder und Gedichte werden gelernt, mehrsprachige Geschichten werden über den Computer oder anhand von CDs vorgelesen, Lieder werden über Musikkassetten vorgespielt. Diese sind für die Kinder mit der jeweiligen Erstsprache vertraute Klänge. In der Klasse kann auch eine Sprachenecke aufgebaut werden, in der die unterschiedlichen Erstsprachen ihren Platz haben und „sichtbar" werden.

- Die Pädagoginnen versuchen, einige portugiesische, türkische oder arabische Wörter auszusprechen und auch zu behalten. Die durch diese Maßnahmen vermittelte Offenheit gegenüber anderen Sprachen führt zu einer positiven Ansicht gegenüber der Mehrsprachigkeit und erhöht die Motivation der Kinder, andere Sprachen zu lernen. Durch Lieder, Reime und Zaubersprüche in unterschiedlichen Sprachen erfahren die Erstsprachen der Kinder eine große Wertschätzung.

Eltern einbeziehen

- Die Eltern oder andere Personen, die die Erstsprachen der Kinder sprechen, werden in die Schule eingeladen oder aktiv eingebunden: Eine freie Auswahl von Festen bereichert das Entwicklungskonzept, in das die Eltern in ihrer jeweiligen kulturellen Eigenheit und Herkunft aktiv eingebunden werden. „Native Speakers" (Mütter, Väter, Omas, Opas oder ältere Geschwister) werden zu bestimmten Gelegenheiten eingeladen, z.B. zu regelmäßigen Vorlesestunden in der Erstsprache der Kinder.
- Sinnvoll ist auch der Einsatz von Literatur aus den verschiedenen Herkunftsländern. In Büchern, die von Muttersprachlern geschrieben wurden, werden spezifische Erzähltraditionen vermittelt, und man wird in „fremde Welten" entführt, die für die jeweiligen Kinder mit der entsprechenden Erstsprache wohlbekannt sind.
- In Luxemburg sind viele Kindergärten an eine Schule angegliedert. Das Vorlesen durch Schüler höherer Klassen hat sich in der Praxis bewährt: Dieses Vorlesen durch andere Schüler erhöht nicht nur die Motivation der älteren Kinder, es wirkt sich auch positiv auf die Motivation der jüngeren Kinder aus, die neue Sprache zu lernen.
- Zuletzt steht zu Hause weiterhin die Erstsprache im Mittelpunkt. Den Eltern wird verdeutlicht, dass gute Sprachkompetenzen in der Erstsprache den Erwerb der Zweitsprache unterstützen und beschleunigen. Sie werden ermutigt, die sprachlichen Kompetenzen ihres Kindes so weit wie möglich zu fördern. Spricht ein Elternteil auch die Sprache, die überwiegend in der Kita verwendet wird, ohne allerdings über muttersprachliche Kompetenzen in dieser Sprache zu verfügen, so kann er diese punktuell

und zeitlich begrenzt einsetzen, indem er z.B. nicht nur Bücher in der Erstsprache, sondern zuweilen auch in der hauptsächlichen Kommunikationssprache der Kita erzählt.

3. Prinzip: Bewusst Sprachen untereinander in Beziehung setzen

Kontrastoptimierung durch:
erstsprachliche Strukturen versus zweit- und drittsprachliche Strukturen

„Weil die Erstsprache beim Gebrauch der Zweitsprache immer aktiviert wird, sollten die Sprachen aufeinander bezogen und Vergleiche zwischen beiden Sprachen angeregt werden" (Apeltauer 2010, 87).

Die Kontrastierung von Sprachen bildet einen fruchtbaren Nährboden zum Erwerb mehrsprachiger Kompetenzen.

Sprachmischungen

In Kapitel 1.7 wurde gezeigt, wie die bereits erworbenen sprachlichen Fähigkeiten in der Erstsprache den Zweitspracherwerb beeinflussen. Es kommt zu Vermischungen beider Sprachen und zum Ausleihen von Wörtern, um sich in der Zweitsprache mitzuteilen. Diese Mischungen und Ausleihungen sind, wie bereits erwähnt, kein Anzeichen von Überforderung. Sie kommen bei jedem Kind mehr oder weniger ausgeprägt vor: „Du cleanst deine teeth." (Tracy 2007), oder: „com mein Bruder" (wie mein Bruder).

Der Zweitspracherwerb wird stark von den sprachstrukturellen Besonderheiten der Erstsprache beeinflusst. Gibt es zwischen Erst- und Zweitsprache sprachstrukturelle Gemeinsamkeiten, so sind schnelle Fortschritte beim Kind festzustellen.

semantische Freunde

Auf semantischer Ebene werden z.B. Wörter, die sich lautlich ähnlich sind, schnell verstanden und in die eigene Sprachproduktion übernommen. Man spricht in dem Zusammenhang von „semantischen Freunden":

BEISPIEL

Ein Tiger – a tiger (englisch) – un tigre (französisch) – um tigre (portugiesisch) – una tigre (italienisch) – tygrys (polnisch) – Тигр (russisch) – Тигар (serbisch) – Tigar (bosnisch). Sogar im Japanischen klingt das Wort ganz ähnlich trotz anderer Schriftweise: タイガー.
Eine Tomate – a tomato (englisch) – une tomate (französisch) – um tomate (portugiesisch) – domates (türkisch) – トマト (japanisch, klingt auch ähnlich)

Wenn die Sprachlernenden zum deutschen Wort die muttersprachliche Erklärung erhalten, merken sie es sich leichter. Damit wird zudem die erstsprachliche Kompetenz gestärkt (ÖSZ 2012).

Besonders im Basiswortschatz der verschiedenen Sprachen sind häufig Gemeinsamkeiten festzustellen. Beim Erzählen einfacher Geschichten und in Situationen, in denen eine einfache Sprache im Mittelpunkt steht, gibt es deshalb oft eine gewisse Verständnisbasis, auf die man zurückgreifen kann.

semantische Feinde

Im Gegensatz zu „semantischen Freunden" werden unter „semantischen Feinden" solche Wörter verstanden, die sich zwar lautlich ähnlich sind, allerdings eine andere Bedeutung besitzen: So meint die luxemburgisch sprechende Mutter mit ihrer Aussage „Ech fuere mat der Kutsch" nicht, dass sie mit einer Kutsche fahren wird, sondern dass sie mit ihrem Kind einen Spaziergang mit dem Kinderwagen macht. Zudem bezeichnet sie ihren Sohn nicht als „Bengel", dieser ist nämlich kein „frecher Lausbube", sondern eher brav. Den „Bengel" wirft sie vielmehr ihrem Hund zu, der den „Stock" immer wieder zum Kinderwagen bringt.

Die Bedeutung einzelner Wörter kann aber auch von Sprache zu Sprache ganz verschieden sein. Im Russischen wird oft die Präposition „bei" generalisierend verwendet, während im Deutschen genauer beschrieben wird, wo sich bestimmte Objekte befinden: neben, zwischen, auf usw.

Eine gute Hilfe beim "Aufspüren" von grammatischen Freunden bietet z.B. translate.google.com. Jedes Wort kann in über 100 Sprachen übersetzt und vorgesprochen werden. Selbstverständlich muss man sowohl mit der Übersetzung, v.a. von längeren Strukturen, als auch mit der genauen Aussprache vorsichtig sein. Für die Kinder ist es äußerst motivierend, regelmäßig auf solche Medien zurückzugreifen und ihre eigene Aussprache mit derjenigen am PC zu vergleichen. Ihnen kommt als „Experte" ihrer Sprache ein besonderer Stellenwert zu.

Vergleiche auf grammatischer Ebene

Auch die Grammatiken der einzelnen Sprachen zeigen Gemeinsamkeiten auf, ob auf morphologischer oder auf syntaktischer Ebene:

Verben werden z.B. in vielen Sprachen flektiert, es besteht eine Kongruenz zwischen Subjekt und Verb: „ich esse, du isst, er isst“ heißt im Portugiesischen „eu como, tu comes, ele come“ und im Türkischen „ben boya, eğer boya, o boyalar“. Hat das Kind die Subjekt-Verb-Kongruenz-Regel bereits in seiner Erstsprache erfasst, so überträgt es diese relativ schnell auf die Zweitsprache und flektiert oft schon nach wenigen Monaten die ersten Verben.

Die syntaktische Struktur einfacher Hauptsätze in einer Erstsprache, die die Wortordnung Subjekt-Verb-Ergänzung aufzeigt, wird ebenso in die Zweitsprache Deutsch übertragen: „Je mange une pomme.“ – „Ich esse einen Apfel.“

Allerdings kennzeichnet die Verbzweitstellungsregel die deutsche Sprache im Gegensatz zu den romanischen Sprachen, in denen die Wortordnung Subjekt-Verb-Ergänzung strikter ist. Durch diese Interferenzen kommt es in der Zweitsprache zu häufigen „negativen“ Transfers (etwas ist nicht übertragbar und führt deshalb zu Fehlern): Aus dem Französischen „Aujourd'hui, je vais à l'école“ wird somit im Deutschen „Heute ich gehe in die Schule“. Unterschiedliche Strukturen bereiten Schwierigkeiten, weil sie in der Zweitsprache nicht zufriedenstellend funktionieren und deshalb verändert werden müssen.

Auch das Verwechseln des grammatischen Geschlechts gehört zu den sogenannten Interlanguageeffekten: „die Motorrad, der Garage“. Im Gegensatz zum Deutschen hat das Wort „moto“ im Französischen einen weiblichen und das Wort „garage“ einen männlichen Artikel. Ein Kind mit Erstsprache Französisch überträgt in diesem Fall die Geschlechtszuweisung auf die Zweitsprache Deutsch. Erschwerend kommt hinzu, dass den drei deutschen Genera (männlich, weiblich, sächlich) lediglich zwei französische (männlich und weiblich) gegenüberstehen.

Gibt es also zwischen Erst- und Zweitsprache sprachstrukturelle Unterschiede, so kommt es zu negativen Interferenzen, Gemeinsamkeiten führen zu positiven Interferenzen, die auch als Inferenzen bezeichnet werden.

Übertragungen in beide Richtungen

Selbstverständlich können je nach sprachlichen Fähigkeiten des Kindes und je nach Kontext auch Wörter aus der Zweitsprache in der Erstsprache gebraucht werden. Genauso können grammatische Strukturen, die in der Zweitsprache erworben wurden, auf die Erstsprache transferiert werden: „Je veux une pomme manger.“ (Ich will einen Apfel essen.) anstelle von „Je veux manger une pomme.“ oder „la rouge voiture“ (das rote Auto) anstatt „la voiture rouge“.

Ganz konkret: Sprachstrukturelle Besonderheiten, die zwischen den Erstsprachen der Kinder und der neu zu lernenden Sprache bestehen, werden innerhalb bestimmter Phasen kontrastiert:

- Das Aufspüren von Gemeinsamkeiten wirkt sich motivationssteigernd aus und bildet jeweils einen dankbaren Einstieg in ein neues Rahmenthema: „J'ai des muscles." „Ich habe Muskeln." (Abb. 4) „Je vois l'éléphant." „Ich sehe den Elefanten."

Abb. 4: Buch von Mario Ramos, „Ich bin der Stärkste im ganzen Land": „Muscles", das klingt doch fast genau wie im Deutschen, „Muskeln".

- Unterschiede auf semantischer Ebene zwischen den Sprachen werden auch aufgegriffen, soweit man – oft eher zufälligerweise – auf diese stößt: Eine „rato" (Portugiesisch) ist eine Maus und keine Ratte.

visuelle Darstellung

Inferenzen und Interferenzen können – visuell dargestellt – auf grammatischer Ebene als Ausgangspunkt metasprachlicher Reflexionen dienen (diese Möglichkeiten werden in Kapitel 4 näher erläutert):

Je vais à l'école.
Ich gehe zur Schule.

Die syntaktische Anordnung Subjekt – Verb – Ergänzung ist in beiden Sprachen gleich.

Aujourd'hui, je vais à l'école.
Heute gehe ich zur Schule.

Durch die Inversion des Subjekts „ich" und des Verbs „gehe" nach dem Adverb „heute" im Deutschen, die nicht im Französischen stattfindet, entstehen unterschiedliche syntaktische Anordnungen. Dies wird dem Kind durch die identische oder unterschiedliche Anordnung der Symbolkärtchen bewusst (Kap. 4).

4. Prinzip: Gleichgewicht zwischen monolingualen und multilingualen Situationen planen

Kontrastoptimierung durch:
monolinguale Situationen versus multilinguale Situationen

Ingrid Gogolin hat 1994 vom „monokulturellen Habitus der Institution Schule" gesprochen, die sich in zunehmendem Maße mit einer multilingualen und -kulturellen Schülerschaft konfrontiert sieht (Wojnesitz 2010).

mehrsprachige Situationen

Dieser monokulturelle Habitus, das Beschränken auf eine Sprache, kann in den heutigen mehrsprachig ausgerichteten Kitas zumindest in verschiedenen Situationen nicht mehr aufrechterhalten werden. Morgens während des Freispiels hört man viele verschiedene Sprachen. Je nach Spielpartner und Sprachkompetenzen wechseln die Kinder von einer Sprache zur anderen. Das Zulassen der vielen Sprachen hat, wie bereits mehrfach erwähnt, seine Berechtigung und wirkt sich positiv auf die mehrsprachigen Kompetenzen der Kinder aus. Mehrsprachige Situationen, zu denen auch die unter Prinzip 3 dargestellten Sprachvergleiche zählen, bilden allerdings nur eine Säule eines mehrsprachigen Konzeptes:

"Monolingual situations – this is what your children need. [...] They need to be put in situations where they have no choice, if they want to communicate, but to use the minority language" (Crisfield 2016).

einsprachige Situationen

Monolinguale Situationen bilden ein wichtiges Gleichgewicht zu multilingualen Situationen. Sie sind dadurch gekennzeichnet, dass die Interaktionspartner zumindest innerhalb eines bestimmten Zeitabschnitts versuchen, sich auf eine einzige Kommunikationssprache zu beschränken:

Verständigungsbasis

- Die Kommunikationssprache stellt für die Kinder mit unterschiedlichen Erstsprachen eine gemeinsame Verständigungsbasis dar.

Motivationsfaktor

- Die Motivation der Kinder, die entsprechende Sprache zu lernen, steigt, weil sie eine Notwendigkeit, einen zwingenden Kontext, erleben, um die Sprache zu lernen.

Die Zielsprache ist in mehrsprachigen Kitas aber nicht immer dieselbe:

- In bilingualen Kitas wird neben der Kommunikationssprache (z.B. Deutsch) noch eine zweite Sprache (z.B. Englisch) vermittelt. Die Zielsprache ist demnach in monolingualen Situationen die eine oder andere Sprache. Selbstverständlich steht im deutschsprachigen Raum die deutsche Sprache ganz besonders im Fokus, v.a. für die Kinder, die in der Grundschule in deutscher Sprache alphabetisiert werden. Dieser Aspekt muss bei der „Organisation" der Sprachen berücksichtigt werden: Die Intensität des Kontakts zu der einen oder anderen Sprache kann von Kind zu Kind unterschiedlich sein. Ein Kind mit guten Deutschkenntnissen nimmt vermehrt an Aktivitäten teil, die in einer bilingualen Kita (deutsch/englisch) in englischer Sprache angeboten werden. Ein Kind, welches ein oder zwei Jahre vor der Einschulung erst wenig Kontakt mit der deutschen Sprache hatte, hat häufiger Kontakt mit deutschsprachigen Pädagoginnen.
- Auch die Erstsprachen der Kinder, die nicht Schulsprachen sind, können punktuell im Vordergrund stehen: Die Kinder erzählen z.B. ein Buch oder singen ein Lied in ihrer Erstsprache.

Selbstverständlich können die Erstsprachen der Kinder nicht immer in gleicher Weise Berücksichtigung finden. Besitzt eine Pädagogin Sprachkenntnisse in einer der Erstsprachen, ist es einfacher, diese Sprache vermehrt in den Kitaalltag einzubinden. Mit der Anzahl von Erstsprachen sinkt auch die Anzahl von Situationen, in denen die verschiedenen Sprachen einbezogen werden können. Es ist sehr aufwertend für das Kind, selbst wenn es nur gelegentlich seine Erstsprache in der Kita wahrnimmt. Diese Situationen geben ihm ein Gefühl von Akzeptanz und Wertschätzung. Die Kinder sind stolz, der Pädagogin oder den anderen Kindern bei der Aussprache bestimmter Wörter behilflich zu sein; sie werden als Experten „ihrer" Sprache wahrgenommen.

mehrsprachige Situationen

Ganz konkret: Multilinguale Situationen sind dadurch gekennzeichnet, dass innerhalb derselben Situation mehrere Sprachen bewusst zugelassen werden bzw. sogar erwünscht sind:

- Um die Verständigung zu gewährleisten, wird eine andere Sprache hinzugezogen: In einer deutsch-englischen bilingualen Kita wird z.B. ein Buch in englischer Sprache erzählt. Die Pädagogin stoppt zwischendurch und gibt zusätzliche Erklärungen in deutscher Sprache, um bestimmte Bedeutungszusammenhänge zu erläutern. Umgekehrt greift sie auf eine ihr bekannte Erstsprache zurück (z.B. Französisch), um den Kindern bei Verständnisproblemen im Deutschen zu helfen.
- Sprachstrukturelle Gemeinsamkeiten und Unterschiede zwischen den Sprachen (3. Prinzip) werden als Ausgangsbasis genommen, um crosslinguistische Vergleiche anzustellen: Im Deutschen heißt das „Banane", fast so wie im Portugiesischen: „banana".

Je mehr Sprachen in der Kita auftreten, desto wichtiger ist es, sich Gedanken darüber zu machen, in welchen Situationen auf welche Art und Weise welche Sprachen zugelassen werden:

Die Organisation der Sprachen muss in einer vielsprachigen Kita (genau wie in einer vielsprachigen Krippe) bewusst geplant werden, je nach Zielsetzung und Kompetenzen der Kinder.

Grammont-Prinzip

In bilingualen Kitas, in denen neben der Schulsprache noch eine zweite Sprache gelernt wird, steht normalerweise das sogenannte „Grammont-Prinzip" im Mittelpunkt:

Eine oder mehrere Pädagoginnen sprechen konsequent eine Sprache, eine oder auch mehrere Pädagoginnen eine zweite Sprache.

Diese „goldene Regel" der bilingualen Erziehung führt dazu, dass das Kind die Sprachen schnell unterscheiden lernt und zudem motiviert ist, beide Sprachen zu lernen. Je nach Zielsetzung kann die eine oder andere Sprache vermehrt im Mittelpunkt stehen. Auch in Kitas, in denen die Sprachen personenbezogen vermittelt werden, macht es Sinn, ab und zu mehrsprachige Situationen zu planen. An derselben Situation nehmen Pädagoginnen der beiden Sprachgemeinschaften teil, sodass zwischen den Sprachen gewechselt werden kann und die Sprachen bewusst aufeinander bezogen werden können:

- Verständnisprobleme werden durch das Zurückgreifen auf die zweite Sprache behoben.
- Vergleiche zwischen den Sprachen stehen im Fokus.
- Den Kindern wird eine Geschichte in einer Sprache erzählt und sie versuchen dann, diese in der zweiten Sprache noch einmal zu erzählen.

situationsbezogenes Prinzip

In bilingualen Kitas können beide Zielsprachen auch von einer einzigen zweisprachigen Pädagogin vermittelt werden. Sie gebraucht in bestimmten Situationen die erste, in anderen Situationen die zweite Sprache. Um die „Gefahr“ der ständigen Vermischung der Sprachen zu minimisieren, sollte das „situationsbezogene Prinzip“ in solchen Kitas so weit wie möglich eingehalten werden:

- Bestimmte Situationen sind monolingual, die Kommunikation verläuft ausschließlich in einer der beiden Sprachen: Während des Malens wird Deutsch gesprochen, das Rollenspiel zum Buch läuft in englischer Sprache ab.
- Andere Situationen sind, wie oben erwähnt, bilingual.

Wissen die Kinder, dass die Pädagogin auch ihre starke Sprache versteht oder sogar spricht, ist es eigentlich leicht für sie, sich verständlich zu machen. Die Motivation der Kinder, die neue Sprache zu lernen und dementsprechende „Anstrengungen“ zu unternehmen, kann aber darunter leiden. Die Planung von einsprachigen Situationen ist umso sinnvoller: eine Handpuppe einsetzen, die nur eine Sprache versteht und spricht, Eltern oder andere Mitglieder des pädagogischen Teams einladen, ein französisches Buch muss in französischer Sprache erzählt werden, ein Puzzle aus Portugal in portugiesischer Sprache, in der Sprachenecke wird heute nur Englisch gesprochen.

5. Prinzip: Sprachlichen Input entwicklungsproximal gestalten

Kontrastoptimierung durch:
entwicklungsproximaler Input versus „entwicklungsferner" Input

„Um das Ziel des entwicklungsproximalen Inputs zu erreichen, wird von vielen Seiten ein bewusster, sensibler und vor allem auch reflexiver Umgang mit dem eigenen Sprachverhalten als Ausgangspunkt für Sprachförderung als notwendig angesehen. [...] Neben dem grundlegenden linguistischen Wissen über Spracherwerb werden die Haltung der Pädagoginnen bzw. Pädagogen und die Qualität ihrer Interaktionen als besonders relevante Faktoren genannt" (Zell 2013a, 27).

Kinder lernen Sprachen in Interaktion mit ihren nahen Bezugspersonen. Es kommt somit wesentlich darauf an, wie diese die Interaktionen mit den Kindern gestalten:

Wie spreche ich mit den Kindern? Wie sieht mein sprachlicher Input aus?

entwicklungsproximaler Input

Die Sprache sollte möglichst „entwicklungsproximal" sein: Je näher der sprachliche Input in der Zone der nächsten Entwicklung des Kindes liegt, desto stimulierender ist er für die Sprachentwicklung. Dies trifft in bilingualen Kitas selbstverständlich auf beide Sprachen zu. Die Kinder hören im Laufe des Kitaalltags und im näheren Umfeld außerhalb des schulischen Rahmens immer wieder sprachliche Äußerungen, die „entwicklungsfern" sind, oft entweder zu einfach oder zu komplex. Für die sprachliche Entwicklung ist es wichtig, viele „entwicklungsproximale Strukturen" zu hören, Strukturen, die die Kinder noch so gerade nicht beherrschen.

BEISPIEL

Elisabeth versteht in der neuen Sprache schon viele kurze kontextualisierte Aussagen und kann bereits einige Gegenstände und Handlungen benennen: Das Mädchen ist im Begriff, kurze Hauptsätze zu bilden. Die Reihenfolge der Wörter stimmt aber meistens noch nicht. Besonders das Verb steht noch fast immer ganz hinten im Satz: „Ich mit Roller fahren." Die Bezugsperson hat dies erkannt und bietet dem Kind kontrastierend zu seinen Strukturen korrekte kurze Sätze an: „Du fährst mit dem Roller. Ich fahre auch mit dem Roller."

Um einen entwicklungsproximalen Input zu gewährleisten, sind grundlegende Kenntnisse über Erst- und Zweitsprache sowie über deren Erwerb notwendig. Auch muss gewusst sein, wie der Sprachentwicklungsstand eines Kindes ganz einfach und schnell bestimmt werden kann (beide Aspekte werden im 4. Kapitel erläutert).

Essentials im Fokus

Innerhalb der sprachlichen Förderung sollten sich diese Überlegungen aber ausschließlich auf die „Essentials“, die elementaren Grundlagen, der jeweiligen Sprache beziehen. Im Gegensatz zur sprachlichen Förderung ist die Sprachtherapie durch eine präzise Bestimmung der Zielstrukturen gekennzeichnet und durch eine permanente Feinabstimmung der Therapie auf Basis von evozierten Sprachanalysen (Schmidt 2014a).

Durch die Fokussierung auf die wesentlichen sprachlichen Grundlagen einer Sprache ist das Angebot eines entwicklungsproximalen Inputs, wie oben beschrieben, seitens der Pädagoginnen überhaupt erst möglich: Die sprachlichen Fähigkeiten des einzelnen Kindes werden auf Basis der „Essentials“ bestimmt. Die Kinder werden dann (fiktiv) der einen oder anderen Gruppe „zugewiesen“: Die Kinder der ersten Gruppe sind im Begriff, einfache Sätze zu bilden, die Kinder der zweiten Gruppe können sich bereits differenzierter mitteilen, haben aber noch Schwierigkeiten mit komplexeren Strukturen, z.B. mit dem Kasus: „Die Katze springt <u>auf den Tisch</u>. Jetzt liegt sie <u>auf dem Tisch</u>.“
Die „Essentials“ der jeweiligen Sprache beziehen sich immer zuerst auf wesentliche grammatische Regeln. Das Erfassen und die anschließende Anwendung einer solchen Regel führen zu einem Entwicklungssprung.

erste grammatische Regeln

Die beiden ersten grammatischen Regeln, die ein Kind im Deutschen erwirbt, sind die Verbzweitstellungsregel (syntaktische Ebene) und die Subjekt-Verb-Kontroll-Regel (morphologische Regel):

> Ich male eine Banane.
> Was malst du?
> Ich male einen Apfel.
> Dann male ich noch eine Birne.

Das Verb steht in diesen einfachen Hauptsätzen immer an zweiter Position (syntaktische Ebene) und wird durch das Subjekt „regiert“ und somit flektiert (morphologische Regel): ich male, du malst, er malt. Diese beiden Regeln werden in der Regel im Laufe des dritten Lebensjahres erworben. Kinder mit

Deutsch als Zweitsprache erwerben diese Regel unter guten Bedingungen im Laufe des zweiten Kontaktjahres mit der neuen Sprache.

Einen entwicklungsproximalen Input anbieten bedeutet also, während des dritten Lebensjahres immer wieder solche Sätze (wie oben dargestellt) zu verwenden, die dem Entwicklungsalter des Kindes entsprechen und die es dabei unterstützen, die Zone der nächsten Entwicklung, nämlich die mehr oder weniger vollständige Umsetzung der beiden Regeln, zu erreichen.

Im Laufe des vorschulischen Alters sind neben den beiden Regeln später noch die Kasusmorphologie und die Stellung des Verbs in Nebensätzen relevant. Parallel werden ein Augenmerk auf die Elaboration des Wortschatzes gelegt und der Erwerb von phonologischen Fähigkeiten stimuliert. In bilingualen Kitas müssen demnach die entwicklungsrelevanten sprachlichen Zielstrukturen für beide Kommunikationssprachen bestimmt werden (nähere Erläuterungen, wie bereits erwähnt, in Kapitel 4).

6. Prinzip: Sprachlichen Input qualitativ und quantitativ hochwertig gestalten

Kontrastoptimierung durch:
hochwertiger Sprachinput versus diffuser Sprachinput

Ein entwicklungsproximaler Sprachinput orientiert sich, wie unter Prinzip 5 beschrieben, an den sprachlichen Fähigkeiten des Kindes. Die „Qualität und Quantität des sprachlichen Inputs" beeinflussen zusätzlich die Lernfortschritte des Kindes.

Das Kind ist z.B. im Begriff, kurze Hauptsätze zu bilden, demnach die Verbzweitstellungsregel (das Verb steht an zweiter Position) und die Subjekt-Verb-Kongruenz-Regel (die Endung des Verbs wird durch das Subjekt bestimmt), wie im Beispiel weiter oben beschrieben, zu erfassen und umzusetzen. Ein entwicklungsproximaler Input bietet dem Kind demzufolge viele kurze Hauptsätze an. Sollte der sprachliche Input also wie folgt aussehen?

Max malt ein Haus.
Max malt einen Garten.
Max malt einen Baum.

gleichbleibende Strukturen

Diese Äußerungen weisen alle dieselbe Struktur auf: Subjekt (Max) – Verb (malt) – Ergänzung (unterschiedliche Nomen in Objektfunktion). Das Verb steht immer in der dritten Person Einzahl: Max malt.

Dies führt dazu, dass das Kind diese Struktur, die es immer wieder hört, abspeichert, „auswendig lernt". In einer vergleichbaren Situation ist es unter Umständen in der Lage, dieselben oder ganz ähnliche Sätze abzurufen: Max malt einen Hund. Max malt eine Katze. Ganzheitlich abgespeicherte Äußerungen stellen für das Kind ein effektives Mittel dar, sich auch dann schon mitzuteilen und aktiv an einer Interaktion teilzunehmen, wenn es noch nicht über elaborierte Kenntnisse in der jeweiligen Sprache verfügt, wenn es z.B. erst seit ein paar Wochen oder Monaten Kontakt mit einer neuen Sprache hat (8. Prinzip).

Auf der Grundlage eines solches Inputs ist das Kind aber nicht in der Lage, die entsprechenden Regeln im Deutschen (Stellung und Markierung des Verbs) zu erfassen. Dies merkt man daran, dass es seine ganzheitlich abgespeicherten Sätze auch in Kontexten anwendet, in denen sie aufgrund von bestimmten Regeln nicht angewendet werden können:

Du malt ein Auto.
Dann du malt ein Flugzeug.

kontrastreiche Strukturen

Die „wahren" Entwicklungsschübe beruhen auf der Erkennung von Regeln: Das Personalpronomen „du" verlangt eine andere Verbmarkierung als das Personalpronomen „ich". Auf ein topikalisiertes Adverb („dann") folgt zuerst das Verb und dann erst das Subjekt („dann malst du").

Um diese Regeln zu erkennen, sollte der sprachliche Input möglichst oft wie folgt aussehen:

BEISPIEL

Du malst einen Ball.
Ich male ein Fahrrad.
Dann male ich noch eine Rakete.
Was malst du noch?
Max malt auch gerne. Max, du malst bestimmt gerne mit uns!

Dieser sprachliche Input ist durch eine kontrastreiche Sprache, eine Variation der sprachlichen Strukturen, gekennzeichnet, eingebettet in kurze und einfache Sätze, die betont ausgesprochen werden:

kurz, einfach, betont

- kurze Sätze: „Ich male ein Fahrrad. Was malst du noch?", im Gegensatz zu: „Ich denke, ich versuche vielleicht, jetzt ein Fahrrad zu malen. Was würdest du denn am liebsten jetzt sofort noch malen?"
- einfache Sätze: Die Sätze weisen keine größeren formalen Schwierigkeiten auf, die auf dieser Stufe des Spracherwerbs wenig sprachfördernd sind: eingebettete Nebensätze, Passivkonstruktionen, Gebrauch des Konjunktivs usw. Zudem beinhalten sie einen Basiswortschatz.
- betont: Die Sprechweise ist eher verlangsamt, wichtige Wörter werden hervorgehoben, Pausen geben dem Kind immer wieder die Gelegenheit, das Gehörte zu verarbeiten und erneut in das Gespräch einzusteigen.

Ein entwicklungsproximaler sprachlicher Input, der aufgrund der Kennzeichen „kurz, einfach, betont und kontrastreich" qualitativ hochwertigen Kriterien entspricht, schafft gute Bedingungen, um schnelle Lernfortschritte zu ermöglichen.

Ein solcher Input sollte dem Kind möglichst oft angeboten werden. Im Laufe des Tages hören die Kinder oft eine Form von Sprache, die entweder äußerst komplex (lange Sätze mit vielen grammatischen Schwierigkeiten, erstes Beispiel) oder sehr einfach (inkomplette Sätze mit einem elementaren Wortschatz, zweites Beispiel) und demnach nicht „entwicklungsproximal" ist:

1. Nach dem Essen male ich das grüne Fahrrad, welches dort hinten neben dem Baum in der Wiese steht. Was möchtest du gerne malen, wenn du dein Butterbrot mit der leckeren Marmelade von der Oma gegessen hast?
2. Das Fahrrad. Das grüne, da hinten. Das male ich. Nicht jetzt! Nach dem Essen.

Modellierungstechniken einsetzen

Der Gebrauch der in zahlreichen Publikationen beschriebenen Modellierungstechniken gibt den Interaktionspartnern des Kindes die Möglichkeit, das Gespräch aufrechtzuerhalten und somit die Quantität des sprachlichen Inputs zu erhöhen:

- Präsentation: Kurze, einfache, betonte und kontrastreiche Sätze werden dem Kind gehäuft präsentiert (angeboten).
- korrektives Feedback: Strukturen, die vom Kind nicht zielsprachlich formuliert wurden, werden aufgegriffen und korrekt wiedergegeben. Kind: „Ich will malen ein Auto.“ Pädagogin: „Du willst ein Auto malen. Ich will ein Fahrrad malen.“
- Ergänzung: Die Aussage des Kindes wird formal oder inhaltlich ergänzt. Kind: „Ich male Auto.“ Pädagogin: „Du malst ein Auto.“ (Formale Ergänzung: Der fehlende Artikel wird verwendet.) „Ich male auch ein Auto. Ein rotes Auto male ich.“ (Inhaltliche und formale Ergänzung: Die Farbe des Autos kommt ergänzend hinzu, zudem wird die Verbzweitstellung durch die Inversion von Subjekt und Verb verdeutlicht.)

Diese Überlegungen treffen in Kitas, in denen mehrere Sprachen im Mittelpunkt stehen, selbstverständlich auf alle Sprachen zu. Ein entwicklungsproximaler und hochwertiger Input stimuliert den Erwerb sprachlicher Kompetenzen in jeder dieser Sprachen, im Folgenden an einigen französischen Sätzen verdeutlicht:

> Aujourd'hui, je vais au travail. Tu vas au cinéma. Mélanie va aussi au cinéma. Donc, vous allez au cinéma et moi, je vais au travail. (Heute gehe ich zur Arbeit. Du gehst ins Kino. Mélanie geht auch ins Kino. Also, ihr geht ins Kino und ich, ich gehe zur Arbeit.)

Dem Kind werden viele kurze und kontrastreiche, aber einfache Hauptsätze angeboten: Das Subjekt und auch die syntaktische Struktur ändern sich von einem Satz zum nächsten.

7. Prinzip: Sprachproduktion des Kindes anregen

Kontrastoptimierung durch:
Sprachinput versus Sprachoutput bzw. Zuhören versus Sprechen

Während den ersten Kontaktmonaten mit einer neuen Sprache darf nicht vom Kind erwartet werden, dass es sich bereits in der neuen Sprache äußert.

Die Pädagoginnen müssen v.a. zu Beginn selbst viel sprechen, das Hörverstehen ist die Basis des kindlichen Spracherwerbs. Das Kind benötigt viel Sprachinput:

gezielter Sprachinput

- Handlungen werden von der Pädagogin sprachlich begleitet: „Du nimmst die Wasserfarben. Welche Farbe magst du? Rot? Gut, du malst eine Tomate. Eine dicke Tomate malst du."
- Nonverbale und paraverbale Ausdrucksmittel wie Mimik, Gestik und Intonation werden bewusst eingesetzt: „Rot?" (auf die rote Farbe zeigen) „Eine dicke Tomate (entsprechende Geste) malst du."
- Bücher werden erzählt, Bilder beschrieben: Bilder, auf denen die geschilderte Handlung verständlich abgebildet ist, ermöglichen v.a. in den ersten Kontaktmonaten eine gute Verständnisbasis.
- Immer wieder werden in vergleichbaren Kontexten dieselben oder ähnliche Sätze formuliert. Jedes Mal, wenn das Kind morgens in die Klasse kommt, wird es begrüßt: „Hallo, Kim, da bist du ja. Du bist mit dem Bus gekommen. Heute siehst du wieder toll aus. Du hast deinen blauen Pulli an. Ich habe auch einen blauen Pulli an. Schau, Kevin ist auch schon da. Er spielt mit der Eisenbahn."
- Die Sprache ist durch viele Eigenrepetitionen und Redundanzen charakterisiert: „Ich nehme die Banane." Das Kind sieht, was passiert, trotzdem wird die Handlung sprachlich begleitet. „Die Banane liegt im Korb. Im braunen Korb liegt die Banane."

Das Lernen einer neuen Sprache gelingt aber umso schneller, je früher das Kind die Sprache aktiv einsetzen kann:

> *„Nur durch das eigenaktive Anwenden und Ausprobieren der Sprache ist es dem Kind möglich, seine sprachlichen Kompetenzen weiterzuentwickeln" (Zell 2013a, 28).*

das Kind zum Sprechen anregen

Die Kinder werden durch treffende Impulse, geschlossene und offene Fragen, Modellierungstechniken, die die sprachliche Interaktion aufrechterhalten, und durch viel Lob und Bestätigung zu Sprachproduktionen angeregt:

- Impulsgebung: Dem Kind sieht man an, dass es eine Idee zu einer bestimmten Fragestellung hat oder dass es sich einfach äußern möchte: „Und? Du weißt, wie es weitergeht!"
- geschlossene Fragen: Die Pädagogin greift auf Entscheidungsfragen, Alternativfragen und sonstige geschlossene Fragen zurück: „Spielst du

mit Kevin?“ (Entscheidungsfrage, diese wird mit „Ja“ oder „Nein“ beantwortet.) „Nimmst du die Banane oder den Apfel?“ (Alternativfrage: Die möglichen Antworten werden bereits vorgegeben.) „Was isst du?“ (Geschlossene Frage: Die meisten werden mit einem oder zwei Wörtern beantwortet: „Eine Birne.“)
- offene Fragen: Diese verlangen nach einer Beschreibung, Begründung oder Erklärung: „Was geschieht jetzt? Was machen die Kinder? Warum hat er Angst? Wie macht der kleine Bär das?“
- Modellierungstechniken: Durch das Aufgreifen, Ergänzen und Umformen einer kindlichen Äußerung liefert die Pädagogin dem Kind eine doppelte Information. „Einerseits spürt das Kind, dass es ernst genommen wird, andererseits zeigt die Pädagogin bzw. der Pädagoge als Sprachvorbild Möglichkeiten der Erweiterung des Wortschatzes, der grammatischen Differenzierung oder der Verbindung von Aussagen auf“ (Zell 2013a, 28).

Durch das Aufgreifen und Erweitern der Aussagen des Kindes ist es möglich, den Dialog mit dem Kind aufrechtzuerhalten.

K: „Mama hat mir gestern ein Auto gekauft.“
P: „Super, Mama hat dir gestern ein tolles Auto gekauft. Und welche Farbe hat dein neues Auto?“

- Lob und Bestätigung: Das Kind fühlt sich angenommen, akzeptiert und wertgeschätzt und baut dadurch Selbstbewusstsein und Selbstsicherheit auf.

8. Prinzip: Zusätzlich ganzheitliche Strukturen anbieten

Kontrastoptimierung durch:
ganzheitliche Strukturen speichern versus Analyse struktureller Besonderheiten

Der Einstieg in eine neue Sprache erfolgt nicht über einzelne Sätze, Wörter oder gar Laute, sondern v.a. über Rhythmus, Sprachmelodie und Akzentuierung (Apeltauer 2010).

Werden in den alltäglichen Interaktionen mit dem Kind immer wieder dieselben Sätze oder Satzteile verwendet, so speichert das Kind diese ganzheitlich: „Hallo, wie geht es dir? Es geht mir gut. Wir waschen unsere Hände. Tschüs, bis morgen!"

holistische Strategie

Das Kind kann anhand der auswendig gespeicherten Strukturen, auch „Chunks" genannt, relativ zeitnah an der Interaktion teilnehmen, ohne grundlegende Kompetenzen auf formalsprachlicher Ebene erworben zu haben. Man spricht vom Einsatz der „holistischen Strategie". Während des Essens z.B. werden immer wieder dieselben Fragen gestellt („Was isst du? Was trinkst du? Was hast du von zu Hause mitgebracht? Hast du Hunger? Hast du Durst?") und vergleichbare Antworten gegeben („Ich esse einen Apfel. Ich trinke Wasser. Ich habe Obst mitgebracht. Ja! Nein!") Nach einigen Tagen versteht das Kind, was mit der jeweiligen Frage gemeint ist, und speichert die möglichen Antworten „als Ganzes" ab. Aus dem Nachplappern der Antwort „Ich esse einen Apfel" darf man nicht schlussfolgern, dass das Kind bereits den Akkusativkontext erfasst und die korrekte Akkusativmarkierung „einen Apfel" bilden kann.

Musik und Rhythmus

Eine weitere Möglichkeit können musikalische und rhythmische Zugänge zur Sprache sein:

> *„Gerade für neue Kinder können musikalische oder rhythmische Zugänge zur Sprache eine erste Möglichkeit sein, sich einzubringen und aktiv mitzumachen. Wiederholungen von schwierigen Wörtern und einfache Refrains unterstützen das Kind, Freude an der Bewegung kann als Brücke zur Sprache genutzt werden" (Ringler et al. 2013, 22).*

Im praktischen Teil dieser Publikation (Kap. 5) werden beispielhaft einige Lieder aufgegriffen. Auch über Gedichte und Rituale können Sätze oder Satzteile auswendig gelernt werden.

Bekannt ist aber schon seit den Aussagen von Blondin et al. (1998), dass viele Kinder nicht über ein Stadium hinauskommen, in dem sie zum größten Teil nur auswendig gelernte und vorgefertigte Äußerungen reproduzieren können.

Die Schlussfolgerung, die sich daraus ergibt, ist eindeutig (List 2007): Für den kindlichen Spracherwerb sind beide Strategien, die holistische und die konstruktive, die einander ergänzen, nötig.

holistische Strategie

- Die holistische Strategie kann man auch als pragmatische Perspektive bezeichnen: Das Mitteilen von Absichten gelingt auch mit wenigen sprachlichen Kompetenzen in der neuen Sprache in immer wiederkehrenden Situationen recht schnell.

konstruktive Strategie

- Die konstruktive Strategie fördert den Spracherwerb in zunehmendem Maße, indem sich die sprachlichen Kompetenzen in natürlichen Interaktionen mit dem Kind aufbauen und die Konstruktionen der Kinder allmählich regelkonformer werden.

! Je größer die Sprachkompetenzen des Kindes in einer bestimmten Sprache sind, desto wichtiger wird der Einsatz der konstruktiven Strategie: In der Interaktion mit den nahen Bezugspersonen des Kindes differenziert sich die Sprache weiter aus.

9. Prinzip: Metasprachliche Reflexionen und visuelle Hilfen einbeziehen

Kontrastoptimierung durch:
implizites versus explizites Lernen

implizites Lernen

Jedes Kind ist mit einer natürlichen Sprachlernfähigkeit ausgestattet. Ganz unbewusst erschließt es sich aktiv die fremden Strukturen der jeweiligen Sprache. Dieses intuitive Lernen läuft sowohl im natürlichen Erst- als auch im Zweitspracherwerb ab.

Den Kindern können aber auch schon in einem frühen Alter sprachliche Regeln oder bestimmte Laute bewusst gemacht werden. Das explizite Lernen stimuliert den Spracherwerbsprozess zusätzlich, bewusstes Lernen unterstützt das unbewusste Lernen.

explizites Lernen

Nach List (2007) ist gerade das Alter von drei bis sechs Jahren eine außerordentlich wichtige Phase, in der der implizite Spracherwerb durch explizites Lernen unterstützt werden sollte:

- Das Wort „Tomate“ hört sich im Deutschen so ähnlich an wie im Französischen: „tomate“.

- Im Portugiesischen höre ich genau wie im Deutschen unterschiedliche Wörter: ich esse, du isst – eu como, tu comes. „Como“ und „comes“ klingen unterschiedlich! Dem Kind wird bewusst gemacht, dass in beiden Sprachen die Verbmarkierungen nicht immer identisch bleiben, was aber gleichzeitig auf eine vergleichbare grammatische Regel hinweist.
- Zu jedem neuen Thema werden Bilder von „semantischen Freunden“ auf einem Plakat gruppiert (Abb. 5): rot/red, blau/blue, grau/gray, grün/green, violett/violet, braun/brown, weiß/white.

Abb. 5: Semantische Freunde: Wortfeld „Farben“

- Gut wahrnehmbare Laute werden durch Geräusche, die mit Tieren in Verbindung stehen, assoziiert: „Sss“ summt die Biene Summi, „s-s-s“ zischt die Schlange Max (Abb. 6), „sch“ fährt der Skifahrer durch den Schnee, „mmm“: Mika, die Katze, trinkt gerne Mmmilch, n-n: Nuno, der Hund, trinkt keine Milch, sondern mag Nnnudeln, „k-k-k“ klopft der Specht Kim gegen den Baum, „t-t-t“ spuckt Tom, das Lama. Die verschiedenen Laute können in den unterschiedlichen Erstsprachen der Kinder wahrgenommen werden.

Abb. 6: Die Biene „Summi“ und die Schlange „Max“ überlegen gerade, was sie heute essen möchten. Summi: „Ich esse Salat.“ Max: „Ich esse Mais.“

- Verben, „alles, was man tun kann“, werden aufgezeichnet (Abb. 7). Dieser Grundfundus an häufigen Verben erlaubt es dem Kind, sich schnell mitzuteilen und erste grammatische Regeln zu erschließen.

Abb. 7: Schematische Darstellung der Verben laufen, trinken, schreiben, kochen, springen, nehmen, einkaufen, spielen, singen

- Ein „prägnanter Dialog“, z.B. aus einem Buch oder aus immer wiederkehrenden Alltagssituationen, wird schematisch dargestellt (Abb. 8): Was isst du? Ich esse eine Banane.

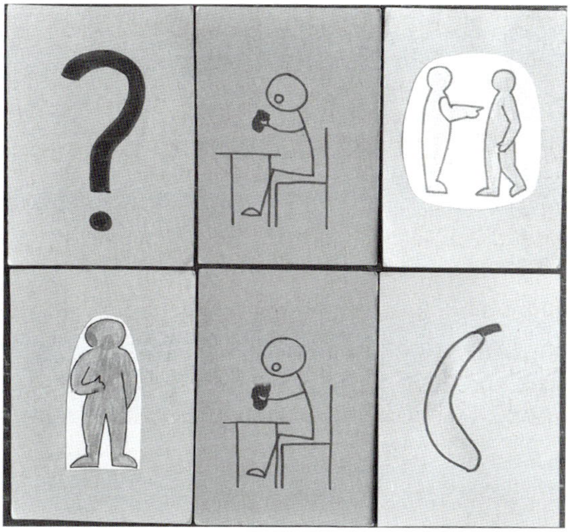

Abb. 8: Prägnante Darstellung von zwei Hauptsätzen: Was isst du? Ich esse eine Banane.

10. Prinzip: Bildungssprache einbeziehen

Kontrastoptimierung durch:
Umgangssprache versus Bildungssprache

Die Sprache, die in der Kommunikation mit den Kindern eingesetzt wird, kann ganz unterschiedlich sein, wie das folgende Beispiel verdeutlicht.

unterschiedliche Komplexität

Die zeitlich unter Druck stehende Mutter will ihr Kind schnell in der Kita abholen. Ihr Sohn Paul ist allerdings noch im Begriff, mit den Bausteinen zu spielen, und macht keine Anstalten, seinem Spiel ein schnelles Ende zu geben:

BEISPIEL

- Paul, komm jetzt! (Warum?) Lisa muss lernen. (1)
- Paul, kommst du zu mir? (Warum?) Lisa muss noch viel für morgen lernen! (2)
- Paul, ich wäre froh, wenn du jetzt zu mir kommen würdest! (Warum?) Wir müssen sofort nach Hause fahren, weil deine große Schwester Lisa noch viel für morgen lernen muss. (3)

Die Aussagen der Mutter werden vom ersten zum dritten Beispiel inhaltlich und grammatisch komplexer: Die Sätze werden länger, die Varietät der Wörter steigt, die syntaktischen Strukturen werden anspruchsvoller. Auf dieser steigenden Komplexität basiert die Unterscheidung zwischen umgangssprachlichen und schulsprachlichen Kompetenzen, die bereits von Cummins (1984) vorgenommen wurde:

DEFINITION

BICS und CALP

Unter **BICS**, „Basic Interpersonal Communicative Skills", werden die umgangssprachlichen kommunikativen Kompetenzen verstanden, demnach die Alltagssprache.

DEFINITION

Unter **CALP**, „Cognitive Academic Language Proficiency", werden die schulsprachlichen akademischen Kompetenzen verstanden, demnach die Bildungssprache.

Grundlegende kommunikative Kompetenzen (BICS) sind von Beginn an für jedes Kind wichtig, um sich im Alltag verständigen zu können. Bei intensivem Kontakt mit einer Sprache braucht ein Kind zwei bis maximal drei Jahre, um diese Kompetenzen zu erwerben. Diese Alltagssprache ist in der Regel eine in vielen Situationen reduzierte Sprache (Roth 2008). Die Aussagen der Mutter im ersten Beispiel verdeutlichen dies: „Komm jetzt! Lisa muss lernen."

Schriftsprachliche akademische Kompetenzen (CALP) gewinnen im Laufe der Zeit an Bedeutung. Das Kind muss lernen, sich differenzierter auszudrücken, um den steigenden schulischen Anforderungen gerecht zu werden. Die Sprache der Mutter in den Beispielen 2 und v.a. 3 gibt ein gutes diesbezügliches Vorbild.

Common underlying Proficiency

Ein Großteil der den bildungssprachlichen Kompetenzen zugrunde liegenden Fähigkeiten sind sprachenübergreifend. Dies bedeutet, dass das Kind die entsprechenden Fähigkeiten in einer Sprache erwirbt und sie dann auf andere Sprachen transferiert. Zum Beispiel trifft dies auf metasprachliche Fähigkeiten (Prinzip 9), Assoziationen und Analogiebildungen zu. Im dritten Beispiel gebraucht die Mutter z.B. subordinierte Nebensätze: Wenn du …, weil deine Schwester … Das Verständnis solcher Nebensätze (Konditional- oder Kausalsätze) muss zumindest in einer Sprache abgesichert sein und kann dann auf andere Sprachen übertragen werden.

Cummins spricht von „Common Underlying Proficiency" (CUP). Mehrsprachige Kinder erfahren oft schulische Schwierigkeiten, weil ihre erstsprachlichen Fähigkeiten auf einem Entwicklungsstand stagnieren, der von der formalen Komplexität her mit alltäglichen Kommunikationsfähigkeiten zu vergleichen ist. Liegt der Erstkontakt des Kindes mit der Schulsprache Deutsch im vierten Lebensjahr, so kann es aus zeitlichen Gründen die erforderten schulsprachlichen Fähigkeiten nur mühsam erreichen.

Auf das vorschulische Alter bezogen, sollte das Kind schlussfolgernd von Anfang an auch mit anspruchsvoller Sprache in Kontakt kommen: der Gegenüberstellung von einfacher kontrastreicher Sprache (Prinzip 5) mit komplexeren Strukturen im häufigen Wechsel.

4 Einschätzung der mehrsprachigen Kompetenzen

4.1 Meilensteine des Spracherwerbs

4.1.1 Grundlagen

identische Entwicklungsstadien

Im Laufe des Spracherwerbs greifen Kinder systematisch auf universal gültige Sprachlernstrategien zurück. Als Konsequenz davon durchlaufen sie zumindest im einsprachigen Kontext immer dieselben Entwicklungsstadien (Clahsen 1984). Die Geschwindigkeit des Spracherwerbs (und somit die Geschwindigkeit, mit der die Entwicklungsstadien durchlaufen werden) kann allerdings von Kind zu Kind stark variieren.

Anhand der Entwicklungsstadien können die sprachlichen Kompetenzen eines Kindes in einer bestimmten Sprache und zu einem bestimmten Zeitpunkt eingeschätzt werden. Mithilfe der Entwicklungsstadien kann man demnach feststellen, ob der Erwerb einer bestimmten Sprache eher schnell oder eher langsam erfolgt.

Die Entwicklungsstadien sind sprachspezifisch, d.h., dass die einzelnen Stadien nicht in allen Sprachen identisch sind, sondern v.a. von den grammatischen Besonderheiten der jeweiligen Sprache abhängen.

Sprachkontaktphänomene

Kinder sind nicht nur in der Lage, eine, sondern auch zwei oder drei Sprachen in einem frühen Alter zu lernen. Erwirbt ein Kind zwei Sprachen gleichzeitig (simultan) oder die zweite mit einem gewissen zeitlichen Abstand (sequentiell), so werden zu Beginn häufig Strukturen v.a. der stärkeren Sprache auf die zweite schwächere übertragen (Kap. 1.4). Hat das Kind z.B. schon erkannt, dass im Englischen Verben flektiert werden („I eat“, aber „he eats“), so überträgt es dieses Wissen recht schnell auf die Zweitsprache Deutsch („ich esse“, aber „er isst“). Im Laufe solcher crosslinguistischen Kontaktphänomene kommt es auch zu Fehlübertragungen: Ein Kind mit türkischer Erstsprache hat die Tendenz, auch im Deutschen keine Artikel einzusetzen, weil es im Türkischen keine Artikel gibt.

stark variierende Spracherwerbsbedingungen

Aufgrund dieser Kontaktphänomene und der stark variierenden Spracherwerbsbedingungen, die mehrsprachige Kinder vorfinden (Kap. 1.6), sind die Spracherwerbsstadien, die im monolingualen Kontext vorzufinden sind, bei mehrsprachigen Kindern weniger eindeutig:

> *„Dabei ist zu beachten, dass es ‚den' idealtypischen mehrsprachlichen Spracherwerb nicht gibt, sondern auch dieser unter erheblich variierenden Bedingungen stattfindet. Mehrsprachig aufwachsende Kinder weisen in Abhängigkeit von ihren jeweiligen Lebensbedingungen (unter anderem der Sprachpraxis innerhalb der Familie) sehr unterschiedliche Spracherwerbsbiografien und damit Sprachkompetenzen auf" (Deseniss 2014, 32).*

Die „erheblich variierenden Bedingungen" beziehen sich z.B. auf folgende Aspekte:

- Wie intensiv ist der Kontakt mit der jeweiligen Sprache?
- Welche Sprachen spielen auch im schulischen Kontext eine wichtige Rolle?

starke Sprache im Fokus

Schlussfolgernd kann man davon ausgehen, dass sich die universal gültigen Spracherwerbsstadien des monolingualen Spracherwerbs auch im mehrsprachigen Erwerb wiederfinden, allerdings ausschließlich auf die starke Sprache des Kindes bezogen und vorausgesetzt, dass das Kind günstige Spracherwerbsbedingungen in dieser Sprache vorfindet (z.B. muss ein intensiver Kontakt mit der Sprache bestehen).

Die Spracherwerbsstadien durchlaufen Kinder in ihrer starken Sprache sowohl unter der Voraussetzung des gleichzeitigen Erwerbs von zwei Sprachen (doppelter Erstspracherwerb) als auch des frühkindlichen Zweitspracherwerbs (Kontakt mit der zweiten Sprache vor dem sechsten bis siebten Lebensjahr).

> **!** Um die mehrsprachigen Kompetenzen eines Kindes einzuschätzen, wird v.a. seine stärkste Sprache anhand der sprachspezifischen Spracherwerbsstadien analysiert.

Eine präzise Bestimmung des Sprachentwicklungsstandes eines Kindes anhand einer Spracherwerbssequenz (hierunter wird eine Folge von Spracherwerbsstadien verstanden, die allerdings nicht in allen Sprachen existiert) wird z.B. durch die Logopädin, die Sprachtherapeutin oder die Sonderschullehrerin vorgenommen. Die Pädagogin in der Kita kann allerdings auch mithilfe der unten aufgeführten Meilensteine (der wichtigsten Sprachentwicklungsschritte) einen Einblick in die sprachlichen Kompetenzen des einzelnen Kindes gewinnen.

Die meisten Kinder mit Migrationshintergrund im deutschsprachigen Raum sprechen als Erstsprache eine Turksprache (Türkisch, Kasachisch), eine slawische Sprache (Polnisch, Russisch, Slowenisch, Kroatisch) oder eine romanische Sprache (Italienisch, Portugiesisch, Spanisch). Aufgrund der Flüchtlingswelle befinden sich aktuell zudem vermehrt Kinder aus einem arabischen Land in den vorschulischen Einrichtungen (Syrisch, Persisch) (Kap. 1.2). Aus diesem Grund werden in den folgenden Abschnitten die Meilensteine dieser Sprachen, genau wie dem Englischen als häufige zweite Sprache in bilingualen Kitas, kurz dargestellt mit dem Ziel:

Zielsetzung

- den Entwicklungsstand mehrsprachiger Kinder in deren Erstsprache grob einzuschätzen: Welche Meilensteine hat das Kind bereits erreicht?
- die Sprachförderung sprachstrukturell auszurichten: Welche Meilensteine stehen als Nächstes im Fokus?
- wichtige sprachstrukturelle Unterschiede zwischen den Sprachen zu erkennen: Welche sprachlichen Strukturen bereiten dem Kind aufgrund von Interferenzen, die zwischen den Sprachen bestehen, besondere Schwierigkeiten?

prägrammatische Phase

Sprachenunabhängig und sprachübergreifend produzieren Kinder ab dem ersten Lebensjahr die ersten wortähnlichen Äußerungen. Im Alter von 18 Monaten greifen sie im Durchschnitt auf 50 bis 100, im Alter von zwei Jahren auf knapp 200 Wörter zurück, allerdings mit großen interindividuellen Unterschieden. Zudem kombinieren sie einzelne Inhaltswörter zu Zwei- oder Dreiwortsätzen und gebrauchen erste Verben und Adjektive:

1. Einwortphase: Mit etwa einem Jahr werden die ersten Wörter gesprochen.
2. Zwei- bis Dreiwortphase: Kombination von Inhaltswörtern (ohne funktionelle Beziehungen). Das Verb steht bspw. in der deutschen Sprache in der Regel an letzter Stelle: „Mamm komm! Ich Ball spiel. Papa mitspielen."

Ab diesem Zeitpunkt tauchen erste sprachenspezifische funktionelle Markierungen auf, die in den folgenden Unterkapiteln in kurzer Form erläutert werden (detaillierte Erläuterungen findet man in Schmidt 2014a).

4.1.2 Deutsch

Als indogermanische Sprache ist die deutsche Sprache durch einen flektierenden Sprachaufbau gekennzeichnet: Verben, Artikel, Adjektive und Nomen werden gebeugt, ihnen wird je nach Kontext eine bestimmte Endung zugewiesen:

> Ich geb<u>e</u> de<u>m</u> Hund ein<u>en</u> dick<u>en</u> Knochen.

Die wichtigsten Spracherwerbsstadien im Deutschen **als Erstsprache** (die Meilensteine oder „Essentials" (Motsch 2017), sehen, nachdem die oben beschriebene vorgrammatische Phase mit etwa 1,6 bis 2 Jahren abgeschlossen ist, wie folgt aus:

1. **Subjekt-Verb-Kongruenz:** Die Verben werden flektiert, die Endung des Verbs ist „kongruent" (passt) zum Subjekt. **SVK-Regel**

> <u>Ich</u> mal<u>e</u>, <u>du</u> mal<u>st</u>, <u>er</u> mal<u>t</u>.

2. **Wortordnung in Hauptsätzen:** Das finite Verb (das Verb, das flektiert wird) steht in Hauptsätzen an zweiter Position (Verbzweitstellungsregel: V2-Regel): **V2-Regel**

> Ich <u>male</u> eine Sonne. Was <u>malst</u> du? Jetzt <u>malt</u> er eine Wolke. Eine große Wolke <u>malt</u> er.

Zur Verbzweitstellungsregel gehört auch der Erwerb der „Verbklammer":

Ich ziehe meine Jacke an.
Ich will meine Jacke anziehen.
Ich habe meine Jacke angezogen.

Diese beiden Regeln (Subjekt-Verb-Kongruenz und Verbzweitstellung) werden von den Kindern zeitgleich erworben, spätestens während des vierten Lebensjahrs.

Kasus

3. Erwerb der **Kasusflexion** (Die deutsche Sprache besitzt vier Fälle: Nominativ, Akkusativ, Dativ und Genitiv.): Nomina werden zuerst im Nominativ gebraucht, dann im Akkusativ (Was? Wen? Wohin?), im Dativ (Wem? Wo?) und später im Genitiv (Wessen?) korrekt markiert:

Akkusativ: Ich male einen Ball. Die Katze springt auf den Tisch.
Dativ: Sie liegt auf dem Tisch. Ich fahre mit dem Zug.

Akkusativ- und Dativmarkierungen werden von vielen Kindern bereits im vorschulischen Alter vorgenommen. Oft dauert es allerdings bis ins Grundschulalter hinein, bis alle Markierungen korrekt sind (Motsch/Rietz 2016). Dies liegt auch daran, dass die Markierungen häufig widersprüchlichen Charakter haben und die entsprechende Regel demzufolge schwer zu erfassen ist:

Die Katze sitzt unter dem braunen Tisch.

Die Dativmarkierung wird in diesem Beispiel am Artikel durch die Endung „em" und am Adjektiv durch die Endung „en" verdeutlicht.

Verbendstellung in Nebensätzen

4. Nebensätze: Das Verb steht in untergeordneten Nebensätzen an Endstellung:

Ich esse meine Banane, weil ich Hunger habe.
Ich wasche meine Hände, bevor ich das Schokoladenbrot esse.

Neben diesen wichtigen Regeln erwirbt das Kind zeitgleich das Genussystem: Welches grammatische Geschlecht passt zu welchem Nomen? Der Ball (männlich), die Blume (weiblich), das Gras (sächlich). Im Deutschen ist das Genussystem zwar nicht völlig „chaotisch", aber es bedient sich eben nicht nur einer, sondern vieler Regeln. So sind z.B. Einsilber mit mehreren Konsonanten am Wortanfang oder Wortende meistens maskulin (der Krug, der Kopf), Nomen mit Endsilbe -ung meistens feminin (die Zeitung). Es gibt aber auch viele Ausnahmen, sodass die Genuszuweisung im Endeffekt größtenteils auswendig abgespeichert werden muss.

Genus

Die Genuszuweisung stellt oft eine der größten Schwierigkeiten im Erwerb einer Zweitsprache dar, dies aus folgenden Gründen:

- Es gibt in einigen Sprachen keine, in anderen Sprachen zwei (männlich und weiblich), oder sogar drei (zusätzlich sächlich) grammatische Geschlechter, sodass eine Übertragung von der Erst- auf die Zweitsprache oft nicht möglich ist.
- Zudem gibt es sprachenübergreifend oft unterschiedliche Genuszuweisungen: „Der Stuhl" (männlich) ist im Französischen und Portugiesischen weiblich: „la chaise", „a cadeira". Solche Interferenzen erschweren die Abspeicherung der entsprechenden Form.

Auch starke Verben (das Stammmorphem ändert sich: ich <u>seh</u>e, du <u>sieh</u>st, er <u>sieh</u>t) und unregelmäßige Verben (die Endungen sind nicht regelgeleitet: ich kann, er kann, ich bin) werden parallel zu den erwähnten Meilensteinen gelernt. Diese Besonderheiten starker und unregelmäßiger Verben müssen, genau wie die Artikelzuweisung, auswendig abgespeichert werden.

4.1.3 Englisch

Am Beispiel des Englischen kann man sehen, wie die Sprachen im Laufe der Zeit Änderungen unterliegen. Vor tausend Jahren entsprach Englisch strukturell ungefähr dem Deutschen und war eine stark flektierende Sprache mit vielen grammatischen Flexiven. Seit der Invasion der Normannen im Jahre 1066 entwickelt sich die englische Sprache in Richtung einer isolierenden Sprache, weil die ursprünglich vorhandenen Flexionsmorpheme nach und nach verschwinden.

Die oben beschriebenen grammatischen Regeln, die für die deutsche Sprache gelten, sehen im Englischen wie folgt aus:

einfache Grammatik

1. **Subjekt-Verb-Kongruenz:** Verben werden auch flektiert, allerdings gibt es im Englischen viele homophone (gleichklingende) Endungen: „I draw, you draw, he draws", wobei das Verb nur in der dritten Person Einzahl flektiert wird.

2. **Wortordnung in Hauptsätzen:** Der Satzbau ist strenger geregelt als im Deutschen. Das liegt daran, dass die Artikel nicht flektiert werden (es gibt keine „sichtbaren" Kasusmarkierungen), demnach immer dieselbe Form haben: der, den, dem Mann = the man. Um trotzdem unterscheiden zu können, wer oder was in einem Satz Subjekt oder Objekt ist, muss die Wortstellung strenger eingehalten werden (Repp 2014, 108):

> The father greeted the teacher.
> Wortwörtlich: Der Vater grüßte der Lehrer.

Im Deutschen kann das Objekt auch vorne stehen, allerdings mit der entsprechenden grammatischen Markierung: „Den Lehrer grüßte der Vater." Im Englischen dominiert die SVO-Reihenfolge. Es gibt allerdings auch im Englischen noch Kontexte, in denen Verbzweitstellungscharakteristiken auftreten, z.B. in Fragen wie „What have you done?".

3. **Erwerb der Kasusflexion:** Wie erwähnt, gibt es im Englischen weder eine Genuszuweisung noch Kasusmarkierungen am Artikel oder Nomen. Die Kasuszuweisung geschieht über die Stellung der Objekte im Satz und die unterschiedlichen Präpositionen. Im nachstehenden Beispiel wird das indirekte Objekt mit der die Präposition „to" verknüpft (Repp 2014, 108):

> The father gave the letter to the teacher.
> wortwörtlich: Der Vater gab der Brief zu der Lehrer.

4. **Nebensätze:** Auch in Nebensätzen steht das Verb sofort hinter dem Subjekt und nicht wie im Deutschen in Endstellung:

> The girl is happy, because she has an ice-cream.

4.1.4 Romanische Sprachen

Die Meilensteine des frühen Grammatikerwerbs der französischen, portugiesischen, spanischen und italienischen Sprache sind folgende (im Rumänischen als weitere romanische Sprache gibt es größere Variationen):

1. **Subjekt-Verb-Kongruenz:** Wie in der deutschen Sprache kongruieren Subjekt und Verb auch in den romanischen Sprachen. Ein Beispiel aus dem Französischen und Portugiesischen verdeutlichen dies: je mange, nous mangeons, ils mangent (ich esse, wir essen, sie essen); eu como, tu comes, ele come (ich esse, du isst, er isst) verdeutlichen dies.

2. **Wortordnung in Hauptsätzen:** Die romanischen Sprachen weisen genau wie die englische eine eher rigide (strikte) Syntax auf:

BEISPIEL

La fille mange la pomme.
A menina come a maçã.
Im Deutschen ist die syntaktische Anordnung relativ flexibel und kann folgende Formen annehmen:
Das Mädchen isst den Apfel.
Oder: Den Apfel isst das Mädchen.
Im Französischen und Portugiesischen würde eine solche flexible Handhabung zu absurden Sätzen führen:
La pomme mange la fille.
A maçã come a menina.
Wortwörtlich übersetzt: Der Apfel isst das Mädchen.

3. **Erwerb der Kasusflexion:** In den romanischen Sprachen (mit Ausnahme des Rumänischen) gibt es zwei Genera (männlich und weiblich). Aus den vorherigen Beispielen geht hervor, dass Artikel und Nomina in den romanischen Sprachen nicht dekliniert werden. Die grammatische Funktion der Nomina wird über deren Stellung im Satz oder auch durch Präpositionen verdeutlicht:

> Maman donne une pomme à la fille après le repas.
> A mãe dá uma maçã à menina depois do jantar.
> wortwörtlich: Die Mutter gibt ein Apfel an/zu das Mädchen nach das Essen.

4. **Nebensätze:** In Nebensätzen steht das Verb genau wie in Hauptsätzen sofort hinter dem Subjekt und nicht wie im Deutschen an Endstellung: „Elle pleure, parce qu'elle est tombée du canapé." (Wortwörtlich übersetzt: Sie weint, weil sie ist gefallen vom Sofa.)

4.1.5 Slawische Sprachen

Russisch und Ukrainisch gehören zu den modernen ostslawischen, Polnisch und Tschechisch sind die beiden größten westslawischen Sprachen (Blaszczak 2014; Gagarina 2014). Die Sprachen, die vor den 90er Jahren unter die gemeinsame Bezeichnung „Serbokroatisch" fielen, gehören zu den südslawischen Sprachen: Serbisch, Kroatisch, Bosnisch und Montenegrinisch. Erst nach dem Zerfall Ex-Jugoslawiens bekam jeder Nachfolgestaat seine eigene Sprachbenennung (Szucsich 2014).

1. **Subjekt-Verb-Kongruenz:** Die Kongruenz zwischen Subjekt und Verb wird auch in den slawischen Sprachen anhand eines Verbflexivs markiert.
2. **Wortordnung in Hauptsätzen:** Die Wortstellung ist in slawischen Sätzen relativ frei, es gibt weder eine strikte Subjekt-Verb-Anordnung wie in den romanischen Sprachen noch eine Verbzweitstellungsregel wie im Deutschen.
3. **Erwerb der Kasusflexion:** Der Kasus wird, genau wie im Deutschen, v.a. durch Flexionsmorpheme am Nomen gebildet (der Fall wird v.a. am Substantiv angezeigt), im Vergleich zum Deutschen gibt es eine noch größere Anzahl von Fällen. In den erwähnten slawischen Sprachen gibt es zwar grammatische Geschlechter (der Genus der Nomen ist an den Endungen zu erkennen), aber keine Artikel.
4. **Nebensätze:** Die syntaktische Anordnung der Wörter in Nebensätzen entspricht derjenigen in Hauptsätzen.

4.1.6 Türkisch

Türkisch ist keine flektierende, sondern eine agglutinierende Sprache: Jede Bedeutungseinheit (u.a. Verbmarkierung und Kasus) wird durch ein eindeutiges Suffix verdeutlicht (Kap. 1.2). Die türkische Sprache ist demzufolge durch eine regelmäßige Grammatik gekennzeichnet.

1. **Subjekt-Verb-Kongruenz:** Person und Tempus werden im Türkischen jeweils durch eindeutige Suffixe ausgedrückt.
2. **Wortordnung in Hauptsätzen:** Die normale Wortstellung des Hauptsatzes ist Subjekt – Objekt – Verb: „Ayşe su içiyor." (Wortwörtlich übersetzt: Ayşe Wasser trinkt.) Das finite Verb steht an letzter Position. Diese Reihenfolge kann sich z.B. ändern, wenn bestimmte Satzglieder hervorgehoben werden oder schon bekannt sind (Schroeder/Simsek 2014).
3. **Erwerb der Kasusflexion:** Das Kasussystem (sechs Fälle) ist im Türkischen regelmäßig und transparent und wird anhand von eindeutigen Suffixen realisiert.
4. **Nebensätze:** Subordinierte Nebensätze werden im Türkischen in der Regel nicht mithilfe von untergeordneten Konjunktionen (weil, wenn, bevor) gebildet.

4.1.7 Arabisch

Das Arabische gehört zur afroasiatischen Sprachfamilie und innerhalb dieser Familie zu den semitischen Sprachen.

Die einzelnen arabischen Dialekte in den verschiedenen Ländern unterscheiden sich zum Teil stark voneinander, wenn auch meist nur in der Aussprache. Leute mit unterschiedlichen Dialekten können sich untereinander oft nur schwer verstehen. So werden bspw. algerische Filme, die im dortigen Dialekt gedreht worden sind, zum Teil hocharabisch untertitelt, wenn sie in den Golfstaaten ausgestrahlt werden.

Varianten des Arabischen werden von etwa 370 Millionen Menschen gesprochen, u.a. im Irak und in Syrien. Das Arabische zählt, wie auch das Deutsche, zu den flektierenden Sprachen:

1. **Subjekt-Verb-Kongruenz:** Genau wie im Deutschen besteht im Arabischen eine Kongruenz zwischen Subjekt und Verb.
2. **Wortordnung:** In Sätzen, in denen ein Verb und ein Objekt vorkommen, ist die Reihenfolge Verb–Subjekt–Objekt. Vor dem Verb können aus dem

Kontext bereits bekannte oder neue, wichtige Elemente stehen (Zeldes/Kanbar 2014).

3. **Erwerb der Kasusflexion:** Im Gegensatz zum Deutschen kennt das Arabische nur drei Kasus, nämlich den Nominativ, den Akkusativ und den Genitiv. Diese drei Fälle werden über drei charakteristische Vokale realisiert, und zwar über -u für den Nominativ, -a für den Akkusativ und -i für den Genitiv.
4. **Nebensätze:** Die Wortstellung im Arabischen ist im Haupt- und Nebensatz oft gleich (Zeldes/Kanbar 2014).

ZUSAMMENFASSUNG

Die germanischen, romanischen und slawischen Sprachen, die alle zur indogermanischen Sprachfamilie gehören, sind, genau wie Arabisch, flektierende (beugende) Sprachen. Unter den oben beschriebenen Sprachen gehört nur Türkisch zu den agglutinierenden (Kennzeichnung grammatischer Eigenschaften durch Affixe) Sprachen.

Sprachentwicklungsstand einschätzen

Die erste wichtige Regel, die von den Kindern im frühen Alter erfasst wird, ist die Kongruenz, die zwischen Subjekt und Verb besteht (die Verben werden konjugiert). Parallel dazu wird progressiv die korrekte Reihenfolge (Wortordnung) der einzelnen Satzglieder in kurzen einfachen Hauptsätzen berücksichtigt. Diese ist in den erwähnten Sprachen unterschiedlich: Im Deutschen und Luxemburgischen gibt es eine Verbzweitstellung, in den romanischen Sprachen und im Englischen eine mehr oder weniger strikte Anordnung Subjekt-Verb-Ergänzung, im Türkischen steht das Verb meistens hinten, im Arabischen vorne im Satz, während in den slawischen Sprachen eine größere Flexibilität besteht.

Im Laufe des vierten und fünften Lebensjahres werden dann auch die Kasusmarkierungen in zunehmendem Maße zielsprachlich vorgenommen: Im Türkischen, Arabischen und den slawischen Sprachen wird der Kasus vergleichbar mit dem Deutschen und Luxemburgischen am Artikel und/oder Nomen markiert. In den romanischen Sprachen und im Englischen wird der Kasus anhand der Position des jeweiligen Objektes im Satz und/oder anhand von Präpositionen vorgenommen.

Anhand dieser Schwerpunkte des frühen Spracherwerbs werden im Gespräch mit den Eltern und, wenn möglich, mit einer Übersetzerin, die sprachlichen Kompetenzen der Kinder erfasst. Weitere Aspekte werden im folgenden Unterkapitel dargest.ellt.

4.2 Sprachbiographie

Zu Beginn des Schuljahres stehen im Gespräch mit den Eltern einige wesentliche Fragen hinsichtlich der Bedingungen des Spracherwerbsverlaufs im Blickpunkt. Sie werden unter dem Begriff „Sprachbiographie“ zusammengefasst. Nachfolgend eine grobe Auflistung der wichtigsten Fragen, die selbstverständlich je nach Kontext und unter Berücksichtigung von kulturellen Variablen vertieft werden müssen:

Fragebogen

1. Welche Sprachen werden regelmäßig zu Hause bzw. in Betreuungsstrukturen (z.B. in der Krippe, bei einer Tagesmutter) gesprochen?
2. Ab welchem Alter ist das Kind in Kontakt mit diesen Sprachen? (age of onset)
3. Wie oft ist das Kind in Kontakt mit den verschiedenen Sprachen? (Quantität)
4. Welche Sprache spricht die Mutter mit dem Kind? Ist dies ihre stärkste Sprache? (Qualität)
5. Welche Sprache spricht der Vater mit dem Kind? Ist dies seine stärkste Sprache? (Qualität)
6. Welche Sprache wird als gemeinsame Kommunikationssprache zu Hause verwendet?
7. In welcher Sprache kann sich das Kind am besten mitteilen? (starke Sprache des Kindes)
8. Wie äußert sich das Kind in der jeweiligen Sprache? (produktive oder „nur“ rezeptive Fähigkeiten)
9. Wie beurteilen die Eltern die sprachlichen Fähigkeiten des Kindes in den verschiedenen Erstsprachen?
10. Vermischt das Kind die einzelnen Sprachen? Wenn ja, in welchen Situationen? (Sprachkontaktphänomene)

TIPP

Es ist wichtig, nach der genauen Bezeichnung der Sprachen zu fragen: Sprachen wie Afghanisch, Pakistanisch, Marokkanisch und erst recht Afrikanisch existieren nicht!

BEISPIEL

Bernard, ein 4-jähriger Junge, der seit zwei Jahren in Deutschland lebt, wächst zu Hause dreisprachig auf: Seine Mutter ist in Frankreich geboren und spricht konsequent Französisch mit ihm, sein Vater in Bosnien, spricht aber nur noch selten Bosnisch zu Hause, sondern immer öfters Deutsch, obschon ihm dies nicht leichtfällt. Zusammen sprechen sie Deutsch, da seine Mutter in der Schule als Zweitsprache Deutsch gelernt hat.

Im Gespräch mit den Eltern standen die obigen Fragen im Mittelpunkt:

1. Zu Hause wird französisch, bosnisch und deutsch gesprochen.
2. Seit der Geburt spricht Bernards Mutter französisch und Bernards Vater bosnisch mit ihrem/seinem Sohn, zusammen sprechen sie deutsch.
3. Am meisten Kontakt hat Bernard mit der französischen Sprache, weil seine Mutter zurzeit nicht berufstätig ist und beide demnach viel Zeit zusammen verbringen. Bosnisch hört er nur noch selten.
4. Die Mutter spricht in ihrer stärksten Sprache (Französisch) mit ihrem Sohn, in der sie muttersprachliche Kompetenzen besitzt.
5. Der Vater spricht nicht in seiner stärksten Sprache (Bosnisch) mit seinem Sohn, sondern vermehrt deutsch.
6. Die gemeinsame Kommunikationssprache ist Deutsch. Beide Elternteile besitzen keine muttersprachlichen Kompetenzen in dieser Sprache.
7. Bernard versteht und äußert sich am besten in der Erstsprache der Mutter (Französisch).
8. Im Bosnischen versteht er einfache kontextualisierte Aussagen, gebraucht aber nur selten ein bosnisches Wort. Auf Deutsch fängt er an, kurze Sätze zu produzieren.
9. Bernard gebraucht viele französische Wörter, wenn er sich auf Deutsch äußert, und hat auch einen französischen Akzent: „Da ist une maison. Garçon spielen Ball.“ Wenn er französisch spricht, greift er ausschließlich auf französische Wörter zurück.
10. Die Mutter schätzt die Kompetenzen im Französischen als sehr gut ein. Der Vater erklärt, dass der Sohn nur wenige Wörter im Bosnischen ge-

braucht. Im Deutschen könnte er sich mehr oder weniger verständlich ausdrücken, würde aber immer wieder auf französische Wörter zurückgreifen.

stärkste Sprache bestimmen

Schlussfolgerung: Bernards stärkste Sprache ist nach den Aussagen der Eltern Französisch. Seine schwächeren Sprachen Deutsch und Bosnisch, die auch seit seiner Geburt im Elternhaus gesprochen werden, sind nicht altersgemäß entwickelt (im Vergleich zu Kindern, deren stärkste Sprache Deutsch oder Bosnisch ist).

Kommunikationssprache(n) der Kita einschätzen

Die Mutter schätzt die Kompetenzen im Französischen als „sehr gut" ein, sodass man davon ausgehen kann, dass Bernards starke Sprache altersadäquat entwickelt ist. Die Einschätzung des Sprachentwicklungsstandes in der Zweitsprache Deutsch (Kap. 4.1.2) ermöglicht die Ausrichtung der sprachlichen Förderung in der Schule (Kap. 4.3).

4.3 Evozierte Sprachanalyse

Das Gespräch mit den Eltern ergibt einen ersten wichtigen Anhaltspunkt über die mehrsprachigen Kompetenzen des Kindes. Die daraus abgeleiteten Erkenntnisse können durch eine Sprachanalyse ergänzt werden, besonders in der starken Sprache des Kindes

TIPP

Besteht der Verdacht, dass erhebliche Spracherwerbsschwierigkeiten bestehen, so erstellt die Logopädin, die Sprachtherapeutin oder die Sonderschullehrerin eine differenzierte Diagnose.

Bild mit Alltagssituation

Mithilfe eines Situationsbildes werden bestimmte Äußerungen „evoziert" (hervorgerufen), aus diesem Grunde spricht man auch von „evozierter Sprachanalyse".

BEISPIEL

Das Bild stellt am besten eine alltägliche Situation mit unterschiedlichen Handlungen dar, z.B. ein Bild von einem Spielplatz, auf dem Kinder mit einem Ball spielen, schaukeln, rutschen, laufen, im Seil springen, im Sand spielen, lachen, weil die Mutter ihnen ein Eis gibt, weinen, weil das Eis auf den Boden gefallen ist.

Wird auch eine Erstsprache überprüft, die die Pädagogin selbst nicht spricht, so werden die Eltern oder eine Übersetzerin einbezogen. Die Mutter, der Vater oder die Übersetzerin sprechen in der zu überprüfenden Erstsprache mit dem Kind, die Pädagogin gibt jeweils in einer gemeinsamen Kommunikationssprache die nötigen Anweisungen. Gibt es keine gemeinsame Kommunikationssprache zwischen Eltern und Pädagogin, ist der Rückgriff auf eine Übersetzerin auf jeden Fall erforderlich.

TIPP

Die Überprüfung in deutscher Sprache verläuft in identischer Art und Weise wie unten beschrieben, selbstverständlich ohne Vermittler (Eltern oder Übersetzer).

Das Augenmerk richtet sich auf die oben beschriebenen Meilensteine der sprachlichen Entwicklung. Die Pädagogin erklärt den Eltern bzw. der Übersetzerin, welche Fragen dem Kind gestellt werden.

Die Pädagogin richtet sich an einen Elternteil bzw. an die Übersetzerin: „Fragen Sie das Kind: …“

präzise Fragen stellen

1. „Was ist das?“ „Wie heißt das?“

Ziel: Wortschatz und Genus

Überprüft wird, ob das Kind die verschiedenen Bezeichnungen, v.a. Nomen, in seiner Erstsprache kennt. Zeigt man auf den entsprechenden Gegenstand und spricht gleichzeitig dazu: „Das ist …“, gebraucht das Kind in der Regel auch den entsprechenden Artikel. Damit kann auch die Genussicherheit (Wird der korrekte Artikel gebraucht?) überprüft werden:

K: „… eine Schaukel“ oder „… ein Ball“

Nach jeder Aussage des Kindes wird die Bezugsperson gefragt, ob der Gegenstand korrekt benannt und ob der Artikel richtig gewählt wurde:

P: „Hat das Kind „die Schaukel“ gesagt?“

2. „Was macht das Mädchen?“ „Was macht der Junge?“ „Was machen die Kinder?“

Ziel: einfache Hauptsätze in der dritten Person

Die Fragen sind ganz allgemein, sodass das Kind angeregt wird, einen ganzen Satz zu produzieren:

K: „Das Mädchen baut eine Burg.“ „Der Junge spielt mit dem Auto.“ „Die Kinder rutschen.“

Die Bezugsperson wird jeweils gefragt, ob die Endung des Verbs korrekt ist.

P: „Hat das Kind „baut“ gesagt?“

3. „Was machst du am liebsten auf dem Spielplatz?“ „Was hast du auf dem Spielplatz gemacht?“
Ziel: einfache Hauptsätze in der ersten Person Einzahl
Die Kinder sprechen gerne über eigene Erfahrungen. Diese allgemeinen Fragen verleiten das Kind erneut dazu, sich in ganzen Sätzen zu äußern:
K: „Ich spiele gerne Fußball.“ „Ich habe Fußball gespielt.“
Die Bezugsperson wird auch dieses Mal gefragt, ob die Endung des Verbs („spiel<u>e</u>“, „hab<u>e</u>“) korrekt ist.

4. „Was machst du zuerst?“ „Und dann?“
Ziel: Verbstellung
Das Kind hat soeben erklärt (Punkt 3), was es gerne auf dem Spielplatz macht. Jetzt soll es seine Ideen in eine chronologische Reihenfolge bringen. Die erwähnten Sätze werden am einfachsten evoziert, wenn man den Anfang des Satzes vorgibt:
P: „Was machst du zuerst? Zuerst …“
„Und dann? Dann …“
Im Deutschen wird eine Inversion von Subjekt und Verb vorgenommen, in anderen Erstsprachen ist dies nicht der Fall (Kap. 4.1.8).

5. „Was isst das Mädchen?“ „Wen ruft der Vater?“ „Wohin fliegt der Vogel?“
Ziel: Akkusativergänzung
Die geschlossenen Fragen „Was?“, „Wen?“ und „Wohin?“ evozieren Akkusativstrukturen:
K: „Ein Eis“, „den Jungen“ und „auf den Baum“.
Die Bezugsperson wird gefragt, ob ein Artikel (der, die, das) vom Kind gebraucht wurde und ob die Endungen der Artikel bzw. der Nomina korrekt sind. In einigen Sprachen gibt es keine Artikel (z.B. Türkisch, Russisch, Polnisch), die Beugung erkennt man ausschließlich an der Endung der Dingwörter. In den romanischen Sprachen werden die Dingwörter nicht flektiert, die Stellung derselben muss deshalb korrekt sein.

6. „Wem gibt die Mutter das Eis?“ „Wo ist das Eichhörnchen?“
Ziel: Dativergänzung
Die geschlossenen Fragen „Wem?“ und „Wo?“ verleiten das Kind zur Produktion von Dativstrukturen:
K: „Dem Mädchen.“ „Auf dem Baum.“
Die Bezugspersonen erläutern erneut, ob Artikel eingesetzt wurden und ob Artikel und Nomen, je nach Sprache, korrekt flektiert wurden, sofern diese Merkmale auf die Erstsprachen der Kinder zutreffen (Punkt 5).

7. „Warum lacht das Mädchen?“ „Warum weint der Junge?“
Ziel: Nebensätze
Warum-Fragen evozieren untergeordnete Nebensätze:
K: „Weil es ein Eis bekommt.“ „Weil das Eis in der Wiese liegt.“
Die Bezugspersonen überprüfen, ob das Verb auch in der Erstsprache an korrekter Stelle steht. Die Position ist, wie in Kapitel 4.1 beschrieben, unterschiedlich.

tabellarische Übersicht

Eine Tabelle (Tab. 1) gibt schlussendlich einen Überblick über die sprachlichen Fähigkeiten des Kindes, beispielhaft anhand eines Transkriptes in deutscher Sprache dargestellt.

Tab. 1: Einschätzung der sprachlichen Fähigkeiten. SVK: Subjekt-Verb-Kongruenz, V2: Verbzweitstellung, Umkl: Umklammerung, Akk: Akkusativ, Dat: Dativ, NS: Nebensätze, Gen: Genus, + bedeutet „korrekt“, - bedeutet „nicht korrekt“.

	SVK	V2	Umkl	Akk	Dat	NS	Gen
Eine Schaukel							+
Ein Ball							+
Das Mädchen baut eine Burg.	+	+		+			
Der Junge spielt mit dem Auto.	+	+			+		
Die Kinder rutschen.	+						
Ich spiele gerne Fußball.	+	+					
Ich habe Fußball gespielt.	+	+	+				
Zuerst rutsche ich.	+	+					
Dann esse ich ein Eis.	+	+		+			
Ein Eis.				+			
Den Jungen.				+			
Auf den Baum.				+			
Dem Mädchen.					+		
Auf dem Baum.					+		
Weil es ein Eis bekommt.	+			+		+	
Weil das Eis in der Wiese liegt.	+				+	+	

Je nach sprachlichen Fähigkeiten im Deutschen werden zwei (fiktive) Gruppen (die erste Gruppe besteht aus zwei Untergruppen) gebildet:

Bildung von zwei Gruppen

Gruppe 1a: keine oder nur wenige Kenntnisse (Produktion einzelner Wörter, Verständnis von einfachen Anweisungen)
Gruppe 1b: Produktion von kurzen Äußerungen, in denen Schwierigkeiten hinsichtlich der Verbendungen und der Verbstellung bestehen.
Gruppe 2: Produktion von längeren Äußerungen, in denen die Verbendungen und die Verbstellung meistens korrekt sind, aber Kasusschwierigkeiten (Akkusativ und Dativ) bestehen.

Bernard (Kap. 4.2) gehört der Gruppe 1b an: Auf Deutsch produziert er einige kurze Sätze.

Die sprachlichen Aktivitäten bzw. die Art und Weise, wie mit den Kindern gesprochen wird, können auf Basis dieser Gruppenzuweisung ganz einfach an den Sprachentwicklungsstand der Kinder angepasst werden. Das Hauptaugenmerk liegt auf der Produktion:

Zielsetzung bestimmen

- von kurzen Hauptsätzen (Gruppen 1a und 1b: Ich esse eine Banane. Was isst du? Du isst eine Nuss. Morgen esse ich eine Birne.)
- von komplexeren Strukturen (Gruppe 2: Ich esse einen Apfel. Die Katze springt auf den Tisch. Jetzt liegt sie unter dem Tisch. Warum? Weil sie Angst hat.)

5 Förderung mehrsprachiger Kinder nach dem Konzept der Kontrastoptimierung

5.1 Raumgestaltung und -ausstattung

! Die bewusste Schaffung einer sprachförderlichen Umgebung ist von zentraler Bedeutung für die Entwicklung sprachlicher Kompetenzen der Kinder in der Kita.

Die Gestaltung der „mehrsprachigen Kita" bzw. „mehrsprachiger Räumlichkeiten", wozu auch der Eingangsbereich und die Gemeinschaftsräume gerechnet werden, wird anhand von zwei Aspekten beleuchtet:

1. Verleitet die Raumgestaltung und -ausstattung insgesamt zu vielfältigen Interaktionen zwischen den Kindern bzw. zwischen den Erwachsenen und den Kindern?
2. Wird den unterschiedlichen Sprachen, den Kommunikationssprachen und Erstsprachen der Kinder, der nötige Platz gewährt?

Angebot an Raum und Material

Die Raumgestaltung und die Auswahl des Materials haben einen großen Einfluss auf den Sprachumsatz, der zwischen den Kindern bzw. zwischen den Kindern und Erwachsenen entsteht. Die Pädagoginnen nutzen diese Interaktionen und wandeln sie in intensive Sprachförderhandlungen um.

Räumlichkeiten, die vielfältige Interaktionssituationen ermöglichen, sehen bspw. wie folgt aus:

mögliche Raumgestaltung

Im Raum befindet sich eine zentrale Sitzgruppe. Hier können sich alle Kinder einer Gruppe oder einer Klasse mit den Pädagoginnen zusammenfinden. Zudem bietet der Raum viele „Ecken“ an, die vielfältig und abwechslungsreich gestaltet werden können. Die „Mal- und Bastelecke“ mit Material zum freien und kreativen Schaffen, vom Glitzerpapier und Naturmaterial über die Kaffeekapsel zum Eierkarton, fördert die Kreativität der Kinder und spornt sie zu intensivem sprachlichem Austausch an. Auch in der „Bauecke“, in der sich Material befindet, das vielfältig eingesetzt und umfunktioniert werden kann, wie z.B. verschiedene Baukästen, Pappkisten und Tücher, ist der Sprachumsatz besonders groß. Dies trifft auch auf die „Rollenspielecke“ zu, in der die Kinder angespornt werden, die Handpuppen, Alltagsutensilien, Kleider und das Kleidungszubehör für abwechslungsreiche Rollenspiele zu benutzen.

Angebot variieren

Je nach Interessen und Bedürfnissen der Kinder variieren die Angebote im Laufe des Schuljahres: Spielsachen verschwinden und werden durch andere ersetzt, das Bastel- und Malmaterial wird ausgetauscht, die „Bücherecke“ neu gestaltet. Der Wechsel des Angebotes hängt auch mit dem aktuellen Rahmenthema zusammen. Steht das Thema Geburtstag (Kap. 5.4) im Mittelpunkt, so stehen Bücher zu diesem Thema auf dem Bücherregal, und die Backstube ersetzt in der „Spielecke“ den Bauernhof.

Sprachspiele

In einem Schrank befinden sich die Gesellschaftsspiele, einige davon gehören der Kategorie „Sprachspiele“ an. Sie sollen besonders sprachfördernd sein, oft steht ein spezifisches sprachliches Ziel im Fokus des Spiels: gehäuftes Benennen bestimmter Zielwörter (semantische Übungen), gehäuftes Aussprechen eines Lautes, in einzelnen Wörtern oder in Sätzen (sprechmotorische Übungen), Unterscheidung zwischen zwei Lauten (phonologische Übungen), gehäufte Produktion einer Satzstruktur (grammatische Übungen). Diese Spiele können für bestimmte Kinder sinnvoll sein. Sie geben nämlich einen strikten Rahmen vor, in dem ein gewisser Sprachumsatz stattfindet und bestimmte Strukturen intensiv geübt werden können. Allerdings kommt damit die natürliche Interaktion mit und zwischen den Kindern als wichtiges Kriterium einer guten Sprachförderung etwas zu kurz. In Kapitel 5.4 wird gezeigt, wie Sprachspiele einerseits in das Rahmenthema eingebettet werden können und welche Möglichkeiten sie bieten, die natürliche Interaktion zwischen den Teilnehmern in den Mittelpunkt zu stellen.

Die Umsetzung von sprachfördernden Spielformaten wird in folgenden drei Publikationen detailliert beschrieben und mit vielen Fotos illustriert:

- „Gezielte Förderung lautsprachlicher Fähigkeiten“ (Schmidt 2012)
- „Kontextoptimierung für Kinder von 3–6 Jahren“ (Schmidt 2014b)
- „Sprachtherapie bei mehrsprachigen Kindern“ (Schmidt 2014a)

Unterschiedlichen Sprachen Raum zugestehen

In einer Kita, in der Mehrsprachigkeit großgeschrieben wird, wird die „Checkliste sprachanregender Räumlichkeiten“ durch weitere Merkmale ergänzt:

Sprachen sichtbar machen

1. Die Sprachen der Kinder und Eltern sind sichtbar: Im Eingangsbereich hängt ein „Herzlich willkommen“-Plakat in den verschiedenen Erstsprachen der Kinder.

2. Auf den Namensschildern der Kinder, die z.B. die Tische oder Regale kennzeichnen, steht in der Regel nicht nur der Name: Neben dem Namen befindet sich zusätzlich ein bestimmtes Symbol, z.B. das Lieblingstier des jeweiligen Kindes. Die Bezeichnung des Symbols steht in der oder den Kommunikationssprachen (z.B. auf Deutsch oder auf Deutsch und Englisch) neben dem Bild und zusätzlich in der oder den Erstsprachen des Kindes.

Eltern einbeziehen

Das „Herzlich willkommen“-Plakat und die Namensschilder werden vom pädagogischen Team ausgearbeitet und dann gemeinsam mit den Eltern ergänzt. Am besten geschieht dies an einem freien Nachmittag oder frühen Abend. Die Bedeutung der Erstsprachen der Kinder steht im Mittelpunkt genau wie die Offenheit anderen Sprachen und Kulturen gegenüber. Die Eltern sehen, dass ihre Herkunftssprachen einen Platz in der Kita haben und dass vielleicht noch andere Kinder in der Gruppe sind, die dieselbe Sprache sprechen. Zudem sehen die Kinder, dass die eigenen Eltern Dinge wissen, die die Pädagogin nicht weiß, dass nämlich ihre Eltern auch Experten in einer oder sogar mehreren Sprachen sind, und dass sie der Pädagogin helfen, die verschiedenen Wörter richtig auszusprechen.

3. In der Bücherecke liegen viele mehrsprachige Bücher, so gut wie möglich nach den Sprachen der Kinder geordnet. Fahnen oder farbige Symbole geben einen möglichen Anhaltspunkt.

Eine Bücherliste (ein- und mehrsprachige Bücher) mit vielen „Lieblingsbüchern“ des Autors steht als Online-Zusatzmaterial zur Verfügung.

Bücherecke

Die Bücherecke nimmt einen besonderen Stellenwert ein. Auch Bücher, die nicht in einer der Kommunikationssprachen verfasst sind, bzw. mehrsprachige Kinderbücher können vielfältig eingesetzt werden. An dieser Stelle werden einige Grundgedanken dazu geäußert, in Kapitel 5.4 dann konkrete Beispiele innerhalb unterschiedlicher Rahmenthemen dargestellt.

Erstsprachen einbeziehen

Die Kinder schauen sich gemeinsam mit der Pädagogin die verschiedenen Bücher an und entdecken ganz unterschiedliche Schriften. Die Pädagogin macht den Kindern deutlich, dass sie nicht alle Schriften lesen kann und dass sie nicht alle Sprachen versteht. Sie nimmt ein Buch in portugiesischer Sprache und versucht, bestimmte Wörter (am besten solche, die durch ein Bild dargestellt sind) zu lesen. Die „Expertinnen" dieser Sprache helfen der Pädagogin, indem sie versuchen, herauszufinden, welches Wort gemeint ist. Sie zeigen auf das entsprechende Bild im Buch oder versuchen, das Wort in die oder eine der Kommunikationssprachen zu übersetzen. Aus Büchern mit anderen Schriftzeichen kann wahrscheinlich nicht von der Pädagogin vorgelesen werden. Vielleicht möchte das Kind mit arabischem Ursprung, dass seine Mutter oder sein Vater in die Kita kommt, um das Buch vorzulesen und vielleicht sogar zu übersetzen, falls sie oder er beide Sprachen spricht.

Bücher mit nach Hause nehmen

Arbeitsgedächtnisses

Das arabischsprachige Kind kann aber auch das Buch mit nach Hause nehmen und seine Eltern bitten, ihm das Buch vorzulesen. Sicherlich werden alle Kinder gespannt sein, die Geschichte anschließend in der Kommunikationssprache, soweit das Kind sich bereits in dieser „gemeinsamen" Sprache ausdrücken kann, erzählt zu bekommen. Eine ältere Schwester oder ein älterer Bruder können vielleicht als Unterstützung mit in die Kita kommen.

Interessant sind in der Hinsicht auch mehrsprachige Bücher. In einigen dieser Bücher wird die Geschichte auf der beiliegenden CD erzählt, als Audio-CD oder sogar als DVD (Beispiele sind in der Liste im Online-Zusatzmaterial zu finden). Oft sind die Texte allerdings relativ schwierig, besonders für Kinder, die noch wenig Sprachkontakt mit der entsprechenden Sprache hatten.

gemütliche Atmosphäre

Alle Kinder sollten positive Erfahrungen mit Büchern machen und Bücher nicht als anstrengend oder überfordernd erleben. Das Hören der Geschichte in der Erstsprache kann dazu beitragen, v.a. auch, wenn die Eltern oder sonstige nahe Bezugspersonen des Kindes einbezogen werden. Die „gemütliche Bücherecke" trägt ganz bestimmt auch dazu bei, den Kindern Spaß an Büchern zu vermitteln. Es wird eine besondere Atmosphäre geschaffen, Rituale erhöhen die Erwartungshaltung der Kinder zusätzlich: Das helle Licht wird ausgeschaltet, die Stehlampe mit den tollen Figuren auf dem Schirm wird angemacht, einige Handpuppen kommen auch hinzu, jedes Kind zieht seine Pantoffeln an und nimmt sich ein Kissen.

Listen und Plakate

4. Listen für Eltern mit mehrsprachigen Büchern, Büchern in unterschiedlichen Sprachen und CDs können von den Eltern mitgenommen werden.

5. An den Wänden hängen Plakate mit unterschiedlichen Schriften und ABC-Plakate aus anderen Sprachen.

6. In der Bücherecke liegen Bilderwörterbücher in mehreren Sprachen.

7. Viele ein- und mehrsprachige Kinderbücher in über 100 Sprachen findet man unter Tamakai Books (www.tamakai-books.de).

8. Im Portfolio des Kindes haben dessen Erstsprachen ihren Platz (z.B.: „Mein Sprachenportfolio", Diesterweg Verlag)

Informationsflyer

9. Es gibt Informationsflyer in mehreren Sprachen, z.B. über das Aufwachsen mit mehreren Sprachen oder über den Übergang in die Grundschule oder in weiterführende Schulen.

Elternbriefe in über 20 Sprachen sind z.B. auf der Homepage des bayrischen Staatsinstituts für Frühpädagogik zu finden: www.ifp.bayern.de. Auch auf der dbl-Website (Deutscher Bundesverband für Logopädie e.V.) „Sprich mit mir" befinden sich wertvolle Tipps für Eltern mehrsprachig aufwachsender Kinder: www.sprich-mit-mir.org.

10. In vielen Ländern besteht die Möglichkeit, Dolmetscherinnen für Elterngespräche hinzuzunehmen. Die Eltern sollten im Voraus entscheiden, ob sie auf die Hilfe einer Dolmetscherin zurückgreifen möchten.

Diese Erkennungszeichen eines mehrsprachigen Umfeldes geben ein Signal der kulturellen Offenheit und Akzeptanz.

5.2 Organisation der Sprachen planen

Noch vor dem ersten Tag in der Kita versuchen die Pädagoginnen, wichtige Informationen über die sprachliche Vorgeschichte (Sprachbiographie) der Kinder zu erhalten (Kap. 4.2):

Sprachbiographie

- Wachsen die Kinder zu Hause ein- oder mehrsprachig auf? Zu den Sprachen, die zu Hause gesprochen werden, zählen nicht nur die Sprachen der Mutter bzw. des Vaters, die beide gehäuft in der Interaktion mit ihrem

Kind einsetzen, sondern auch die gemeinsame Kommunikationssprache. Zudem kommt es öfters vor, dass ältere Geschwister zu Hause (z.B. im gemeinsamen Spiel) regelmäßig auf die Sprache, die in der Kita oder in der Schule gesprochen wird, zurückgreifen.

- Haben die Kinder neben den Sprachen, die zu Hause gesprochen werden, noch regelmäßigen Kontakt mit anderen Sprachen, z.B. über die Großeltern, eine(n) neue(n) Partner(in) der Mutter oder des Vaters, eine Tagesmutter oder in einer Krippe?
- Hatten die Kinder bereits Kontakt mit der oder den Kommunikationssprachen, die in der Kita gesprochen werden?

BEISPIEL

Lara spricht mit ihrer Mutter, ihrem Vater und ihrer älteren Schwester Iris Portugiesisch. Ihre Mutter lebt bereits seit ihrem sechsten Lebensjahr in Deutschland und spricht recht gut Deutsch. Sie gebraucht die deutsche Sprache v.a. dann, wenn sie mit den beiden Töchtern allein ist. Von Anfang an war es ihr Ziel, die Kinder so früh wie möglich mit der deutschen Sprache in Kontakt zu bringen, um ihnen die Integration in die Kita zu vereinfachen. Andererseits wollte sie aber auch die portugiesische Sprache der eigenen Familie und der Familie ihres Partners als Erstsprache aufrechterhalten. Seit diesem Schuljahr ist Lara in der Kita eingeschrieben. Sie versteht die deutschsprachigen Kinder und die Pädagogin bereits recht gut. Zudem hat sie schon öfters ein Buch in portugiesischer Sprache erzählt und kann als „Übersetzerin" anderen portugiesischsprachigen Kindern helfen, die noch kein Deutsch verstehen.

Igor wächst dreisprachig auf: Sein Vater spricht Russisch, seine Mutter Polnisch, versteht allerdings auch Russisch. In der gemeinsamen Interaktion dominiert somit die russische Sprache. Igor wird seit seinem zweiten Lebensjahr mehrere Stunden am Tag von einer englischsprachigen Tagesmutter betreut. Die Eltern wollten, dass ihr Sohn so früh wie möglich Englisch lernt. In der bilingualen Kita versteht Igor die englischsprachigen Pädagoginnen recht gut, hat aber Schwierigkeiten, sich auf Englisch mitzuteilen. Die Eltern erklären, dass er die beiden Erstsprachen vermischt und dass er schwer zu verstehen ist.

starke Sprache

Besonders wichtig sind die Bestimmung und die Einschätzung der starken Sprache des einzelnen Kindes (Kap. 4). Lara (erstes Beispiel) hat altersgerecht gut entwickelte Fähigkeiten in ihrer starken Sprache Portugiesisch, während dies bei Igor (zweites Beispiel) nicht zutrifft. Igors stärkste Sprache ist Russisch, allerdings hat er auch im Russischen Schwierigkeiten, sich verständlich mitzuteilen. Seit dem Besuch der bilingualen Kita, durch die weitere Betreuung durch die englischsprachige Tagesmutter und den vermutlich nicht optimalen Input seitens der Mutter hat er im Russischen einige Schwierigkeiten, sich mitzuteilen, während sich die englische Sprache schneller zu entwickeln scheint.

Die sprachlichen Kompetenzen eines Kindes müssen selbstverständlich unter Berücksichtigung wesentlicher Einflussvariablen eingeschätzt werden: Ab wann hat das Kind Kontakt mit der Sprache und wie intensiv ist der Kontakt (z.B. tagtäglich mehrere Stunden oder aber zweimal wöchentlich nur eine Stunde).

BEISPIEL

Nach den Aussagen der Mutter hat **Lara** bereits mit zwölf Monaten ihre ersten Wörter gesprochen: „mai, pai, carro, bola.“ Mit momentan drei Jahren scheint sie „alles zu verstehen“ und produziert bereits „längere Sätze“, auch wenn noch „einige Fehler“ auftreten. Beim Nachfragen, um welche „Fehler“ es sich dabei handelt, wird ersichtlich, dass es sich v.a. um die korrekte Artikulation des Zungenspitzen-r [r] handelt, welches nicht zum deutschen Lautinventar gehört, und um Probleme bei der korrekten Anwendung unregelmäßiger Verben. In der deutschen Sprache versteht Lara auch schon einfache kontextualisierte Aussagen. Zudem kommt sie jeden Tag stolz mit neuen deutschen Wörtern nach Hause. In der täglichen Kommunikation mit den Eltern will sie aber portugiesisch sprechen. Aufgrund dieser Sprachbiographie (Einschätzung durch die Eltern und schnelle Fortschritte in der Kommunikationssprache Deutsch) erübrigt sich eine Überprüfung der erstsprachlichen Kompetenzen anhand einer evozierten Sprachanalyse (Kap. 4.3).

Igor hingegen wurde zur sprachdiagnostischen Abklärung von einer Sprachtherapeutin gesehen. Nach deren Abschlussbericht liegen keine auditiven Sprachverarbeitungsschwierigkeiten vor. Im Laufe der letzten Monate hat Igor am meisten Fortschritte im Englischen gemacht. In der bilingualen Kita Deutsch/Englisch soll der Junge an vielen Aktivitäten teilnehmen, die ausschließlich in englischer Sprache angeboten werden. Allmählich soll er dann öfters gezielt mit der deutschen Sprache in Kontakt kommen.

Organisation der Sprachen

Die Sprachbiographien der Kinder geben wichtige Hilfen in Bezug zur „Organisation" der Sprachen in der Kita. Lara wird intensiv mit beiden Sprachen, Deutsch und Englisch, in Kontakt gebracht. Igor wird in den kommenden Wochen v.a. an Aktivitäten teilnehmen, die von den englischsprachigen Pädagoginnen geleitet werden.

ZUSAMMENFASSUNG

Die Informationen aus den Elterngesprächen und die Analyse der sprachlichen Fähigkeiten der Kinder (Kap. 4.3) ermöglichen:

- in einer bilingualen Kita die tägliche Zuordnung der Kinder in die verschiedenen Gruppen, in denen die eine oder andere Sprache im Mittelpunkt steht. Besteht das Ziel darin, die Kinder möglichst oft mit beiden Sprachen in Kontakt zu bringen, so wird die Zuordnung entsprechend vorgenommen.

- die Einbeziehung der Erstsprachen der Kinder, entweder in Gruppen, in denen nur die Kinder teilnehmen, die dieselbe Erstsprache sprechen, oder in sprachheterogenen Gruppen v.a. mit dem Ziel der Offenheit und Wertschätzung anderen Sprachen gegenüber und mit dem Ziel, crosslinguistische Vergleiche anzustellen (z.B. nach semantischen Freunden zu suchen, Kap. 3.2).

- die gezielte Förderung in der oder den Kommunikationssprachen (z.B. Deutsch und Englisch in bilingualen Kitas): Die Einschätzung der sprachlichen Kompetenzen in beiden Sprachen ermöglicht die (fiktive) Zuordnung zu einer der beiden Gruppen, die auch in Kapitel 4.3 beschrieben wurden: Gruppe 1 (Gruppe 1a und 1b): kurze einfache Hauptsätze als Zielsetzung; Gruppe 2: komplexere Strukturen als Zielsetzung.

5.3 Erster Kontakt mit dem Kind

Die Eingewöhnungsphase ist für Kleinkinder weniger belastend, wenn sie feinfühlig vom pädagogischen Team begleitet wird. Besonders wichtig ist der erste Kontakt mit dem Kind und seinen Eltern. Dieser sollte im Vorfeld im pädagogischen Team geplant werden. Dies trifft besonders auf Kinder zu, die die Kommunikationssprache(n) nicht verstehen, und ganz besonders auf Flüchtlingskinder mit traumatischen Erlebnissen.

erste Kontakte knüpfen

Die Eltern oder sonstige Bezugspersonen des Kindes dürfen am ersten und auch an den folgenden Tagen länger in der Kita bleiben. Es werden erste Kontakte zwischen Kindern, Eltern und Pädagoginnen hergestellt. Vielleicht gibt es mehrere Kinder in der Kita, die dieselbe Sprache zu Hause sprechen.

Die Pädagogin versucht, im Vorfeld wichtige Phrasen in der Muttersprache des Kindes zu lernen:

Floskeln lernen

„Guten Tag. Ich heiße Véronique. Wie heißt du? Womit willst du spielen? Spielen wir zusammen?“
„Bonjour. Je m'appelle Véronique. Comment tu t'appelles? Tu veux jouer avec quoi? Est-ce qu'on joue ensemble?“

Dies gibt dem Kind Vertrauen in seine neue Umgebung. Oft spielen Kleinigkeiten beim Aufbau einer ersten Vertrauensbasis eine große Rolle.

Kind direkt ansprechen

Beim ersten Kontakt mit der Familie spricht die Pädagogin zuerst das Kind an:

„Guten Morgen.“

Sie wendet sich dann an dessen Begleitpersonen, wünscht ihnen auch einen guten Morgen und sieht dann wieder das Kind an:

„Schön, dass du da bist! Du hast deine Mutter und deinen Vater mitgebracht.“ (zeigt auf die Mutter und auf den Vater)

„Und einen Teddybären hast du auch dabei.“ (zeigt auf den Teddybären. Im Vorfeld wird den Eltern mitgeteilt, dass die Kinder besonders am ersten Tag ihr Lieblingsplüschtier mit in die Kita bringen sollen.)

„Der sieht richtig süß aus. Hat er einen Namen?“ (…)

Versteht das Kind die Kommunikationssprache nicht, so versucht die Pädagogin, die Frage in der Erstsprache des Kindes zu wiederholen:

„Il s'appelle comment?“ (Wie heißt er?)

„Et toi, tu t'appelles comment?“ (Wie heißt du?)

Die Pädagogin wiederholt den Namen des Kindes und schaut dieses fragend an, um sich zu vergewissern, ob sie den Namen auch korrekt ausgesprochen hat. Nun sollten auch die Eltern einbezogen werden.

TIPP

Die Betonungen gleicher Wörter in unterschiedlichen Sprachen können sehr verschieden sein. Die Betonung der Namen kann anhand eines eigenen Systems festgehalten werden: z.B. Strich unter den Laut, der betont wird. Der Vorname des Kindes oder die Namen der Eltern können auch mehrere Male nachgesprochen werden, bis das Kind oder die Eltern zu verstehen geben, dass diese korrekt ausgesprochen wurden.

Anschließend hängt das Kind seine Jacke auf „seinen“ Haken, über dem sein Name steht, und wird mit seinen Eltern in den Raum geführt. Dabei versucht die Pädagogin, die Kinder, die bereits im Raum sind, einzubeziehen:

erste Kontakte herstellen

„Michael ist auch schon da. Schau, Emilie und Roxane spielen mit dem Bauernhof.“

Gibt es in der Gruppe ein Kind, welches die Erstsprache des Kindes versteht, versucht die Pädagogin, einen ersten Kontakt herzustellen:

„Pedro spielt mit dem Lastwagen. Er spricht auch französisch.“

Die verschiedenen Ecken werden dem Kind und den Eltern gezeigt. Die Eltern erkennen die Offenheit gegenüber anderen Sprachen und Kulturen an den mehrsprachigen Plakaten, an den mehrsprachigen Bilderbüchern und an den Namensschildern der Kinder, die bereits länger in der Kita sind.

gemeinsames Spiel

Das Kind wird dann gefragt, womit es gerne spielen möchte. Diese Frage lässt sich die Pädagogin am besten auch im Vorfeld in die Erstsprache der Kinder übersetzen. Sie setzt sich zum Kind, auch die Eltern dürfen gerne im Raum bleiben und, wenn sie Lust haben, mitspielen. Während des Spiels versucht die Pädagogin, andere Kinder einzubeziehen.

Phrasen einsetzen

Im Laufe der ersten Tage gebraucht die Pädagogin immer wieder dieselben Phrasen in demselben Kontext. Diese ermöglichen den Kindern, sich schnell im Alltag zurechtzufinden, v.a. wenn sie die Kommunikationssprache nicht verstehen:

„Wir ziehen unsere Jacke aus. Jetzt frühstücken wir. Wir waschen unsere Zähne. Wir ziehen unsere Pantoffeln an. Jetzt müssen wir aufräumen. Muss jemand auf die Toilette? Wir setzen uns in den Stuhlkreis.“

Um diese Sätze zu verstehen, brauchen die Kinder kein tief greifendes Verständnis von Satzbau und Grammatik, das eine oder andere Signalwort reicht aus. Sobald das Wort „Stuhlkreis" fällt, werden die Stühle gerückt.

alle Kinder einbeziehen

Während der ersten Tage fühlen sich häufig Kinder aus anderen Kulturkreisen fremd. Sie verstehen die Sprache nicht, fühlen sich daher in vielen Situationen ausgegrenzt. Viele Rituale und Alltagshandlungen sind ihnen nicht bekannt. Umso wichtiger ist es, dass die Pädagoginnen immer wieder alle Kinder einbeziehen und selbst viel mit den Kindern spielen bzw. gemeinsame Aktivitäten anbieten.

5.4 Eingewöhnungsphase

Gefühl der Ausgrenzung

Kinder, die erst wenig Kontakt mit der oder den Kommunikationssprachen hatten, demnach mit der oder den Sprachen, die in der Kita als gemeinsame Verständigungs- und Integrationssprachen gebraucht werden, erleben Sprache oft als Ausgrenzung. Mit den Kompetenzen, die sie in ihrer Erstsprache erworben haben, können sie plötzlich in vielen Situationen nichts mehr anfangen.

Umso wichtiger ist es, dass die Pädagoginnen am besten schon am ersten Tag wissen, welche Sprachen die einzelnen Kinder verstehen und sprechen. Ältere Kinder können sofort als Dolmetscher eingesetzt werden, Kinder, die die gleiche Sprache sprechen, sitzen im Stuhlkreis nebeneinander und gehen anschließend in derselben Gruppe einer bestimmten Aktivität nach.

Wichtig ist auch, dass sich das pädagogische Team seiner eigenen mehrsprachigen Kompetenzen bewusst ist und dass die einzelnen Pädagoginnen diese besonders auch während der ersten Wochen gezielt einsetzen.

Verständnis aufbauen

Um das Verständnis aller Kinder dafür anzuregen, dass Sprachen nicht nur Brücken bauen, sondern auch ausgrenzend sein können, werden Situationen geschaffen, in denen sich auch die Kinder, die eine der Kommunikationssprachen verstehen, plötzlich ausgeschlossen fühlen. Kinder, die im Laufe des Kita-Alltags keine Schwierigkeiten kennen, um zumindest die Pädagoginnen und die meisten anderen Kinder zu verstehen, befinden sich plötzlich in einer ungewohnten Situation: Eine Geschichte wird bspw. in einer ihnen fremden Sprache erzählt oder ein kurzer Filmclip in einer ihnen fremden Sprache angeschaut.

Anschließend wird darüber gesprochen, wie schwierig und anstrengend es ist, den Ablauf der Geschichte einigermaßen zu verstehen, ohne die Sprache zu kennen, und dass einige Kinder in der Gruppe sind, die sich oft in solchen Situationen befinden.

Floskeln verwenden

Während der ersten Kontaktwochen und -monate spielen die bereits erwähnten formelhaften Wendungen, die sogenannten Floskeln oder Phrasen, auf Englisch „Chunks" genannt, eine wichtige Rolle. In denselben Situationen werden immer wieder dieselben Äußerungen auf dieselbe Art und Weise von den Pädagoginnen gebraucht. Den Äußerungen wird dadurch eine bestimmte Bedeutung zugeschrieben, sie können auch außerhalb des entsprechenden Kontextes schnell verstanden werden.

eine Sprache lernen als aktiver Prozess

Einige Kinder gebrauchen diese Floskeln selbst schon nach ein paar Wochen in der für sie neuen Sprache. Allerdings ist es ganz normal, dass nicht alle Kinder dies tun und dass sich einige auch noch nach mehreren Monaten auf ihre starke Sprache, bspw. Deutsch, beschränken. Dies ist besonders dann der Fall, wenn die Kinder wissen, dass die Pädagogin beide Sprachen versteht. Umso wichtiger ist die Planung von sogenannten „monolingualen Situationen", in denen eine Sprache im Mittelpunkt steht und die Kinder konsequent angeregt werden, die „Floskeln" selbst zu produzieren (Kap. 3.2, Prinzipien 7 und 8): Eine Sprache lernen wird als aktiver Prozess verstanden, das Kind muss sich selbst in diesen Prozess einbringen. Zuhören allein reicht demzufolge nicht aus.

In bilingualen Kitas werden wichtige „Chunks" in beiden Sprachen angeboten.

kontextualisierte Äußerungen

Die Interaktionen mit den Kindern müssen v.a. in dieser Eingewöhnungsphase so weit wie möglich kontextualisiert sein. Die sprachliche Äußerung wird durch die parallele Handlung verständlich und zudem durch Mimik und Gestik untermauert. Die Botschaft wird klar, obschon das rein Sprachliche nicht unbedingt verstanden wird. Neben Mimik und Gestik können auch Gegenstände, Handlungen, Bilder und Fotos das Verständnis unterstützen. Das Kind stellt dadurch eine Beziehung zwischen dem Gesagten und dem Gezeigten her und gleichzeitig zwischen dessen Bedeutung und Funktion. Diese Herangehensweise trifft in bilingualen Kitas selbstverständlich auf beide Kommunikationssprachen zu. Im folgenden Kapitel 5.5 wird dies anhand eines ersten Rahmenthemas aufgezeigt.

Nach den Empfehlungen von Fürstaller et al. (2012) auf Basis eines Projektes in Wien zur Gestaltung von Eingewöhnungsprozessen in der mehrsprachigen Lebenswelt Kindergarten, an dem vier Einrichtungen teilnahmen, sind v.a. folgende Punkte besonders zu beachten:

vertrauensfördernde Gespräche

- Bedeutung der Zuwendung, Wertschätzung und Sicherheit: In einem Umfeld, welches diese Aspekte in den Mittelpunkt stellt, fühlen sich die Kinder verstanden, finden ihren Platz und können ihre sprachlichen Kompetenzen entfalten.

- Gespräche über Trennung und Trennungserfahrungen: Viele Kinder brauchen während der Eingewöhnungsphase regelmäßige Gespräche über die Trennung von ihren Vertrauenspersonen. Dies trifft besonders, aber nicht nur auf Flüchtlingskinder bei der Bewältigung ihrer Erfahrungen zu. Der Einbezug einer Person, die die Erstsprache des Kindes spricht, ist in dem Zusammenhang sehr wertvoll.
- Gespräche über Gefühle, Erlebnisse und Konflikte: Kinder brauchen Situationen, in denen Gefühle, Erlebnisse und Konflikte ausgedrückt und verarbeitet werden können.
- Wertschätzung der Erstsprachen: Diese wird in der Interaktion mit den Kindern und Eltern vermittelt genauso wie die Freude allgemein an Sprachen und am Sprachenlernen.

Bewusstsein für Sprachen fördern

Im Laufe der Eingewöhnungssprache wird bereits das Sprachenbewusstsein der Kinder auf vielfältige Art und Weise gefördert. Folgende Überlegungen stehen dabei im Blickpunkt:

- In unserer Kita wird nicht nur eine Sprache gesprochen!
- Wie heißen die verschiedenen Sprachen, die bei uns in der Kita gesprochen werden?
- Welches Kind spricht welche Sprachen?
- Welche Kinder sprechen dieselbe Sprache?

Folgende Ideen beziehen sich beispielhaft auf Möglichkeiten der Bewusstseinsförderung:

Sprachen zuordnen

1. Die Kinder ordnen sich einander zu: In einer ersten Phase überlegt jedes Kind, ob es zu Hause eine, zwei oder vielleicht sogar drei Sprachen spricht. Für jede Sprache bekommt es ein Foto von sich selbst. In einer zweiten Phase werden alle Sprachen der Kinder anhand von Symbolen dargestellt: entsprechende Landesfahne, sofern diese Zuordnung möglich ist, eine bestimmte Farbe oder ein Foto eines typischen Gegenstandes, der dem Land zugewiesen werden kann. Die Fotos der Kinder werden dann den Sprachen zugeordnet. Die Kinder sind die Experten „ihrer" Sprache.

Buntes Spinnennetz: Weitere Fotos der Kinder werden auf einem großflächigen Packpapier befestigt. Mit verschiedenfarbigen Wollfäden werden diejenigen Kinder miteinander verbunden, die sich in einer gemeinsamen Sprache unterhalten können. Ein Kind, welches mehrere Sprachen spricht, wird demnach Bestandteil mehrerer „Spinnennetze".

2. Handpuppen einsetzen: Max, die große Handpuppe mit der blauen Hose und dem gelben Pullover, spricht deutsch. Max versteht keine andere Sprache.

einsprachige Handpuppen

In der deutsch-englischen Kita spricht Max deutsch und Elisabeth, die schön gekleidete Handpuppe mit den langen roten Haaren, englisch. Sie trinkt am liebsten Tee und versteht „nur" Englisch.

Auch die Erstsprachen der Kinder können durch Handpuppen dargestellt werden: Paulo kommt aus Portugal, Irina aus Russland und Azra aus der Türkei. Sie alle verstehen und sprechen „nur" ihre Erstsprache und haben noch etwas gemeinsam: Am liebsten erzählen sie Geschichten! Aus diesem Grund tauchen sie immer wieder mit einem neuen Buch auf. Sie sind demnach nicht immer anwesend und lernen demzufolge nur ein paar Wörter Deutsch, sind aber selbstverständlich allen Sprachen gegenüber offen und wollen auch immer wieder neue Wörter aus anderen Sprachen kennenlernen.

Organisation der Sprachen

Die Pädagogin kann die „Organisation" der Sprachen über den Einsatz der Handpuppen leicht steuern. Sie schafft „monolinguale Phasen" (eine Handpuppe taucht auf) oder „bi- bzw. multilinguale Phasen" (zwei oder mehrere Handpuppen tauchen gemeinsam auf). In bilingualen Phasen, in denen die Kontrastierung der Sprachen im Mittelpunkt steht, will z.B. die zweite Handpuppe unbedingt wissen, was dieses oder jenes Wort bedeutet:

> Max: „Du baust ein Schiff."
> Elisabeth: „Ein Schiff? I do not understand, what this means?"
> Pädagogin: „Ein Schiff heißt auf Englisch a ship."
> Elisabeth: „Schiff – ship, that's easy!"

Die Einführung der jeweiligen Handpuppe zu Beginn des Schuljahres geschieht am einfachsten über ein neues Buch, welches von der Handpuppe, die plötzlich auftaucht, erzählt wird.

Folgende Spiele helfen den Kindern, Sprachen zu erkennen und voneinander zu unterscheiden. Dabei reicht es aus, auf das Betonungsmuster und die Sprechmelodie zu achten, verstehen müssen die Kinder die Äußerungen nicht:

Erstsprachen gebrauchen

3. Mehrsprachiges Namenspiel: Die Kinder sitzen im Kreis. Die Pädagogin sagt ihren Namen: „Ich heiße Debora." Sie gibt einem Kind den Ball: „Wie heißt du?" Das Kind nimmt den Ball und antwortet in seiner Erstsprache: „Je m'appelle Jérôme." Er gibt seinerseits den Ball einem nächsten Kind: „Comment tu t'appelles?"

Jedes Mal wird überlegt, welche Sprache gerade gebraucht wurde: „Ich heiße Debora. Ich spreche deutsch. Tu t'appelles Jérôme. Tu parles ...?"

Am Anfang ist es nicht immer leicht für die Kinder, zwischen den Sprachen hin und her zu wechseln. Sie sind gewohnt, in gemeinsamen Situationen die Kommunikationssprache Deutsch zu verwenden. In mehrsprachigen Gruppen, in denen die unterschiedlichen Sprachen bewusst eingesetzt und „visualisiert" werden, stellt dies allerdings nach einiger Zeit kein Problem mehr dar.

Sprache erkennen

4. Wer spricht gerade?: Die Handpuppen verstecken sich zusammen mit der Pädagogin hinter dem Schrank. Diese hat sich einige Sätze in den Erstsprachen der Handpuppen aufgeschrieben. Die Kinder sollen erraten, welche Handpuppe gerade spricht. Vielleicht verstehen sie auch den Inhalt der Äußerung:

J'ai faim. Je veux manger une banane.
Ich habe Hunger. Ich will einen Apfel essen.
I'm hungry. I would like to eat an orange.
Açım. Bir domates yemek istiyorum.

Ein Übersetzerprogramm (z.B. translate.google.com) kann die verschiedenen Äußerungen vorspielen. Die Übersetzungen sollten allerdings im Voraus überprüft werden, v.a. wenn es sich um ganze Sätze handelt. Von der beiliegenden CD der Publikation „Sprachtherapie mit mehrsprachigen Kindern" (Schmidt 2014a) können viele Beispiele mit unterschiedlichem Schwierigkeitsgrad in sechs Sprachen (Deutsch, Französisch, Portugiesisch, Türkisch, Russisch und Polnisch) ins Übersetzerprogramm kopiert und dann vorgespielt werden.

5. Welche Sprache ist das?: Mittlerweile gibt es eine Reihe von mehrsprachigen Büchern, denen eine Audio-CD beiliegt. Auf der CD wird die Geschichte oft in mehreren Sprachen erzählt. Die Kinder versuchen, jeweils zu erkennen, welche Sprache die Pädagogin ausgewählt hat.

Während des gemeinsamen Spaziergangs durch den Stadtpark spielen die Kinder „Detektiv“ und versuchen, so viele unterschiedliche Sprachen wie möglich aufzuspüren. Auf dem Spielplatz „schleichen“ sie sich an andere Kinder und deren Eltern heran und versuchen, zu bestimmen, welche Sprache sie sprechen.

Sprachendetektiv

Mithilfe der Pädagogin können sie ihre Vermutung durch die direkte Befragung der Kinder und Eltern überprüfen.

6. Visual landscaping: Die Sprachenvielfalt wird, wie weiter oben beschrieben, anhand der Handpuppen, von mehrsprachigen Büchern oder Schriften (z.B. auf Plakaten) sichtbar gemacht. Der Fokus kann auch auf der Visualisierung der unterschiedlichen Sprachen anhand von alltäglichen Gegenständen liegen, wie z.B. anhand von Lebensmittelverpackungen. Für die Kinder ist es spannend, die unterschiedlichen Schriften zu vergleichen, z.B. die lateinische mit der kyrillischen Schrift und besonders mit chinesischen Schriftzeichen oder der japanischen oder koreanischen Schrift.

Sprachen sichtbar machen

7. „Sacs d’histoires“: Dieses Projekt stammt von den Unterrichtsministerien aus Kanada und England und wurde von vielen Ländern, z.B. von der Schweiz und von Luxemburg, übernommen. Ein mehrsprachiges Buch, vielleicht auch ein Plüschtier, ein Gesellschaftsspiel, das zum Thema des Buches passt, und bestimmte Gegenstände, auch passend zum Thema, werden für zwei, drei Tage, meistens übers Wochenende, von einem Kind in einem „Rucksack“ mit nach Hause genommen. Jedes Kind legt zu Hause einen weiteren Gegenstand zum Thema hinzu: z.B. ein gemaltes Bild und ein Foto, auf denen die Eltern dem Kind das Buch in deren Erstsprache erzählen. Diese Gegenstände oder Fotos stehen dann jeweils am kommenden Morgen während des Morgenkreises im Mittelpunkt des (sprachfördernden) Gespräches.

Eltern einbeziehen

5.5 Erstes Rahmenthema: Geburtstag feiern

Dieses erste Rahmenthema wendet sich an Kinder, die erst wenig Kontakt mit der oder den Kommunikationssprachen, im Folgenden mit der Kommunikationssprache Deutsch und, in bilingualen Kitas, mit einer weiteren Sprache, z.B. Englisch, hatten. Die unterschiedlichen Ideen und Formate, die innerhalb dieses Rahmenthemas aufgezeigt werden, können durchaus auch an Kinder angepasst werden, die gute sprachliche Kompetenzen in einer der Kommunikationssprachen besitzen. Des Weiteren können sie auf jedes belie-

erste Sprachkompetenzen erwerben

bige Thema übertragen oder aber ohne Bezug auf ein zentrales Rahmenthema umgesetzt werden.

zehn Prinzipien konsequent einbeziehen

Innerhalb der verschiedenen Aktivitäten wird den zehn zentralen Prinzipien der Kontrastoptimierung (Kap. 3) konsequent Rechnung getragen.

1. Prinzip: Sprachfördernde Aktivitäten ergänzend zur alltagsintegrierten Sprachförderung

Die alltagsintegrierte Sprachförderung wird speziell am Ende dieses Kapitels noch einmal genauer thematisiert.

alltagsrelevante Themen

Ausgangspunkt der Planung sprachfördernder Aktivitäten bilden die Interessen und Bedürfnisse der Kinder. Zu Beginn sind besonders Themen, die mit dem Kita-Alltag in Verbindung stehen, sinnvoll:

- Der erste Tag mit den damit verbundenen Gefühlen der Kinder: Freude, Neues zu erleben und neue Beziehungen aufzubauen, Trennungsangst, sich allein fühlen. In vielen Büchern werden diese und ähnliche Gefühle thematisiert, z.B.: „Das Farbenmonster" (Anna Llenas und Katrin Behringer), „Heule Eule" (Paul Friester und Philippe Goossens), „Toutes Les Couleurs" (Alex Sanders) oder „Heute bin ich" (Mies van Hout).
- Spielsachen, die sich in der Kita befinden, aber auch Spielsachen, mit denen die Kinder am liebsten zu Hause spielen. Einerseits stehen die Interessen der Kinder im Mittelpunkt, andererseits kann der Kontakt mit dem Elternhaus intensiviert werden. Vielleicht gibt es kulturspezifische Spiele oder Spiele, die die Kinder besonders gerne mit ihren Eltern oder Großeltern spielen. Diese bringen die Kinder mit zur Kita. Am besten kommen die Eltern oder Großeltern auch mit, sodass die Spiele gemeinsam ausprobiert werden können. Während des Spiels fragt die Pädagogin nach den Bezeichnungen wichtiger Gegenstände oder Handlungen in der Erstsprache des Kindes. Die Bezeichnungen werden mit dem deutschen Wort verglichen, in bilingualen Kitas mit dem entsprechenden Wort in beiden Sprachen. Unter Umständen ähneln sich die Wörter in den verschiedenen Sprachen: Semantische Freunde werden gesucht.
- Lebensmittel: Auch dieses Thema stellt einen direkten Bezug zum Alltag des einzelnen Kindes dar und eignet sich deshalb ganz besonders als Einstiegsthema. Die Kinder bringen selbst ein Pausenbrot, Obst, Gemüse und Wasser oder Milch mit in die Kita. Gelegentlich wird das Frühstück gemeinsam zubereitet: Brote werden belegt, ein Obstsalat und ein frisch gepresster Saft hergestellt. An einem Tag in der Woche stehen die Gebräuche der Kinder im Mittelpunkt, auch unter Einbezug der Eltern: Ein Butterbrot und Schokoladenmilch mag das deutschsprachige Mädchen

besonders gerne, Baguette und Croissant dürfen beim französischen „Petit-déjeuner" nicht fehlen, die Xerotigana, die typisch griechische Honigschnecke, gehört zum griechischen Frühstück.

In den folgenden Einheiten steht das Rahmenthema „Geburtstag" im Mittelpunkt, welches auch aus mehreren Gründen als Einstiegsthema gut geeignet ist:

Rahmenthema „Geburtstag"

- **Interessen der Kinder einbeziehen:** Die Kinder haben einen direkten Bezug zum Thema Geburtstag. Zudem wird ganz besonders der eigene Geburtstag mit positiven Erfahrungen assoziiert: Das Kind steht im Mittelpunkt, es darf die Kerzen auf dem Geburtstagskuchen ausblasen, die eingeladenen Gäste singen das Geburtstagslied, in dem sein Name vorkommt, es erhält Geschenke, mit denen es dann auch mit seinen besten Freunden und Freundinnen spielen darf.

  positive Erfahrungen

- **Interkulturelle Ausrichtung:** Die Eltern des Geburtstagskindes werden einbezogen, die besonderen Gebräuche thematisiert. Das Geburtstagskind bringt sein Geschenk, welches es von den Eltern oder Großeltern erhalten hat, mit in die Kita. Die Geschenke werden auf Deutsch benannt und in die Erstsprache des Kindes übersetzt. Auch andere Sprachen werden einbezogen. Ähneln sich die Bezeichnungen in den verschiedenen Sprachen?

  Gebräuche thematisieren

- **Vielseitigkeit der Formate:** Das Thema kann beliebig ausgeweitet und angepasst werden. In Rollenspielen werden bspw. Spielsachen aus der Kita „verschenkt", sodass die Kinder die Bezeichnungen derselben kennenlernen. Während der Geburtstagsparty wird ein Kuchen gebacken, oder es werden Kekse dekoriert. Zudem werden Geburtstagsspiele geplant und durchgeführt. Die Kinder malen dem Geburtstagskind ein Bild oder basteln ein Geschenk.

  vielseitige Formate

- **Bücher und Lieder einbeziehen:** Es gibt eine Vielfalt Bücher zum Thema „Geburtstag", ein-, aber auch mehrsprachige: „Lieselotte feiert Geburtstag" (Alexander Steffensmeier), „Ein Geburtstagsfest für Lieselotte" (Alexander Steffensmeier) oder „Le loup qui fêtait son anniversaire" (Orianne Lallemand). Die Geburtstagslieder können in mehreren Sprachen gesungen oder anhand einer Hör-CD vorgespielt werden: „Alles Geburtstag! Lieder für den kleinen Raben Socke" (Raabe Socke, Künstler; Various, Künstler) oder „Die Schönsten Kinderlieder – Zum Geburtstag" (Various, Künstler).

- **Differenzierung des Sprachangebotes:** Die Auswahl geeigneter Bücher durch die Pädagogin hängt von den sprachlichen Kompetenzen der Kin-

  Sprachinput anpassen

der ab. Auch die Umsetzung der Geschichten als Rollenspiele (weiter unten) sieht je nach Sprachkenntnissen der Kinder anders aus. Ebenso bestimmt die Planung der Geburtstagsspiele den sprachlichen Umsatz. Kinder unterschiedlicher Erstsprachen greifen schnell erste Wörter des Geburtstagsliedes auf und singen mit.

Flüchtlingsfamilien

- **Flüchtlingsfamilien einbeziehen:** Die erwähnten Gesichtspunkte zeigen, dass dieses Einstiegsthema auch in Gruppen geeignet ist, in denen sich Flüchtlingskinder befinden. Das Thema ist in der Regel mit positiven Erfahrungen und Erlebnissen assoziiert, an die die meisten Kinder gerne zurückdenken. Dies ist v.a. dann der Fall, wenn nahe Bezugspersonen, die an früheren Geburtstagsfeiern teilnahmen, mit einbezogen werden können. Für Flüchtlingskinder, die ohne nahe Bezugspersonen eingereist sind, ist die regelmäßige Präsenz einer Dolmetscherin äußerst wertvoll. Eine Person, die ihre Sprache spricht, baut leichter ein erstes Vertrauen auf. Das Kind kann dann auch seine persönlichen Erlebnisse mitteilen und über besondere Gebräuche und Traditionen aus seinem Herkunftsland erzählen.

im Voraus informieren

Die Pädagogin sollte sich, wenn möglich, im Vorfeld mit den Bezugspersonen des Flüchtlingskindes über das jeweilige Thema unterhalten, bevor sie das Kind nach dessen Erfahrungen befragt. Dies trifft v.a. auf religiöse Feste und Traditionen zu. Meistens waren diese Feste für die Kinder, aber auch für deren Eltern, eine rare Abwechslung vom Krieg. In Berichten kann man z.B. von einer „gewissen Weihnachtsatmosphäre" lesen, die trotz „niederdrückender Kriegsstimmung" vorhanden war (Zenari 2015). Allerdings können Religion und religiöse Feste auch oft mit Angst verbunden sein, v.a. für Familien, die einer religiösen Minderheit angehören. Die Angst vor Verfolgung, Unterdrückung und Verschleppung war häufig präsent.

TIPP

Um keine ungewollten Reaktionen auf traumatische Erlebnisse hervorzurufen, empfiehlt es sich, vor dem Behandeln eines möglicherweise empfindlichen Themas, den Rat eines Dolmetschers einzuholen!

Mit entsprechenden Suchbegriffen wird man auf Internetseiten verwiesen, auf denen auch zahlreiche Informationen über Gebräuche und Traditionen aus den Flüchtlingsländern zu finden sind. Oft stößt man zusätzlich auf Erfahrungsberichte von Flüchtlingsfamilien oder von Familien, die in ihrem Heimatort geblieben sind.

BEISPIEL

Im Irak hat z.B. die Weihnachtsfeier für viele Familien einen besonderen Stellenwert. Als „besonders schmerzhaft" hat allerdings Khalida aus Karakosch im Irak die Weihnachtsfeiern während der zwei Jahre empfunden, in denen sie mit ihrer Familie als Binnenflüchtling in Zelten oder Wohnwagen wohnte. Es gab zwar auch dort „Weihnachtsfeierlichkeiten", die von Priestern für die Flüchtlinge organisiert wurden, allerdings hat Khalida die Feier in ihrem eigenen Wohnhaus sehr vermisst (www.portesouvertes.ch).

Sprachfördernde Formate: Bücher und Rollenspiele

1. **„Kasimir backt" (Lars Klinting)**

Das Buch von Lars Klinting wird den Kindern als Einstieg in das Thema erzählt. Die eigentliche Geschichte wird im Buch anschaulich anhand der Bilder dargestellt, sodass auch die Kinder, die noch kein oder nur wenig Deutsch verstehen, die Handlung leicht nachvollziehen können:

Kasimir hat Geburtstag. Frippe wünscht ihm mit einem Blumenstrauß alles Gute und hilft ihm dann beim Backen eines Kuchens. Die verschiedenen Etappen bis hin zum Dekorieren des Geburtstagskuchens sind im Buch abgebildet. Plötzlich klingelt es an der Tür. Kasimirs Freunde schenken Kasimir eine neue Schüssel zum Geburtstag. Zum Schluss wird das Geburtstagslied gesungen und der Kuchen aufgeschnitten.

zentrale Bedeutung von Rollenspielen

Die Geschichte wird als Rollenspiel umgesetzt: Dem Spielen an sich, insbesondere aber dem Rollenspiel, kommt eine zentrale Bedeutung in der Förderung ein- und mehrsprachiger Kinder zu (Datler/Studener-Kuras 2013, 20). Kinder im Alter von drei bis sechs Jahren schlüpfen „in unterschiedliche Rollen und Identitäten und erproben sich in verschiedenen Spielwelten: Als Hexen, Piraten und Tierfiguren, auf Abenteuerfahrten und in Märchenwelten erleben sie sich in den jeweiligen Rollen als stark, verwegen, wild und schwach, mutig, ängstlich, hübsch, reich, königlich und magisch". Mit einem hohen Maß an Begeisterung und Freude teilen sich die Kinder in diesen Fantasiewelten mit.

reichhaltige Dialoge

In freien und gelenkten Rollenspielen steht die Interaktion zwischen den Kindern vermehrt im Mittelpunkt. Basieren die Dialoge, die während des Rollenspiels umgesetzt werden, auf einer Geschichte, die den Kindern im Voraus, unter Umständen sogar mehrfach erzählt wurde, kann die Komplexität der sprachlichen Anforderungen von der Pädagogin gesteuert werden: Während des Erzählens der Geschichte können Ideen, Gedanken, Wünsche und

Gefühle in ganz einfachen Sätzen oder anhand von komplexeren Strukturen ausgetauscht werden.

Dialoge anpassen

Kasimir und Frippe (obiges Beispiel) sind in der Küche und backen einen Geburtstagskuchen. Im Kochbuch schauen sie jeweils nach, welche Zutaten sie noch brauchen:

- Beispiel eines sprachstrukturell einfachen Dialogs (auf die erste Gruppe der „fiktiven" Einteilung in Kap. 4.3 zugeschnitten):

Kasimir: „Was brauchen wir noch?"
Frippe: „Butter und Zucker!"
Kasimir: „Du nimmst die Butter. Ich nehme den Zucker."

- Beispiel eines sprachstrukturell anspruchsvolleren Dialogs (auf die zweite Gruppe zugeschnitten):

BEISPIEL

Kasimir: „Was brauchen wir noch? Schaust du bitte im Kochbuch nach?"
Frippe: „Butter und Milch!"
Kasimir: „Du nimmst die Butter. Die Butter steht im Kühlschrank. Ich nehme den Zucker. Weißt du, wo der Zucker steht?"
Frippe: „Im Schrank. Der Zucker steht oben im Schrank."

selbst teilnehmen

Die Steuerung durch die Pädagogin gelingt umso leichter, wenn diese selbst am Rollenspiel teilnimmt. Einerseits präsentiert sie einen gut strukturierten Input, andererseits verleitet sie die Kinder durch entsprechende Impulse und Fragen dazu, sich zu äußern und sprachlich aktiv am Rollenspiel teilzunehmen. Mögliche Rollenspielvarianten:

- Max, die große Handpuppe, die als Erstsprache Deutsch spricht, hat Geburtstag. Die Kinder backen einen „richtigen" Kuchen. Genau wie im Buch wird zum Schluss das Geburtstagslied gesungen und der Kuchen aufgeschnitten. Selbstverständlich schenken die Kinder Max eine Krone, die sie selbst ausgeschnitten und bemalt haben. Zudem erhält Max auch zum Geburtstag eine neue Schüssel, seine alte sieht doch schon sehr alt aus!
- Die beiden Handpuppen, Kasimir, der große, und Frippe, der kleine Biber, backen einen Kuchen in der Spielküche. Genau wie im Buch werden die

verschiedenen Lebensmittel und Utensilien aus dem Schrank oder dem Kühlschrank genommen.

- Als beliebter Schauplatz für die Aufführung der Geschichte dient das Handpuppentheater. Die Handpuppen oder Plüschtiere spielen ihre Geschichte auf einer Bühne. Diese kann ganz unterschiedlich aussehen: eine Bühne mit Vorhang (Abb. 9) bis hin zu einem einfachen Tisch, hinter dem die Darsteller sitzen.

Theateraufführung

- Beliebt bei den Kindern ist auch das aus dem Japanischen kommende Kamishibai, übersetzt „Papiertheaterspiel". Die Vorführer des Kamishibai erzählen mit kurzen Texten zu den Bildern des jeweiligen Buches, die wechselnd in einen bühnenähnlichen Rahmen geschoben werden. Die Figuren des Buches können zusätzlich kopiert, ausgeschnitten und an Stäben befestigt werden, sodass eine größere Variation an Interaktionsmöglichkeiten besteht. Eine weitere Möglichkeit ist das Nachspielen der Geschichte mit selbst gebastelten Pappfiguren auf Schaschlikspießen.

2. **„Der Bär schreibt heute Briefe" (Axel Scheffler und Julia Donaldson)**

Das Buch von Scheffler und Donaldson ist anschaulich gemalt, sodass auch diese Geschichte ohne zusätzliche Informationen von den Kindern verstanden wird: Der Bär möchte seinen Geburtstag feiern und macht sich auf den Weg, um seinen drei besten Freunden eine Einladungskarte zu überreichen. Das Eichhörnchen, der Frosch und der Maulwurf nehmen die Einladung dankend an und klingeln zum Schluss mit dem passenden Geburtstagsgeschenk an der Tür des Bären.

Dieses Buch kann genau wie das vorherige unterschiedlich als Rollenspiel umgesetzt werden:

- Die Kinder übernehmen die Rolle der einzelnen Tiere, mit oder ohne entsprechende Handpuppen. Der Bär wohnt in einer Höhle, die mit Tischen „gebaut" und mit einem braunen Tuch umwickelt wird, das Eichhörnchen wohnt auf dem Baum, dargestellt als Stuhl, der auf einem größeren Tisch steht, der Frosch sitzt auf einem Blatt auf dem Teich, dargestellt als kleiner (grüner) Teppich, der auf einem größeren (blauen) Teppich liegt, und der Maulwurf wohnt unter der Erde, dargestellt als Spieltunnel, durch den man kriechen kann.
- Die Geschichte spielt sich im Wald ab: Auf einem größeren Plakat werden die Höhle des Bären, der Baum des Eichhörnchens, der Teich des Frosches und der Bau des Maulwurfs aufgezeichnet und mit Wasserfarben ausgemalt. Anhand der Tiere, die aufgezeichnet, gefärbt und ausgeschnitten

Plakat anfertigen

oder aber kopiert und ausgeschnitten werden, wird die Geschichte gespielt.

3. „Eine Kiste Nichts“ (Lena Hesse)

Das Buch von Lena Hesse gibt es in acht verschiedenen Sprachen, der Text des einzelnen Buches ist jeweils in der Kombination Deutsch mit einer der folgenden Sprachen verfasst: Englisch, Französisch, Spanisch, Griechisch, Italienisch, Russisch, Türkisch und Arabisch. Die beiliegende Hör-CD beinhaltet immer alle acht Sprachen.

Sofort auf der ersten Seite des Buches schenkt der Hase dem Huhn eine große Kiste zum Geburtstag. Das Huhn freut sich und steckt seinen Kopf in die Kiste: „Da ist ja gar nichts drin.“ Der Hase erklärt dem Huhn im Laufe des Buches, was man alles mit einer Kiste anfangen kann. Die Ideen des Hasen werden jeweils anschaulich dargestellt: Die Kiste kann als Schiff oder als Auto umgestaltet werden, sie bietet Schutz vor dem Regen, der Sonne und dem Wind, man kann einen Hut und eine Hose basteln, ein Flugzeug und einen Fallschirm bauen und zuletzt ein Haus, in dem man wohnen kann. Das Huhn, wenig überzeugt, denkt über die verschiedenen Ideen nach, will die Kiste aber aufbewahren, um zum gegebenen Moment das Geburtstagsgeschenk des Hasen darin zu verpacken.

Auch die Geschichte dieses Buches wird als Rollenspiel umgesetzt:

- Die Bilder der Geschichte werden im Kamishibai gezeigt und die Geschichte wird erzählt.

Handpuppentheater

- Die beiden Hauptdarsteller der Geschichte, Hase und Huhn, werden gemalt oder kopiert, ausgeschnitten und an einem Stab befestigt. Jedes Kind überlegt sich, was es am liebsten aus einer Kiste basteln würde, malt den Gegenstand auf und schneidet ihn aus. Sicherlich gibt es noch andere Ideen als die, die im Buch dargestellt sind. Das Handpuppentheater bietet dann den motivierenden Rahmen, um die Geschichte „aufzuführen“ (Abb. 9): Kind 1: „Was mache ich mit der Kiste? Die Kiste ist leer!“ Kind 2: „Ich habe eine Idee. Du baust ein Haus auf der Insel.“

Abb. 9: Das Huhn ist nicht von den Ideen des Hasen überzeugt.

Lieblingsgegenstand basteln

- Die Kinder basteln aus Pappkartons ihren Lieblingsgegenstand. Diese werden anschließend im Rollenspiel verwendet (Abb. 10): Pädagogin, in der Rolle des Huhns: „Was mache ich noch mit der Kiste?“ Kind, in der Rolle des Hasen: „Du baust eine Rakete. Du fliegst auf den Mond.“

Abb. 10: Huhn: „Was mache ich mit der leeren Kiste?“ Hase: „Du baust ein tolles Auto!“

4. Prinzip: Gleichgewicht zwischen monolingualen und multilingualen Situationen planen

eine Sprache im Mittelpunkt

Monolinguale Situationen sind dadurch gekennzeichnet, dass die Interaktionspartner zumindest innerhalb eines bestimmten Zeitabschnitts versuchen, sich auf eine einzige Kommunikationssprache zu beschränken (Kap. 3). Diese Sprache kann sein:

- die Kommunikationssprache (Deutsch)
- in bilingualen Kitas die zweite Kommunikationssprache (z.B. Englisch)
- eine andere Erstsprache der Kinder (2. Prinzip, s.w.u.)

Der Anteil an monolingualen im Vergleich zu multilingualen Situationen hängt mit den sprachlichen Kompetenzen der Kinder und der Zielsetzung des pädagogischen Teams zusammen. Kindern mit wenigen Sprachkompetenzen in der Zielsprache wird v.a. in den ersten Wochen öfters die Möglichkeit gegeben, auf ihre Erstsprache zurückzugreifen, um sich verständlich zu machen. Ansonsten erleben diese Kinder die jeweilige „monolinguale Situation" als frustrierend und haben die Tendenz, sich nicht an der Aktivität zu beteiligen. Die Pädagogin schätzt die sprachlichen Fortschritte der Kinder ein und erkennt, inwieweit sie auf den Rückgriff auf eine bestimmte Sprache bestehen kann. Der Einsatz von Handpuppen, die nur eine bestimmte Sprache verstehen und sprechen, hat sich in der Hinsicht besonders bewährt: „Versuche doch, dich auf Deutsch auszudrücken. Max versteht dich sonst nicht!"

sprachliche Anforderungen anpassen

Die Pädagogin hat selbstverständlich auch die Möglichkeit, ihre sprachlichen Anforderungen an die sprachlichen Kompetenzen des jeweiligen Kindes anzupassen. Die Fragen, die sie stellt, sind je nach sprachlichen Kompetenzen des Kindes eher geschlossene Fragen („Was isst du?" „Eine Banane.") oder offene Fragen („Was machst du?" „Ich esse eine Banane."). An der Aufführung des Rollenspiels „Eine Kiste Nichts" als Handpuppentheater mit Kindern, die erst wenig Deutsch verstehen, wird dies deutlich:

BEISPIEL

P (Die Pädagogin hält den Hasen als Stofftier in einer Hand, die leere Kiste in der anderen.): „Happy birthday to you, ..." (Die Kinder werden aufgefordert, mitzusingen.)
P stellt die Kiste vor das Huhn auf den Boden und sagt gleichzeitig: „Ich habe ein Geschenk für dich." Sie zeigt auf das Geschenk: „Du hast Geburtstag."
P nimmt das Huhn: „Danke! Du bist lieb!" Das Huhn schaut in die Kiste: „Die Kiste ist leer." P dreht die Kiste um: „Was mache ich mit der Kiste?"

(P macht eine entsprechende Geste.)
Ein erstes Kind zeigt sein Bild. Vielleicht kennt es die Bezeichnung bereits: „Ein Schiff!" Oder: „Du baust ein Schiff."
P: „Ich baue ein Schiff. Ein schönes Schiff baue ich. (...) Vielleicht." (P macht eine passende Geste.) Das Huhn überlegt: „Was mache ich noch mit der Kiste?" (Die Pädagogin verdeutlicht ihre Frage anhand einer entsprechenden Geste.)
Ein zweites Kind zeigt sein Bild: (...)

Je nach sprachlichen Kompetenzen der Kinder sehen die Fragen der Pädagogin unterschiedlich aus:

- „Was mache ich mit einem Schiff?" (...)
- „Wohin fahre ich mit dem Schiff? (...)
- „Wen nehme ich noch mit?" (...)

Zudem können die Kinder auch die Rollen des Hasen und des Huhns übernehmen.

Die Herangehensweise an das Erzählen von Büchern kann ganz unterschiedlich sein:

zuerst vertraute Sprache

Das Buch wird zuerst in einer Sprache erzählt, die die meisten Kinder verstehen. In dem Fall müssen die Bilder nicht selbsterklärend sein, die Kinder können zusätzliche Informationen zu den Bildern erhalten. Nachdem die Kinder das Buch in ihrer vertrauten Sprache kennengelernt haben, werden sie mit der anderssprachigen Version konfrontiert: „Auf diese Weise erschließen sie einfache Wörter und vor allem wiederkehrende Redemittel in der anderen Sprache, wobei sie die bereits vorhandene Textkenntnis und bei Bilderbüchern auch die Bilder als Semantisierungshilfe nutzen" (Rösch 2013, 154).

zuerst neue Sprache

Das Buch wird zuerst in der Sprache erzählt, die die meisten Kinder nicht und nur wenig verstehen. Die Bilder sollten die Geschichte in dem Fall so anschaulich wie möglich darstellen und die Bücher demnach entsprechend ausgewählt werden. Dieses Vorgehen bringt „die Kinder, die diese andere Sprache sprechen, in eine Expertenrolle und alle erleben, dass diese andere Sprache wertgeschätzt wird, was vor allem, wenn es sich um eine Minderheitensprache handelt, besondere Bedeutung für interkulturelles Lernen hat" (Rösch 2013, 154).

Die Bilderbuchliste, die im Online-Zusatzmaterial zu finden ist, ist erstens in einsprachige und mehrsprachige Bücher unterteilt. Zweitens wird unterschieden zwischen Büchern, die bei Kindern eingesetzt werden können, die noch wenig Kontakt mit der jeweiligen Sprache hatten, und Kindern, die schon bessere Sprachkenntnisse in der jeweiligen Sprache besitzen.

Die drei ausgewählten Bücher bieten sich für beide Varianten an: Die Bilder geben den Ablauf der Geschichte eindeutig wieder. Die Geschichten können zudem einfach und prägnant geschildert werden (5. Prinzip). Zudem bieten die Bücher je nach Sprachkompetenzen der Kinder viele Möglichkeiten, Zusätzliches einzufügen und die eigentliche Geschichte zu erweitern.

Methodik variieren

Die Kinder wollen eine Geschichte immer wieder hören. Es macht aus diesem Grund sicherlich Sinn, die Vorgehensweise zu ändern: Das Buch wird zuerst in der starken Sprache erzählt und in einer späteren Phase in der „neueren" Sprache oder umgekehrt. Wird ein Buch spannend erzählt, so wollen die Kinder unbedingt wissen, wie die Geschichte weitergeht und wie sie endet. Die Kinder hören deswegen ganz besonders beim ersten Erzählen konzentriert zu. Je nachdem, welche Ziele verfolgt werden, kann die eine oder andere Sprache im Fokus stehen und beim ersten Erzählen ausgewählt werden.

Das Buch wird den Kindern mehrmals, auch auf unterschiedliche Art und Weise erzählt:

mono- und dialogisches Erzählen

- monologisches Erzählen der Geschichte: Der Erzähler greift auf das Buch zurück oder auf kopierte Bilder, die er bspw. im Kamishibai zeigt, und erzählt den Kindern die Geschichte, ohne diese direkt einzubeziehen. Er passt die formale Komplexität seiner Sprache an den Entwicklungsstand der Kinder an.
- monologisches Erzählen mit Einbezug von Plüschtieren: Der Einbezug von Plüschtieren wirkt sich förderlich auf die Aufmerksamkeit der Kinder aus. Der Erzähler übernimmt die Rolle der verschiedenen Darsteller.
- dialogisches Erzählen (Einbezug der Kinder): Der Erzähler bezieht die Kinder mit ein, indem er ihnen Fragen stellt oder sie zum Sprechen anregt:

BEISPIEL

„Was macht der Bär im Wald?"
„Wohin geht er jetzt?"
„Wem schenkt er einen Brief?"
„Das Eichhörnchen scheint froh zu sein, oder?"
„Was mag es wohl denken?"

Je nach Sprachkompetenzen übernehmen die Kinder die eine oder andere Rolle. Die oben erläuterte Geschichte „Eine Kiste Nichts" kann so erzählt werden, dass der Hase sehr viel und das Huhn sehr wenig spricht, dementsprechend können die Rollen verteilt werden:

BEISPIEL

Hase: „Ich habe dir ein Geschenk mitgebracht."
Huhn: „Danke! (…) Die Kiste ist leer."
Hase: „Mit der Kiste kannst du viel machen! Du baust ein Schiff!"
Huhn: „Ein Schiff?"
Hase: „Ja, ein Schiff. Und mit dem Schiff fährst du über das weite Meer!"
Huhn: „Über das Meer?"
Hase: „Ja. Oder du bastelst ein Auto!"
Huhn: „Ein Auto?"
Hase: „Ja, ein Auto. Und mit dem Auto fährst du über die Straße."
Huhn: „Über die Straße?"
Hase: „Ja. Oder du reißt dir ein Stück ab, und du bastelst dir einen Hut."
(…)

2. Prinzip: Erstspracherwerb als Fundament mehrsprachiger Kompetenzen verstehen

Die Geschichte wird auch in der Erstsprache der Kinder erzählt:

Personen mit erstsprachlichen Kenntnissen einbeziehen

- Die Eltern, Großeltern oder sonstige Bezugspersonen des Kindes werden einbezogen: Verstehen diese die Sprache, in der das Buch geschrieben ist, können sie die Geschichte in die Erstsprache übersetzen und den Kindern erzählen. Mehrsprachige Bücher haben den Vorteil, dass dies keine Bedingung darstellt. Falls die Möglichkeit besteht, können auch Dolmetscher einbezogen werden, um regelmäßig Geschichten zu erzählen.
- Im pädagogischen Team gibt es vielleicht Personen, die die eine oder andere Erstsprache der Kinder sprechen und einbezogen werden können.
- Vielleicht besteht die Möglichkeit, dass ältere Kinder die Geschichte in der Kita vorlesen.
- Auch sonstigen Personen aus der nahen Umgebung der Kita macht es bestimmt Spaß, ab und zu ein Buch vorzulesen.

In multilingualen Situationen werden mehrere Sprachen bewusst zugelassen.

switchen, um Verständnis abzusichern

Das Buch „Eine Kiste Nichts" wird sofort in der für viele Kinder „neuen" Sprache Englisch erzählt. Die Pädagogin möchte die Aufmerksamkeit der Kinder und deren Verständnis aufrechterhalten und erläutert schwierige Passagen in deutscher Sprache. Zum Beispiel kann die Idee des Hasen, Dinge in die Kiste zu legen, die wertvoll sind, oder Dinge, die man nicht sehen möchte, zu Verständnisproblemen führen:

> P: „You can put stuff in it for example. Valuable stuff. Or things that you don't want to see."

Die Gegenstände (wertvolle und „hinderliche") lassen nicht sofort auf diese Unterscheidung schließen.

Eine Pädagogin, welche beide Sprachen spricht, kann bewusst zwischen den Sprachen „switchen". In einer ersten Phase sollte sie dieses Wechseln von einer zur anderen Sprache jeweils verdeutlichen, bspw. indem sie die Sprache benennt: „Auf Deutsch heißt das …", oder indem sie Handpuppen einsetzt: „Elisabeth, wie heißt das auf Englisch?" Sind sich die Kinder der unterschiedlichen Sprachen bewusst, ist dies nicht mehr unbedingt nötig.

bilinguale Kitas

In Kitas, die dem Prinzip „one person – one language" folgen, nehmen an diesen multilingual orientierten Situationen zwei Pädagoginnen teil. Die Geschichte wird Handlung für Handlung abwechselnd in beiden Sprachen erzählt oder zuerst in der einen und anschließend erst in der anderen Sprache.

Gruppenarbeit

Auch die parallele Arbeit mit zwei Gruppen in unterschiedlichen Sprachen kann motivierend wirken, v.a. wenn die eine Gruppe der anderen Gruppe das Buch zum Schluss in ihrer „Version" und in ihrer Sprache erzählt. Die Kinder achten immer sehr auf Unterschiede oder auf Details, die beim Erzählen vergessen werden. Diese parallele Arbeit kann auch crosslinguistische Gemeinsamkeiten und Unterschiede prägnant hervorstreichen, besonders dann, wenn das Buch von jeder Gruppe im Voraus mehrmals erzählt und vielleicht auch schon als Rollenspiel umgesetzt wurde. Auch das gegenseitige Vorspielen auf einer „Bühne", die mit bestimmten Requisiten dekoriert wurde, erhöht die Motivation.

3. Prinzip: Bewusst Sprachen untereinander in Beziehung setzen

Multilinguale Situationen können auch aus kurzen crosslinguistischen Vergleichen bestehen. Im Buch „Der Bär schreibt heute Briefe" werden die Bezeichnungen der Tiere untereinander verglichen:

BEISPIEL

P: „Wer wohnt beim Wasser?“
K: „Der Frosch!“
P: „Der Frosch, richtig! Frosch heißt dieses Tier auf Deutsch. Wie heißt ‚Frosch‘ auf Portugiesisch?“
K: „O sapo!“
P: „‚O sapo‘, stimmt, nicht ‚o pato‘. ‚O pato‘ ist eine Gans. ‚O sapo‘ ist ein Frosch! Und auf Französisch?“
K: „Une grenouille!“
P: „Frosch – sapo – grenouille: Diese Wörter klingen ganz verschieden!“

Zielwortschatz aufschreiben

Die Pädagogin schreibt sich die Bezeichnungen des „Zielwortschatzes“ (eines Rahmenthemas, welches über mehrere Wochen im Mittelpunkts steht) im Voraus auf; in bilingual ausgerichteten Kitas in beiden Kommunikationssprachen und ab und zu zusätzlich in den verschiedenen Erstsprachen der Kinder, die an der Aktivität teilnehmen. Eine gute Hilfe bieten, wie bereits erwähnt, Übersetzerprogramme, „sicherer“ sind mehrsprachige Wörterlisten bzw. Bildmaterialien, auf denen die Bezeichnungen in mehreren Sprachen stehen.

Weiteres Beispiel aus dem obigen Buch von Scheffler und Donaldson:

BEISPIEL

P: „Wer wohnt auf dem Baum?“
K1: „O esquilo!“
P: „‚O esquilo‘, was könnte dieses portugiesische Wort auf Deutsch bedeuten? (…) Das Wort ist schwer zu verstehen, es ähnelt dem deutschen Wort eigentlich überhaupt nicht! Und ich habe Probleme, das Wort richtig auszusprechen. Lara, kannst du das Wort noch einmal vorsagen? ‚Isto é …‘“ Meistens reicht die Vorgabe des ersten oder der beiden ersten Wörter als Hilfestellung aus: „Das ist …“
K1: „O esquilo!“
P: „Du sagst das sehr schön.“
K2: „Un écureuil!“
P: „Super, Alyssa, auf Französisch heißt das: ‚écureuil‘. Die beiden Wörter ähneln sich nur ganz wenig: écureuil – esquilo. Das Tier hat einen langen Schwanz und kann gut klettern!“
K3: „Ein Eichhörnchen!“
P: „Genau, das Eichhörnchen wohnt oben im Baum. Eichhörnchen, das ist ein sehr langes Wort: Eich – hörn – chen (die Pädagogin klatscht parallel in die Hände), dreimal habe ich in die Hände geklatscht. Genau wie auf Französisch: ‚é – cu – reuil‘.“

Kinder mögen crosslinguistische Vergleiche

Die Kinder mögen „semantische Freunde“, demnach Wörter, die in den verschiedenen Sprachen ähnlich klingen. In dem Buch „Eine Kiste Nichts“ schlägt der Hase vor, aus der Kiste ein Auto zu bauen: „‚Une auto‘, ‚ein Auto‘, das klingt im Französischen und im Deutschen ähnlich!“ Auch in anderen Sprachen hört sich das ähnlich an: „Auto – ayro“ (deutsch – serbisch) bzw. „car – carro“ (englisch – portugiesisch).

Kinder, die regelmäßig in solchen reflexiven Phasen lernen, crosslinguistische Vergleiche vorzunehmen und sprachstrukturelle Gemeinsamkeiten aufzuspüren, machen dies im Laufe der Zeit von allein, mit viel Begeisterung, fast schon spontan, auch ohne Anregung durch die Pädagogin. Sie werden dadurch auch fähig, zwischen den Sprachen zu wechseln und bspw. auch Übersetzungen vorzunehmen. Kinder, die diese Fähigkeiten ausbilden, können dann zu einer wertvollen Unterstützung der Pädagogin werden. Durch ihr Übersetzen helfen sie Kindern, die noch wenige Sprachkenntnisse in der deutschen Sprache besitzen. Sie können aber auch als Experten ihrer jeweiligen Erstsprache die Geschichte in der Erstsprache erzählen.

Sprachecken

Wie bereits in Kapitel 3 ausführlich erläutert, sollte die Organisation der Sprachen in einer vielsprachigen Kita bewusst vorgenommen werden: In welchen Situationen lasse ich welche Sprachen zu? Eine einfache Hilfe können sogenannte Sprachecken bieten. In der einen Ecke wird versucht, sich auf Deutsch verständlich zu machen, in der anderen Ecke wird Englisch gesprochen. Selbstverständlich kann die englische Handpuppe die deutsche Ecke besuchen und umgedreht. Genauso kann auch eine Handpuppe, die eine andere Erstsprache, z.B. Türkisch, spricht, in der einen oder anderen Sprachecke auftauchen.

5. Prinzip: Sprachlichen Input entwicklungsproximal gestalten

kein Abfragen

Dieses erste Rahmenthema soll v.a. aufzeigen, wie jene Kinder, die erst wenig Kontakt mit der deutschen Sprache bzw. mit der zweiten Kommunikationssprache in der bilingualen Kita hatten, einbezogen werden können. Ein entwicklungsproximaler sprachlicher Input bedeutet nicht, dass in dieser frühen Phase nur einzelne Wörter von den Pädagoginnen gebraucht werden: „Geburtstag, Kuchen, Kerzen, backen, ausblasen.“ Dies würde bedeuten, dass sich die sprachliche Interaktion mit den Kindern in der neuen Sprache größtenteils auf das Benennen von Gegenständen und Handlungen reduzieren würde: „Was siehst du? Was ist das? Wie heißt das?“ Dies macht sicherlich wenig Sinn, ist weder besonders sprachfördernd noch motivierend für das Kind.

einfache Strukturen

Wichtige Wörter innerhalb eines Rahmenthemas werden zu Beginn immer wieder in denselben Kontexten gebraucht. In den drei beispielhaft aufgegriffenen Büchern kommen Wörter wie „Geburtstag, Geschenk, schenken, Kuchen, backen, einladen, geben, froh“ gehäuft vor. Diese werden in kurze Hauptsätze und in einfache Kontexte eingebettet. Die Sätze sind formal mit den folgenden Strukturen vergleichbar, die bereits im 3. Kapitel aufgegriffen wurden:

- Ich baue ein Schiff. (einfacher Hauptsatz SVO)
- Was baust du? (einfache W-Frage)
- Du baust ein Flugzeug. (einfacher Hauptsatz SVO)
- Dann male ich Fenster. Viele Fenster male ich! (einfacher Hauptsatz mit adverbialer Bestimmung oder Nomen in Erststellung)
- Paul malt dicke Räder. (einfacher Hauptsatz SVO)

Diese Strukturen tauchen ganz besonders in Situationen auf, in denen die Kinder und die Pädagogin etwas gemeinsam unternehmen. In solchen Situationen entstehen wertvolle Dialoge, die gekennzeichnet sich durch:

„prägnante“ Dialoge

- W-Fragen (Was baust du?)
- einfache Hauptsätze mit unterschiedlicher Syntax (Ich baue ein Flugzeug. Dann male ich Fenster. Viele Fenster male ich!)
- unterschiedliche Subjekte (ich – du – er)

TIPP

Im 3. Kapitel wurde bereits darauf hingewiesen, dass Videoaufnahmen von der eigenen Praxis äußerst empfehlenswert sind: Nicht immer ist man sich als Pädagogin der „eigenen Lehrersprache“ bewusst. Wie spreche ich mit den Kindern und wie gehe ich auf die sprachlichen Äußerungen der Kinder ein?

Bestimmte Floskeln, auch Phrasen oder „Chunks“ genannt, werden von der Pädagogin meistens prägnant ausgesprochen: im Morgenkreis die Wochentage oder Monate, das Abzählen bestimmter Mengen, die Benennung von Farben und Formen und bestimmte Sätze, die im Laufe des Morgens häufig gebraucht werden. Solche Floskeln haben neben dem oben beschriebenen „prägnanten“ Dialog auch ihre Bedeutung: Das Verständnis alltäglicher Situationen wird aufgebaut und die Kinder können sich anhand dieser auswendig gelernten Strukturen selbst mitteilen, werden aktiv und sind froh, die ersten Wörter in der neuen Sprache zu kennen. Demgegenüber wird der alltägliche Dialog mit den Kindern (wie oben beschrieben) abwechslungsreicher gestaltet: Rückgriff auf einfache und kurze Strukturen, betont und kontrastreich (6. Prinzip). Sprachlich intensive und „prägnante" Interaktionen beeinflussen besonders in den ersten Kontaktmonaten mit einer neuen Sprache die Lernfortschritte des Kindes erheblich und spielen im Spracherwerbsprozess eine entscheidende Rolle.

6. Prinzip: Sprachlichen Input qualitativ und quantitativ hochwertig gestalten

Das Verb steht in einfachen Hauptsätzen immer an zweiter Position (syntaktische Regel) und wird in Kongruenz mit dem Subjekt flektiert (morphologische Regel): Ich male, du malst, er malt. Ein entwicklungsproximaler Input hilft dem Kind, diese beiden ersten Regeln im Deutschen zu erfassen, v.a. wenn er durch eine Variation an sprachlichen Strukturen gekennzeichnet ist, die zusätzlich keine unnötige Komplexität aufweisen:

! Die sprachlichen Äußerungen sind kontrastreich, kurz, einfach und betont (Kap. 3 und Schmidt 2012).

„prägnanter" Dialog

1. „Kasimir backt": In dieser Geschichte steht der Dialog zwischen Kasimir und Frippe im Mittelpunkt. Besonders während der zentralen Handlung des Buches, des Backens des Geburtstagskuchens, werden kurze, einfache und kontrastreiche Sätze angeboten:

BEISPIEL

Kasimir: „Was brauchen wir noch?"
Frippe (schaut im Buch nach): „Butter und Milch. Du holst die Butter. Die Milch hole ich!"
Kasimir: „Gut! Die Butter steht im Kühlschrank. Im Kühlschrank steht auch die Milch."
Frippe: „Ich nehme die Milch!"
Kasimir: „Na klar! Du nimmst die Milch. Was brauchen wir noch?"
Frippe: „Den Mixer! Den Mixer brauchen wir noch. Und die Schüssel. Ich nehme die Schüssel. Den Mixer nimmst du!"

2. „Der Bär schreibt heute Briefe“: Der Bär verteilt die Einladungskarten an seine drei besten Freunde:

Was macht der Bär?
Er geht zum Eichhörnchen (zum Frosch, zum Maulwurf).
Was steht auf der Karte?
Ich habe Geburtstag. Du bist eingeladen.

3. „Eine Kiste Nichts“

BEISPIEL

Hase: „Alles Gute zum Geburtstag!“
Huhn: „Danke! Die Kiste ist leer! Was mache ich damit?“
Hase: „Du legst dein Ei in die Kiste. Deinen Schlüssel legst du in die Kiste. Und dein Heft und dein Foto und dein Futter.“
Huhn (sieht verwirrt, unglücklich aus): „Was mache ich noch damit?“
Hase: „Du baust ein Schiff. Du fährst über das Wasser.“
Huhn (sieht immer noch verwirrt aus): „Was mache ich noch damit?“
Hase: „Du baust ein Auto. Du fährst über die Straße.“
Huhn (immer noch verwirrt): „Hmm, was mache ich noch damit?“
Hase: „Es regnet. Du legst dich unter die Kiste.
Die Sonne scheint. Du legst dich unter das Dach.
Es ist Sturm. Du legst dich hinter die Kiste.“
Huhn (immer noch verwirrt): „Was mache ich noch mit der Kiste?“
Hase: „Du bastelst einen Hut, eine Hose, ein Flugzeug und einen Fallschirm.“
Huhn (verwirrt): „Was mache ich noch damit?“
Hase: „Du baust ein Haus.“
Das Huhn schaut trotz der vielen Ideen immer noch verwirrt aus.
Hase: „Und? Du hast jetzt bestimmt eine gute Idee!“
Huhn (immer noch nicht überzeugt von den Ideen des Hasen): „Vielleicht.“
Das Huhn denkt: „Morgen hat der Hase Geburtstag. Ich packe mein Geschenk in die Kiste ein.“

In bilingualen Kitas wird die Geschichte auch in einfachen, kurzen und kontrastreichen Sätzen in der zweiten Sprache erzählt. Die sprachstrukturellen Unterschiede zwischen den verschiedenen Sprachen wurden im 3. Kapitel und besonders im 4. Kapitel beschrieben. In vielen Sprachen gibt es keine Verbzweitstellung wie im Deutschen. Meistens dominiert eine rigidere Syntax, in der das Verb hinter dem Subjekt steht. Es gibt auch Sprachen, die dadurch gekennzeichnet sind, dass das finite Verb in Hauptsätzen an erster (im Arabischen) oder an letzter Position (im Türkischen) steht.

1. „Kasimir backt"

kurze, einfache Sätze

Auf Französisch:

> Kasimir demande à Frippe: „Qu'est-ce qui manque encore?"
> Frippe : „Le beurre et le lait. Tu prends le beurre. Je prends le lait. (...)"

Oder auf Englisch:

> Kasimir asks Frippe: „What else do we need?"
> Frippe: „Butter and milk. You take the butter. I take the milk. (...)"

2. „Der Bär schreibt heute Briefe"

Auf Französisch:

> L'ours, qu'est-ce qu'il fait?
> Il va chez l'écureuil.
> Qu'est-ce qu'il a écrit sur la carte?
> C'est mon anniversaire. Je t'invite! Tu viens chez moi.

Oder auf Englisch:

> The bear, what is he doing?
> He's going to see the squirrel.
> What did he write on the card?
> It's my birthday. You are invited.

3. „Eine Kiste Nichts"

Auf Französisch:

kontrastreiche Sätze

BEISPIEL

Hase: „Bon anniversaire!"
Huhn: „Merci! La caisse est vide! Qu'est-ce que je fais avec une caisse vide?"
Hase: „Tu mets ton œuf dans la caisse. Tu mets ta clé dans la caisse. Tu mets ton cahier, ta photo et ta nourriture dans la caisse."
Huhn : „Qu'est-ce que je peux encore faire avec la caisse?"
Hase: „Tu construis un bateau. Tu flottes sur l'eau."
Huhn: „Qu'est-ce que je peux encore faire avec la caisse?"
Hase: „Tu construis une voiture." (…)

Auf Englisch:

BEISPIEL

Hase: „Happy birthday!"
Huhn: „Thank you! But … the box is empty!"
Hase: „You put an egg in the box. You put the keys in the box. You put your notebook, your photo and your food in the box."
Huhn: „What can I do else with the box?"
Hase: „You build a ship. You sail on the water."
Huhn: „What else can I do with the box?"
Hase: „You build a car. You drive on the road."

ähnliche Dialoge im Rollenspiel

Diese abwechslungsreichen kurzen Sätze stehen auch in den Rollenspielen im Fokus. Nachdem die Kinder die Geschichte mehrmals gehört haben und bereits während des Erzählens mit einbezogen wurden, übernehmen sie die Rolle der verschiedenen Figuren.

7. Prinzip: Sprachproduktion des Kindes anregen

Mehrmals wurde bereits darauf hingewiesen, dass das eigenaktive Anwenden und Ausprobieren die sprachlichen Kompetenzen des Kindes besonders anregt. Während des Erzählens von Geschichten und deren Umsetzung als Rollenspiele werden viele Situationen geschaffen, in denen sich das Kind aktiv einbringen kann. Durch die vielfältigen und abwechslungsreichen Wiederholungen können auch die Kinder, die über wenige sprachliche Kenntnisse in der Zielsprache verfügen, recht schnell die eine oder andere kleinere Rolle selbst übernehmen.

Produktion anregen

Entscheidungsfragen, Alternativfragen oder sonstige geschlossene Fragen der Pädagogin geben allen Kindern die Möglichkeit, sich aktiv einzubringen, auch wenn es sich nur um kurze elliptische Äußerungen handelt:

- „Lädt der Bär das Eichhörnchen zum Geburtstag ein?“ (Entscheidungsfrage: „Ja“ oder „Nein“)
- „Lädt er das Krokodil ein?“ (Entscheidungsfrage)
- „Der Hase hat viele Ideen. Was sagt er zum Huhn: Du baust ein Auto, oder du baust ein Fahrrad?“ (Alternativfrage: „Du baust ein Auto.“)
- „Was nimmt Kasimir aus dem Kühlschrank?“ (geschlossene Frage, z.B.: „Die Milch.“)

längere Produktionen evozieren

Erst wenn die Kinder über erweiterte Sprachkompetenzen verfügen, können vermehrt offene Fragen gestellt und Impulse gegeben werden:

- „Warum sieht das Huhn verwirrt aus?“
- „Was macht Frippe?“
- „Das Huhn sieht noch immer verwirrt aus.“
- „Frippe hat noch nicht alles aus dem Kühlschrank geholt.“

Modellierungstechniken einsetzen

Die Äußerungen der Kinder werden positiv verstärkt, ergänzt und umgeformt. Die Interaktion wird dadurch aufrechterhalten, das Kind fühlt sich angenommen und wird angespornt, weiterhin aktiv an der Interaktion teilzunehmen:

> K: „Auto bauen.“
> P: „Stimmt! Der Hase sagt zum Huhn: Du baust ein Auto. Du fährst über die Straße.“

In ganz natürlicher Art und Weise greift die Pädagogin die Äußerung des Kindes auf, erweitert sie und präsentiert gleichzeitig den vollständigen Satz, den das Kind eigentlich sagen wollte: „Du baust ein Auto.“

BEISPIEL

K: „Das Huhn ist komisch."
P: „Ja, das Huhn sieht komisch aus. Das Huhn ist verwirrt. Es weiß nicht, was es sagen und denken soll. Dann fragt es: Was mache ich noch mit der Kiste?"
K: „Du baust Flugzeug."
P: „Ein Flugzeug baust du! Gut, also: Du baust ein Flugzeug. Dann springst du aus dem Flugzeug. Mit dem Fallschirm (sie zeigt auf den Fallschirm). Was denkt das Huhn?"

differenzierte Ausdrucksweise

Die Pädagogin greift wenig differenzierte oder unpassende Wörter des Kindes auf (z.B.: Das Huhn ist „komisch".) und ersetzt sie anschließend durch angemessenere: Das Huhn ist „verwirrt". Das Kind versteht somit, dass mit dem ihm unbekannten Wort „verwirrt" das komisch dreinschauende Huhn gemeint ist, das nicht weiß, was es denken soll.

In einer frühen Spracherwerbsphase fehlen oft sogenannte „obligatorische Elemente", Wörter, die verbindlich angewendet werden müssen. Hierzu gehört in der zweiten Aussage des Kindes der Artikel. Die Pädagogin hebt das fehlende Wort („ein" Flugzeug) hervor bzw. stellt dieses prägnant in den Fokus der Aufmerksamkeit des Kindes, indem sie es an den Anfang des Satzes stellt und am besten noch besonders betont: „Ein Flugzeug baust du."

Die letzte Frage der Pädagogin (Was denkt das Huhn?) zielt erneut auf den verdutzten Gesichtsausdruck des Huhns ab, der mit dem neuen Wort „verwirrt" beschrieben wurde.

8. Prinzip: Zusätzlich ganzheitliche Strukturen anbieten

zentrale Sätze

Ganzheitliche Strukturen, sogenannte „Chunks" oder Floskeln, sind bspw. kurze Sätze, die im Laufe der Geschichte immer wieder auftreten und die das Kind als Ganzes abspeichert:

- „Was brauchen wir noch?" („Kasimir backt": Die vielen Zutaten finden Frippe oder Kasimir jeweils im Rezeptbuch.)
- „Ich lade dich ein. Du kommst zum Geburtstag." („Der Bär schreibt heute Briefe": Diese Sätze stehen auf den Einladungskarten des Bären.)
- „Was mache ich damit?" („Eine Kiste Nichts": Das Huhn fragt den Hasen mehrmals, was es mit der Kiste machen soll.)

Diese Sätze werden dem Kind häufig präsentiert und dadurch auswendig gespeichert. Sie ermöglichen auch den Kindern, die wenig Kenntnisse in der Kommunikationssprache besitzen, aktiv am Rollenspiel teilzunehmen. Die

Pädagogin nimmt die Verteilung der Rollen nach den sprachlichen Kompetenzen der Kinder vor.

Lieder und Gedichte

Auch Lieder und Gedichte werden von den Kindern auswendig gelernt und ganzheitlich gespeichert. Schon in den ersten Kontaktwochen mit der Kommunikationssprache stellen sie eine wichtige Grundlage dar, um die Kinder an die neue Sprache zu gewöhnen.

Zum Thema Geburtstag gibt es einige Lieder, die auch Kinder aus anderen Kulturkreisen kennen, bspw.:

- Zum Geburtstag viel Glück, zum Geburtstag viel Glück, zum Geburtstag liebe(r) … (Name des Geburtstagskindes), zum Geburtstag viel Glück.
- Happy birthday to you, happy birthday to you, happy birthday dear … (Name des Geburtstagskindes), happy birthday to you.
- Joyeux anniversaire (Die Glückwünsche werden in der französischen Version viermal wiederholt.)
- İyiki doğdun … (Name des Geburtstagskindes), İyiki doğdun … (Name des Kindes), İyiki doğdun, iyiki doğdun, İyiki doğdun … (Name des Kindes).

Das Lied ist in fast allen Sprachen auf youtube.com zu finden, bspw. auch auf Arabisch: www.youtube.com/watch?v=Kqx8UvrFZBg).

Reime und Verse

Auszählreime oder Zauberverse in verschiedenen Sprachen behalten die Kinder auch recht schnell. Sie werden gesammelt, aufgenommen und dann in verschiedenen Sprachen eingeübt. Während der Geburtstagsfeier wird bspw. anhand eines Zauberverses bestimmt, welches Kind dem Geburtstagskind das Geschenk überreichen darf. Deutsche Abzählreime (neben Liedern und sonstigen Versen) befinden sich bspw. in Naegele und Haarmann (1993):

1. Eine kleine Spitzmaus lief ums Rathaus, wollte sich was kaufen, hatte sich verlaufen. A, o, U, und raus bist du!
2. Zickel, zackel, zockel, ein Ochse ist kein Gockel, ein Gockel ist keine Maus, und du bist raus.
3. Eine kleine Dickmadam fuhr mal mit der Eisenbahn. Dickmadam, die lachte, Eisenbahn, die krachte. Eins, zwei, drei, und du bist frei!
4. Eins, zwei, drei, auf der Straße liegt ein Ei. Wer darauf tritt, der muss mit.
5. Hexe Minka, Kater Pinka, Vogel Fu, raus bist du.
6. Ix, ax, ux der rote Fuchs, die graue Maus, und du bist aus.
7. Eins, zwei, drei, vier, fünf, sechs, sieben, wo bist du so lang geblieben? Warst nicht hier.

TIPP

Reime, Verse und Lieder werden mithilfe der Eltern oder sonstigen nahen Bezugspersonen des Kindes in den unterschiedlichen Erstsprachen gesammelt und aufgenommen.

Auszählreime gibt es in allen Sprachen, z.B. im Türkischen (Naegele/Haarmann 1993):

1. Bir, iki, üe, dört, bes, alti, yedi, sekiz, dokuz, on, kirm, zi don, gel bizim bahe yekon. (1,2,3,4,5,6,7,8,9,10, komm und hüpf in unserem Garten.)
2. Bir para iki para ü para dört para be para alti para yedi para sekiz para dokuz para on para, gözu kara.

(Eine Münze, zwei Münzen, drei Munzen … (bis) zehn Münzen, die Augen sind schwarz.)

9. Prinzip: Metasprachliche Reflexionen und visuelle Hilfen einbeziehen

Metasprachliche Reflexionen beziehen sich auf semantische, phonologische und/oder grammatische Aspekte:

semantische Freunde visualisieren

- Semantische Aspekte: Die semantischen Freunde, die sich auf den jeweiligen Basiswortschatz beziehen, werden, wie bereits erwähnt, auf ein Plakat gezeichnet oder, als Bilder ausgeschnitten, auf das Plakat geklebt. Im Buch von Lena Hesse („Eine Kiste Nichts") tauchen folgende sprachenübergreifend (deutsch/englisch) ähnlich klingende Wörter auf: Straße/street, Schiff/ship, Wasser/water, es regnet/it rains, Sonne/sun, Hut/hat, Insel/island, Haus/house.
- Phonologische Aspekte: Sprachenübergreifend werden im Rahmen der phonologischen Bewusstheitsförderung die Bilder identifiziert, die mit einem bestimmten Laut beginnen. „Haus" und „Hut" haben als Anlaut den Hauchlaut „h". Im Englischen trifft dies ebenfalls zu: „House" und „hat". „Flugzeug" und „Fallschirm" beginnen mit dem Frikativ „f", im Englischen allerdings mit dem Plosiv „p": „plane" und „parachute".

Satzstrukturen visualisieren

- Grammatische Aspekte: Zwei oder drei zentrale Sätze der jeweiligen Geschichte werden während des Erzählens mit Magneten an der Tafel befestigt. Sie bieten v.a. jenen Kindern eine Hilfe an, die erst wenige Deutschkenntnisse besitzen. Eine vergleichbare Darstellung der ausgewählten Sätze wird auch in der zweiten Kommunikationssprache in bilingualen Kitas vorgenommen (Abb. 11). Die visuelle Kontrastierung beider

Sprachen verdeutlicht identische oder unterschiedliche Strukturen, die zwischen den Sprachen bestehen:

„Zuerst nimmst du … Dann nimmst du …“ im Gegensatz zu den beiden romanischen Sprachen Französisch und Portugiesisch:
„D’abord tu prends … Ensuite tu prends …“
„Primeiro pegas … e depois pegas …“

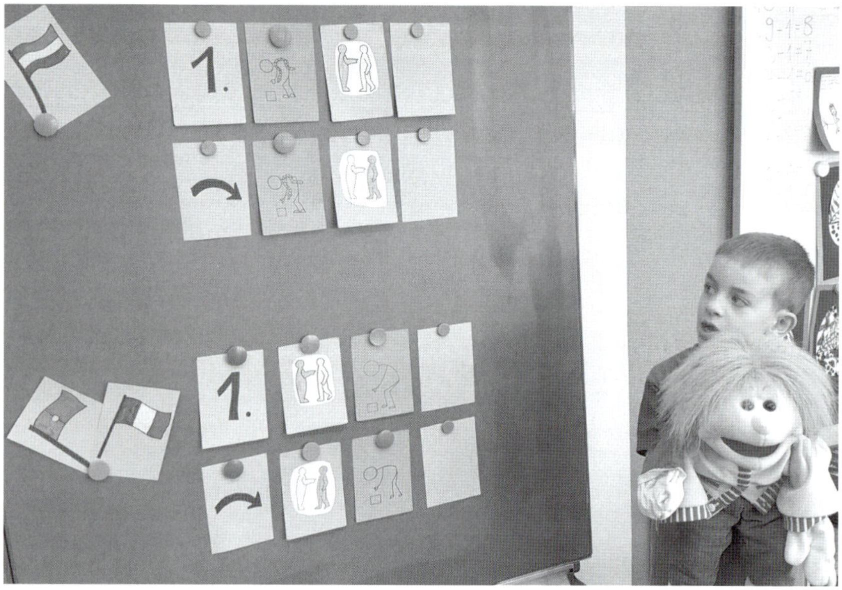

Abb. 11: Kontrastive Darstellung der Zielstrukturen in mehreren Sprachen

In der Publikation „Sprachtherapie mit mehrsprachigen Kindern“ (Schmidt 2014a) wird anhand vieler Beispiele gezeigt, wie sprachliche Strukturen in verschiedenen Sprachen visuell dargestellt und somit kontrastiert werden können.

10. Prinzip: Bildungssprache beachten

„Die Auseinandersetzung mit der Sprache in Büchern ermöglicht es den Kindern zunehmend komplexere Sachverhalte zu erfassen und diese selbst auch differenzierter auszudrücken. Darüber hinaus entdecken sie bestimmte Redewendungen und Besonderheiten der Schriftsprache und beginnen diese spielerisch in eigene Geschichten und Erzählungen einzu-

bauen. Die Kinder setzen sich auf eine für sie neue Art und Weise mit der Sprache auseinander. Sie beginnen zu überlegen, wie sie eigene Geschichten mit Hilfe von Sprache strukturiert und wirkungsvoll erzählen können. Die pädagogischen Fachkräfte unterstützen die Kinder in diesem Prozess der Entdeckung von Sprache und Schriftsprache. Hierbei werden wichtige Impulse gesetzt und die Ausbildung von sprachlichen Kompetenzen angeregt, die im Hinblick auf die schulischen Anforderungen von Bedeutung sind" (Ministerium für Familie, Kinder, Jugend, Kultur und Sport des Landes Nordrhein-Westfalen 2014, 3).

Kontrastierung von einfachen und komplexen Strukturen

Die Komplexität der sprachlichen Strukturen, die die Pädagogin im Gespräch mit den Kindern anwendet, variiert je nach den sprachlichen Kompetenzen der Kinder zwischen einfachen und kurzen Sätzen (wie oben beschrieben) und längeren Äußerungen mit einem größeren Angebot an Wörtern. Am Beispiel des Buches von Lena Hesse („Eine Kiste Nichts") kann dies wie folgt aussehen:

- einfache Variante, in der die Verbzweitstellung und die Subjekt-Verb-Kongruenz prägnant im Fokus stehen:

Huhn (bekommt eine leere Kiste): „Was mache ich damit?"
Hase: „Du baust ein Auto. Du fährst über die Straße."

- schwierige Variante, in der komplexere Strukturen (Nebensätze, Kasusflexion) und vielfältige Begriffe im Blickpunkt stehen:

Huhn (bekommt eine leere Kiste): „Die Kiste ist leer! Warum schenkst du mir eine leere Kiste zum Geburtstag?"
Hase: „Weil du mit einer leeren Kiste sehr viel machen kannst! Du reißt dir ein Stück davon ab und bastelst damit einen tollen Hut."

Auch in alltäglichen Situationen kann die Sprache der Interaktionspartner des Kindes eine unterschiedliche Komplexität aufweisen, bspw. während des Spiels mit der Ritterburg:

- P (einfache Variante): „Du hast einen Ritter. Wo steht der Ritter? (…) Er steht auf der Mauer. Und der Ritter reitet fort."
- P (schwierige Variante): „Du hast einen schwarzen Ritter mit einem langen Speer genommen. Was macht der Ritter? (…) Warum steht er auf der Mauer? Von der hohen Mauer aus kann er weit sehen. Er sieht sogar die zwei Kaktusse, die in der Wüste stehen."

Weitere Bücher zum Thema Geburtstag können alternativ zu den oben erwähnten eingesetzt werden:

weitere „Lieblingsbücher"

- „Geburtstag mit Torte: Ein Kuck- und Suchbuch" (2015) von Thé Tjong-Khing
- „Zoe & Theo auf einem Geburtstag" (2016) von Aylin Keller und C. Metzmeyer, in 13 Sprachen: Albanisch, Arabisch, Bosnisch, Englisch, Deutsch, Italienisch, Kurdisch, Persisch, Polnisch, Portugiesisch, Russisch, Spanisch und Türkisch

Weiteres Format: eigenes Buch basteln

Die selbst gebastelten Bücher können ganz unterschiedlich aussehen: vom „Miniformat" (A5) bis zum „Maxiformat" (A3), von einer einzigen Seite (also eigentlich nur ein Bild und kein Buch) bis hin zu mehreren Seiten, die gefaltet und zusammengeheftet oder -gebunden (Abb. 12) werden.

Abb. 12: Die Kinder basteln ein Buch zur Geschichte „Eine Kiste Nichts“ (Lena Hesse). Huhn: „Was mache ich mit der leeren Kiste?“ Hase: „Du baust ein großes Schloss.“

monolinguale Situation

Jedes Kind erzählt seine Geschichte anhand seines Buches. Die gemütliche Bücherecke bietet den idealen Rahmen dazu. In bilingualen Kitas stehen beide Sprachen im Mittelpunkt. Im Laufe des Schuljahres sind die Kinder in zunehmendem Maße stolz, die Geschichte in der „neuen“ Sprache erzählen zu können. Die Geschichte haben sie bereits öfters in beiden Sprachen gehört: Das Originalbuch wurde mehrmals erzählt und in vielfältiger Weise als Rollenspiel umgesetzt.

sprachenübergreifend

Kinder mit einer anderen Erstsprache erzählen das Buch auch in „ihrer“ Erstsprache. Die Kinder, die die Sprache nicht verstehen, erkennen vielleicht das eine oder andere Wort. In einer mehrsprachig orientierten Phase werden diese Wörter gezielt aufgegriffen und untereinander verglichen: „Une auto“ hört sich fast genauso wie im Deutschen an. Passagen, die nicht von den

Zuhörenden verstanden wurden, werden aufgegriffen und in die Kommunikationssprache übersetzt. Übersetzer kann die Pädagogin, aber auch eines der Kinder sein.

Einige Beispiele selbst gebastelter Bücher:

1. „Eine Kiste Nichts"

identische Bücher

Auf der ersten Seite wird der Hase mit der leeren Kiste gemalt. Auf der zweiten Seite sieht das Huhn ganz verwirrt aus. Auf den folgenden Seiten malen die Kinder ihre „Lieblingsumgestaltungsideen" (was man mit der Kiste machen kann). Auf der letzten Seite ist die Kiste mit einer langen farbigen Schleife zu sehen: Das Huhn hat das Geburtstagsgeschenk des Hasen in der Kiste verpackt.

Parallelhandlungen

In einer größeren Gruppe tragen die Kinder ihre Ideen zusammen (z.B. über ein Kreisgespräch oder über das „Montagsmalerspiel": Was male ich? Welche Idee habe ich? s.w.u.). Jedes Buch sieht zum Schluss ähnlich aus: Auf Seite drei malen die Kinder ein Auto, auf Seite vier einen Lastwagen, auf Seite fünf eine Rakete usw. In dem Fall kann das Buch in sogenannten Parallelhandlungen eingesetzt werden: Auf dem „Chefstuhl" sitzt ein Kind, wählt eine beliebige Seite aus (die anderen Kinder können von ihren Plätzen aus nicht erkennen, um welche Seite es sich handelt) und erzählt, was auf der Seite passiert:

„Was machst du noch mit der Kiste?"

„Ich baue eine Rakete. Ich fliege hoch in den Himmel."

Die anderen Kinder schlagen die entsprechende Seite auf. Der „Chef" kontrolliert, ob jeder die richtige Szene ausgewählt hat. Je nachdem, wie die einzelnen Seiten des Buches gestaltet sind, werden die Kinder zur Produktion von kürzeren oder längeren Äußerungen angeregt. Diese sind selbstverständlich auch von den sprachlichen Fähigkeiten in der jeweiligen Zielsprache abhängig. Die Pädagogin kann die Äußerungen des Kindes aufgreifen und anhand der Modellierungstechniken „optimal" umgestalten bzw. ergänzen:

K: „Was noch? Rakete bauen!"

P: „Super! Das Huhn hat noch immer keine gute Idee und fragt: Was mache ich noch? Der Hase antwortet: Eine Rakete baust du!"

prägnante Zielsätze

Die beiden prägnanten Zielsätze „Was mache ich noch?" und „Eine Rakete baust du." werden besonders betont ausgesprochen.

Parallelhandlungen können natürlich auch in verschiedenen Sprachen durchgeführt werden. Vielleicht wollen die Kinder, dass die entsprechende Handpuppe mitspielt.

2. „Der Bär schreibt heute Briefe" im A3-Format:
Das Buch wird anhand eines einzigen, größeren Bildes dargestellt. Die Planung geschieht am besten gemeinsam mit den Kindern im Stuhlkreis. An der Tafel werden die Ideen der Kinder und der Pädagogin zusammengetragen: Auf der linken Seite wird das Haus des Bären gemalt, auf der rechten Seite der Baum des Eichhörnchens, der Teich des Frosches und der Bau des Maulwurfes. Die vier Figuren werden separat aufgezeichnet und ausgeschnitten. Tiere zu malen bereitet 4-jährigen Kindern in der Regel keine größeren Probleme, soweit zuerst gemeinsam an der Tafel „geübt" und das spezifische Merkmal des jeweiligen Tieres identifiziert wurde: Das Eichhörnchen hat einen langen Schwanz, der Frosch einen dicken Kopf und der Maulwurf große Hände. Bei 3-jährigen Kindern kann man die Tiere aus dem Buch kopieren, ausschneiden und auf Holzstäbchen kleben.

Ein Kind erzählt nun die Geschichte und die anderen Kinder spielen parallel mit. Erzählt das Kind oder die Pädagogin in der „neuen" Sprache (in bilingualen Kitas), so wird das Mitspielen sicherlich umso mehr zur Herausforderung. Noch schwieriger wird es, wenn ein Kind die Geschichte in seiner Erstsprache erzählt.

Geschichte erweitern oder umändern

Die Liste der Tiere, die vom Bär eingeladen werden, kann beliebig erweitert werden. Den Kindern macht es Spaß, die „Originalgeschichte" umzuändern oder zu ergänzen. Zudem wird die Fantasie der Kinder angeregt und der Sprachumsatz zusätzlich erhöht.

Das Bild kann für weitere Spiele genutzt werden. Beispielsweise sitzt ein Kind hinter einer „visuellen Abtrennung" (bspw. hinter einem kleinen Schrank) und wählt drei Tiere aus, die vom Bär eingeladen werden: „Zuerst geht der Bär zum Eichhörnchen. Dann geht er zum Fuchs. Zum Schluss geht er zur Maus." Es legt die ausgewählten Tiere ins Haus des Bären. Die anderen Kinder hören aufmerksam zu, nehmen dann erst ihr „Buch" und machen dasselbe. Wer hat alle drei Tiere korrekt ausgewählt?

Weiteres Format: Sprachspiele und sprachfördernde Situationen

Montagsmaler: Im Buch von Lena Hesse („Eine Kiste Nichts") befinden sich viele Ideen, was man aus einer leeren Kiste basteln kann. An der „Kritzeltafel" wird jeweils eine Idee aufgezeichnet. Die Pädagogin erklärt: „Ich male jetzt. (…) Was ist das?" Die Kinder dürfen raten: „Der Hut!"

Um das bloße Benennen von Gegenständen zu vermeiden („Hund, Katze, Maus"), gilt die Regel: Jedes Kind darf in jeder Runde nur einen Vorschlag machen. Auch die Kinder übernehmen die Rolle des Zeichnenden. Als Faustregel gilt: Je ungeübter der oder die Zeichnende ist, desto größer ist der Sprachumsatz.

In einer zweiten Phase werden Gegenstände gezeichnet, die nicht im Buch vorkommen: ein Ufo, ein Roboter, eine Spielküche, eine Katze oder ein Handpuppentheater.

Sprache festlegen

Anhand der Handpuppe, die die Gegenstände an die Kritzeltafel malt, wird die Sprache bestimmt. Die Handpuppe spricht „leider" nur eine Sprache!

Das Spiel kann auch so gestaltet werden, dass das Kind, welches den Gegenstand erraten hat, einen Baustein erhält. Gewonnen hat das Kind oder die Gruppe von Kindern (wenn in Mannschaften gespielt wird), das/die den höchsten Turm gebaut hat.

Das Spiel kann auch zweisprachig gestaltet werden. Erratet das Kind den Gegenstand und kennt das entsprechende Wort auch noch in der zweiten Sprache, darf es zwei Bauklötze nehmen.

offene Situation

Die Kiste umfunktionieren: Jedes Kind oder jede Gruppe von Kindern überlegt sich, wie die Kiste umfunktioniert werden kann. Im Laufe solcher Planungsphasen ist der Sprachumsatz besonders groß. Während die Kinder ihren Plan beschreiben, fließen zusätzliche Ideen der Kameraden und der Pädagoginnen mit ein. Das Beschreiben ist für Kinder, die geringe Sprachkenntnisse in der gemeinsamen Kommunikationssprache besitzen, schwierig. Anhand der Modellierungstechniken ergänzt und erweitert die Pädagogin die Aussagen des jeweiligen Kindes, vorausgesetzt, dass sie am Kontext erkannt hat, was das Kind sagen wollte. Auch der Rückgriff auf eine andere Sprache ist sinnvoll. Die Pädagogin übernimmt, wenn möglich, die Rolle der „Brückenbauerin" in die gemeinsame Kommunikationssprache.

Plätze tauschen: Die Kinder sitzen in einem größeren Stuhlkreis. Vor jedem Kind steht ein Gegenstand, der zum Rahmenthema passt. Vom „Chefstuhl" aus nennt ein Kind zwei dieser Gegenstände (Abb. 13). Die entsprechenden Kinder stehen schnell auf und tauschen ihren Platz.

Basiswortschatz lernen

Das Spiel kann im ein- oder mehrsprachigen Modus ausgetragen werden. Werden die Erstsprachen der Kinder einbezogen, sollten zu Beginn möglichst viele „semantische Freunde" vertreten sein.

Abb. 13: En Kind nennt zwei Gegenstände: „Die Rakete, das Auto."

Phonologische Bewusstheit: Spiele zur phonologischen Bewusstheit sind bereits im vorschulischen Alter sinnvoll und unterstützen den Spracherwerb insgesamt. Solche Spiele können im ein- und mehrsprachigen Modus durchgeführt werden:

Identifikation eines Lautes

- einsprachiger Modus: Das (gebastelte) Schiff gehört dem Schaf. Es langweilt sich allein auf seinem Schiff und nimmt seine Freunde mit. Die Freunde werden von den Kindern bestimmt: Es sind nämlich nur Tiere, deren „Name" auch mit dem Laut „sch" anfängt, bzw. Tiere, in deren Name ein „sch" enthalten ist: das Schwein, die Schlange, die Schildkröte, die Spinne und die Schnecke bzw. der Frosch und die zwei Fische.

Anschließend wird ein Poster angefertigt (Abb. 14): Unten ist das Schiff abgebildet. Auf der Fahne des Schiffes steht in großen Buchstaben „SCH". Auf das Schiff werden alle Tiere gemalt oder Bilder von Tieren aufgeklebt, die mitfahren dürfen. Das Schaf ist oben auf dem höchsten Deck hinter dem Steuerrad zu sehen.

Abb. 14: Das Schaf steuert das Schiff über das Meer.

sprachenübergreifend vergleichen

- zweisprachiger Modus: Der Fahrer im Lastwagen ist der Löwe. Mitfahren dürfen die Tiere, deren „Name" in zwei oder sogar drei Sprachen mit demselben Laut beginnt: der Löwe – the lion – le lion, der Tiger – the tiger – le tigre, das Känguru – the kangaroo – le kangourou oder der Papagei – the parrot – le perroquet.

Schriftbilder einbeziehen

Die Kinder vergleichen die Schriftbilder der semantischen Freunde miteinander: Auf einem Kärtchen wird das Bild eines Tigers aufgeklebt. Die Wörter werden dann in unterschiedlichen Sprachen aufgeschrieben (in Druckschrift), das Symbolbild (die Fahne, eine Farbe oder ein bestimmter Gegenstand) verdeutlicht die jeweilige Sprache. Die Kinder erkennen viele Gemeinsamkeiten zwischen den Schriftbildern, einige sind sogar identisch, werden aber unterschiedlich ausgesprochen: Tiger – tiger (deutsch/englisch) oder lion – lion (englisch/französisch). Die „Experten" der jeweiligen Sprache bestätigen dies. Auch der Rückgriff auf die Internetseite www.google.translate verdeutlicht die unterschiedliche Aussprache in den verschiedenen Sprachen.

Sprachbewusstheit fördern: Zu einem bestimmten Thema wird ein Plakat gestaltet. Die Kinder einigen sich auf sechs bis acht Wörter. Von jedem Wort wird ein Bild auf das Plakat gemalt oder geklebt. Dann begeben sich die Kinder auf die Suche nach Übersetzungen dieser Wörter: Wie heißt das Wort auf Deutsch, auf Englisch, in einer oder zwei anderen Erstsprachen?

Fantasiewörter bilden

Die Übersetzungen werden von der Pädagogin unter die Bilder auf das Plakat geschrieben. Unter jedes Bild werden die Schriftbilder in derselben Anordnung (z.B. deutsch/englisch/portugiesisch/russisch) notiert:

- Welche Wörter ähneln sich?
- In welcher Sprache ist das Wort am längsten?
- Welche Wörter werden mit demselben Anfangsbuchstaben geschrieben?

Weitere Sprachspiele: Ausgangspunkt der Sprachspiele bilden Gegenstände oder Handlungen eines Buches, das vorher mehrmals erzählt und als Rollenspiel umgesetzt wurde. Die Kinder kennen demnach zumindest die meisten Bezeichnungen der ausgewählten Gegenstände bzw. sind in der Lage, die Handlungen zu beschreiben.

Bezogen auf das Buch von Lena Hesse („Eine Kiste Nichts") sehen die Kärtchen wie folgt aus (Abb. 15): das Schiff, das Auto, die Hose, die Mütze, das Dach, der Fallschirm, das Haus, das Flugzeug.

Abb. 15: Zwillingspaare mit den Zielsprachen Französisch und Luxemburgisch (entsprechende Fahnen)

Zweisprachige Kärtchen: Auf zwei identischen Kärtchen wird jeweils ein Symbolbild der entsprechenden Sprache gezeichnet oder aufgeklebt (bspw. die entsprechende Fahne oder Farbe gemalt, Abb. 15). Beim Umdrehen der Bilder wird das Objekt demnach in der einen oder anderen Sprache benannt bzw. die Handlung beschrieben.

Lieblingsspielformate

Nachfolgend einige Beispiele von Spielformaten, die sowohl im ein- als auch im mehrsprachigen Modus gespielt werden können:

- **Memory: Alle gegen den bösen Drachen:** Die Zwillingsbilder werden betrachtet und benannt, anschließend verteilt und verdeckt auf den Tisch gelegt. Entlang des Memorys befindet sich der Weg des „bösen" Drachen hin zum hohen Turm, den die Kinder mit Kisten oder Bauklötzen gebaut haben. Die Länge des Weges steht im Verhältnis zur Anzahl der Zwillingspaare. Das erste Kind nimmt nacheinander zwei Kärtchen zu sich, allerdings ohne den anderen Kindern die Abbildung zu zeigen. Es benennt bzw. beschreibt die Bilder und legt jedes Kärtchen wieder verdeckt an seinen Platz. Zwei identische Kärtchen werden beiseitegelegt. Weisen beide Kärtchen unterschiedliche Motive auf, so rückt der Drache ein Feld nach vorne. Haben die Kinder alle Zwillingspaare gesammelt, ehe der Drache den Turm erreicht hat, gewinnen sie alle gemeinsam das Spiel gegen den „bösen" Drachen. Hat der Drache zuerst den Turm erreicht, gewinnt er und darf seinerseits den Turm umschmeißen.
- **Memory: Wer baut den höchsten Turm?** Die Zwillingsbilder werden auch dieses Mal zuerst betrachtet und benannt, dann verdeckt und verteilt auf den Tisch gelegt. Neben den Kärtchen steht ein Korb, in dem sich viele gleich große Bauklötze befinden. Gespielt wird wie oben beschrieben. Wird ein Paar umgedreht, so darf sich das Kind oder die Pädagogin einen Bauklotz aus dem Korb nehmen. Gewonnen hat zum Schluss das Kind, welches den höchsten Turm mit seinen Bauklötzen bauen konnte. Das Spiel kann auch in „Mannschaften" gespielt werden.
- **Bingo:** Jeder Teilnehmer (dies kann auch jeweils eine „Mannschaft" sein) legt sein Kartenset (alle ausgewählten Bilder) offen vor sich auf den Tisch, um dann die Hälfte der Karten (z.B. die Lieblingsbilder) auszuwählen. Diese Karten bleiben offen auf dem Tisch liegen. Die anderen Kärtchen werden beiseitegelegt. Die Kinder und die Pädagogin haben demnach (normalerweise) unterschiedliche Bilder vor sich auf dem Tisch liegen.

Ein zusätzliches Kartenset wird verdeckt in die Mitte des Tisches gelegt. Ein erstes Kind nimmt eines dieser Kärtchen, zeigt das Motiv auch dieses Mal nicht, sondern benennt sofort das Bild bzw. beschreibt die Handlung. Die Teilnehmer, die das entsprechende Bild ausgewählt und demnach vor sich auf dem Tisch liegen haben, schreien „Bingo“, zeigen das Bild und dürfen es dann zur Seite legen. „Bingokönig“ ist der Teilnehmer, der zuerst keine Bilder mehr vor sich liegen hat.

- **Parallelspiele:** Jeder Teilnehmer (einzelne Personen oder „Mannschaften“) haben dieselben Kärtchen vor sich auf dem Tisch liegen. Ein Teilnehmer sitzt hinter einer visuellen Abtrennung (hinter einem Schrank oder einfach etwas weiter entfernt), wählt ein Bild (oder auch mehrere Bilder) aus und beschreibt dieses (diese). Die anderen Teilnehmer müssen das entsprechende Bild (oder die entsprechenden Bilder) finden und zeigen. Gewonnen haben jeweils die Teilnehmer, die das (die) korrekte(n) Bild (Bilder) ausgewählt haben.

1. Prinzip: Sprachfördernde Aktivitäten ergänzend zur alltagsintegrierten Sprachförderung

> *„Ich kann in täglichen Routinehandlungen die Chance ergreifen, mit den Kindern ins Gespräch zu kommen. Und ich kann dadurch Alltagssituationen kreativ und intensiv in Sprachförderhandlungen umwandeln“ (ProLog 2017).*

Situationen sprachfördernd nutzen

Die alltagsintegrierte Sprachförderung prägt den pädagogischen Alltag und erreicht alle Kinder gleichermaßen. Wie bereits erwähnt, wird Sprachförderung nicht als Konzept mit vorgegebenen Materialien und Zeiten verstanden. Sie orientiert sich vielmehr an den Interessen und Bedürfnissen der Kinder. In einer sprachanregenden Umgebung werden vielfältige Situationen aufgegriffen und sprachfördernd genutzt. Die Pädagoginnen sind sensibel für Sprachanlässe, die sich in unterschiedlichen Situationen ergeben (Ministerium für Familie, Kinder, Jugend, Kultur und Sport des Landes Nordrhein-Westfalen 2014). Der Grundgedanke ist, dass Kitas so organisiert werden, dass sich für die Kinder möglichst günstige Gelegenheiten ergeben, ihre natürlichen Sprachlernfähigkeiten zu entfalten (Wode 2000).

Die Pädagoginnen kennen die individuellen Sprachkompetenzen der Kinder und unterstützen deren (mehr)sprachliche Entwicklung. Einerseits sind sie durch ihr eigenes Sprachverhalten wichtige Sprachvorbilder, andererseits gehen sie mit sprachfördernden und verstärkenden Techniken auf die Äußerungen der Kinder ein. Im Laufe des Kita-Alltags werden kurze, einfache und kontrastreiche Sätze angeboten, bspw. während des Spiels mit der Eisenbahn:

BEISPIEL

K1: „Ich fahre Zug."
K2: „Ich die Lok." (zeigt)
K1: „Ich nehme den da." (zeigt)
K2: „Schnell. Die Lok ist schnell." (fährt mit der Lok)
P: „Tom, du fährst mit dem Zug. Und du, Paul, du fährst mit der Lokomotive. Deine Lokomotive fährt super schnell. Was nehme ich?"
K1: „Der Zug." (zeigt)
P: „Ich nehme den Zug. (zeigt) Der Zug mit der alten Lokomotive fährt langsam. Er fährt durch den Tunnel."
K1: „Mein auch."

Modellierungstechniken einsetzen

Die Pädagogin greift die Aussagen der Kinder auf, erweitert sie, stellt Fragen oder gibt Impulse. Sie ist Sprachvorbild und setzt konsequent die erwähnten Modellierungstechniken ein. Je nach sprachlichen Kompetenzen der Interaktionspartner gebraucht sie viele variationsreiche kurze Sätze oder baut komplexere Strukturen ein.

alle Kinder einbeziehen

In Alltagssituationen wird in der Regel eine gemeinsame Kommunikationssprache gesprochen. Kinder, die erst wenige Kenntnisse in dieser Sprache besitzen, werden immer wieder von der Pädagogin einbezogen. Sie setzt unterschiedliche Techniken ein, um die Aufmerksamkeit jedes Kindes zu erreichen:

- Die Äußerungen der Pädagogin sind einfach und kontextualisiert.
- Sie greift, wenn möglich, gelegentlich auf die „Sprache des Kindes" zurück.
- Sie stellt geschlossene bzw. Alternativfragen, um das Kind zum aktiven Sprachhandeln anzuregen: „Was nimmst du?" „Fährt dein Zug langsam oder schnell?"
- Sie lobt beständig die Kinder und geht gezielt auf deren Äußerungen oder Äußerungsversuche ein.

5.6 Weiterführendes Rahmenthema: Gefühle

Anforderungen progressiv erhöhen

Anhand dieses zweiten Rahmenthemas wird gezeigt, wie die sprachlichen Anforderungen progressiv erhöht werden können (5. Prinzip: entwicklungsproximaler Input). Die Geschichten werden in einer einfachen Sprache erzählt, in ihnen dominieren weiterhin kurze Hauptsätze, die zum Teil immer wiederkehren. Je nach sprachlichen Kompetenzen der Kinder können komplexere Strukturen einfließen: Ergänzungen mit Kasusmarkierungen (auf dem Dach, in der Badewanne) bzw. Nebensätze (Warum haben die Mäuse Angst? …, weil zwei neue Katzen im Haus wohnen).

Im Mittelpunkt dieses zweiten Rahmenthemas stehen ganz allgemein „Gefühle“: Froh, wütend, ängstlich, traurig, überrascht sein, diese und viele andere Empfindungen kennen die Kinder.

Gefühlslage aufgreifen

In einem interkulturellen Rahmen bekommt das Thema einen noch höheren Stellenwert: Die Kinder, die die Umgangssprache in der Kita nicht verstehen, fühlen sich unter Umständen ausgegrenzt, sind traurig, dass sie sich nicht oder nur mit großer Mühe mit der Pädagogin und den anderen Kindern unterhalten können. Zuweilen kommt vielleicht auch Wut auf, weil niemand die eigene Sprache versteht, oder Verzweiflung, weil man etwas Wichtiges einfach nicht mitteilen kann.

Im Zusammenhang mit Flüchtlingen spielen Gefühle eine ganz besondere Rolle. Die Flüchtlingskinder lernen, mit Trauer, Verzweiflung oder Wut umzugehen, und erfahren, dass auch andere Kinder und Erwachsene traurig oder verzweifelt sein können und wie sie damit umgehen. Sie sehen aber auch, dass sich andere für die eigenen Gefühle interessieren.

Planungsraster

Bezogen auf eine bilinguale Kita (deutsch/englisch), kann die Planung z.B. wie in Tab. 2 dargestellt aussehen.

Tab. 2: Planungsbeispiel für eine bilinguale Kita zum Rahmenthema Gefühle mit dem Buch „Fünf freche Mäuse bauen ein Haus“ als Grundlage

Zweisprachige Kita deutsch/englisch Erstsprachen einbeziehen: Kinder als Experten, Audio-CDs (aus Büchern), DVDs, Lieder, Eltern einbeziehen		
Rahmenthema: Gefühle Buch: „Fünf freche Mäuse bauen ein Haus“ (Chisato Tashiro)		
Sprachliche Zielsetzung: kurze Hauptsätze und/oder Kasusmarkierungen/Nebensätze		
Deutsch	kurze Hauptsätze (SVO-Sätze, W-Fragesätze, Sätze mit Adverbien an Erstposition) und/oder Kasusmarkierungen, Nebensätze	Was machst du mit dem Stuhl? Ich baue ein Dach. Jetzt baue ich eine Badewanne. Wo? Auf dem Dach. Warum? …, weil zwei Katzen im Haus wohnen.
Englisch	vergleichbare Satzstrukturen	What are you doing with the chair? I'm building a roof. Now I'm building a bathtub. Where? On the roof. Why? …, because two cats are living in the house.
semantische Freunde	Maus/mouse, Katze/cat, Haus/house, Bad/bath, Leiter/ladder, Lampe/lamp, Bett/bed, Schuh/shoe. Einbezug der Erstsprachen: z.B. car/carro (Englisch/Portugiesisch)	
Formate	Beschreibung der Aktivität	Organisation der Sprachen
Buch	erzählen (mono- und dialogisch)	monolingual Deutsch
	erzählen (mono- und dialogisch)	monolingual Englisch
	nach semantischen Freunden suchen	bilingual Deutsch/Englisch
	erzählen: monologisch	Erstsprachen der Kinder (DVD, die Kinder erzählen)

	nach semantischen Freunden suchen	multilingual (Erstsprachen einbeziehen)
zeichnen/malen	Figuren und Gegenstände aufzeichnen und an Stab befestigen	monolingual Deutsch
Theatervorführung	mono- und/oder dialogisch	monolingual Deutsch
	mono- und/oder dialogisch	monolingual Englisch
basteln	aus Kisten Lieblingsobjekte basteln	monolingual Deutsch
Rollenspiel	mono- und/oder dialogisch	monolingual Deutsch
	mono- und/oder dialogisch	monolingual Englisch
Sprachspiel	Memory gegen den bösen Drachen	bilingual Deutsch/Englisch
Plätze wechseln	Max spielt mit	monolingual Deutsch
Lied		Erstsprachen der Kinder
Weitere Bücher: „Das Farbenmonster" (Anna Llenas und Katrin Behringer), „Heule Eule" (Paul Friester und Philippe Goossens), „Toutes Les Couleurs" (Alex Sanders) oder „Heute bin ich" (Mies van Hout)		

Sprachfördernde Formate: Bücher und Rollenspiele

„Fünf freche Mäuse bauen ein Haus" (Chisato Tashiro)

Die fünf Mäuse Gure, Chibi, Taro, Kuro und Shiro wohnen im dunklen Keller eines alten Wohnhauses. Eines Tages beschließen sie, sich nach einer neuen Wohnung umzusehen. In ihrem Haus gibt es nämlich zwei neue Katzen. Tagelang sind sie unterwegs, bis sie schließlich vor einem Haufen Sperrmüll stehen: „Wir werden unser eigenes Haus bauen." Die Wanduhr wird zur Küche, der Stuhl zum Dach und die Tasse zur Badewanne umfunktioniert. Als krönender Abschluss entsteht aus den beiden Rädern des Fahrrads ein Riesenrad vor dem Haus. Plötzlich schrecken sie hoch: Eine Katze hat sich in den Schnüren verheddert und maunzt erbärmlich. Trotz starker Angstgefühle befreien die Mäuse die Katze aus ihrer misslichen Lage. Als Dankeschön wacht sie Tag und Nacht vor dem Traumhaus.

dialogisches Erzählen

Die Geschichte wird in einem einfachen Dialog erzählt (Zielsetzung: kurze und einfache Hauptsätze), wobei die Bilder die Äußerungen nachdrücklich veranschaulichen. Empfehlenswert ist die Hinzunahme von Plüschtieren, gebraucht werden drei Katzen (zwei dunkle und eine helle) und fünf Mäuse:

BEISPIEL

Fünf kleine Mäuse wohnen im Keller.
Im Haus wohnen auch zwei schwarze Katzen. (zwei schwarze Katzen als Plüschtiere zeigen)
Maus: „Ich habe Angst!"
Maus: „Ich habe auch Angst!"
Maus: „Was machen wir?"
Maus: „Die Katzen haben Hunger!"
Maus: „Wir suchen ein neues Haus."
(...)
Zuerst findet *die* Maus (zeigen) eine Uhr:
Maus: „Was hast du gefunden?"
Maus: „Eine Uhr! Ich habe eine Uhr gefunden!"
Dann findet *die* Maus (zeigen) einen Stuhl.
Maus: „Was hast du gefunden?"
Maus: „Einen Stuhl! Ich habe einen Stuhl gefunden."
(...)

hochwertiger Input

Einfache Hauptsätze (Subjekt—Verb—Ergänzung: „Ich habe Angst."), W-Fragen („Was hast du gefunden?") und Hauptsätze, in denen ein Adverb an erster Stelle steht („Zuerst findet die Maus eine Uhr. Dann findet die Maus einen Stuhl."), wechseln sich ab (6. Prinzip: Sprachlichen Input qualitativ und quantitativ hochwertig gestalten).

Zusätzlich können, je nach sprachlichen Kompetenzen der Kinder, komplexere Strukturen eingebaut werden:

1. **Kasus:**

Akkusativkontexte entstehen v.a. durch folgende Fragen:

Was? Wen? (Was isst du? Einen Apfel. Wen malst du? Den Hasen.)
Wohin? (Wohin läufst du? Hinter den Baum. Wohin springt die Maus? Auf den Tisch.)

Dativkontexte werden v.a. durch folgende Fragen erzeugt:

Wem? (Wem gibst du die Blume? Der Mutter. Wem schenkst du das Bild? Der Lehrerin.)
Wo? (Wo hast du dich versteckt? Hinter dem Baum. Wo sitzt die Maus? Auf dem Tisch.)

Im Buch von Chisato Tachiro sehen mögliche Fragen wie folgt aus:

Kasuskontexte herstellen

BEISPIEL

„Was findet die Maus?“ (zeigen)
„Eine Uhr.“
„Was findet die Maus noch?“ (zeigen)
„Einen Stuhl.“
„Wohin kriecht die Maus?“ (zeigen)
„In die Uhr.“
„Wohin klettert die Maus?“ (zeigen)
„Auf das Dach.“
„Wo steht die Maus?“ (zeigen)
„Neben dem Eimer.“
„Wo liegt die Maus?“ (zeigen)
„In der Hängematte.“

Dieselben Strukturen können auch folgendermaßen präsentiert werden:

BEISPIEL

„Gure findet eine Uhr. Eine tolle Uhr findet er. Shiro findet einen Stuhl. Einen roten Stuhl findet sie. (…) Die Mäuse arbeiten den ganzen Tag. Gure kriecht in die Uhr. Kuro steigt auf das Dach. Er schlägt einen Nagel ins Holz. (…) Es regnet. Gure und Shiro stehen auf dem Dach, neben dem Eimer. Das Wasser läuft in den Eimer und dann in die Badewanne. (…) Jetzt sitzen Chibi und Shiro in der Badewanne. (…) Die fünf Mäuse schlafen ganz fest: Taro liegt im Schuh. Shiro liegt auf dem Kissen. Kuro liegt in der Kiste. Gure liegt in der Hängematte. Chibi liegt neben dem Teddybären.“

Nebensätze im Fokus

2. Nebensätze:

Nebensätze werden auch durch entsprechende Fragen evoziert: Warum? Weil … Wann? Wenn … Wofür? Um …

Im erwähnten Buch sehen die Fragen z.B. wie folgt aus:

BEISPIEL

„Warum hast du Angst?"
„Weil zwei neue Katzen im Haus wohnen."
„Warum maunzt die Katze erbärmlich?"
„Weil sie sich in den Schnüren verheddert hat."
„Wozu brauchst du die Uhr?"
„Damit ich eine Küche bauen kann." (oder: „Um eine Küche zu bauen.")
„Wozu brauchst du den Stuhl?"
„Damit ich ein Dach bauen kann." (oder: „Um ein Dach zu bauen.")

Rollenspiel

Die Geschichte wird als Rollenspiel umgesetzt:

- Zuerst wird im Stuhlkreis überlegt, welche Gegenstände, die sich im Raum befinden, zum Bauen eines Hauses nützlich sein könnten: ein Tisch, ein paar Stühle, Kisten, Kissen, Spielsachen. Jedes Kind sucht sich, je nach Gruppengröße, einen oder mehrere Gegenstände aus. Gemeinsam wird ausprobiert, wie das Haus aussehen könnte.
- Zu Beginn des Rollenspiels liegen dann die ausgewählten Gegenstände im Sitzkreis vor den Stühlen der Kinder. Nach der Flucht vor den beiden Katzen landen die Mäuse (die Anzahl der Mäuse wird beliebig an die Gruppengröße angepasst) vor dem Haufen Sperrmüll (die Kinder setzen sich auf ihre Stühle) und werden von der Pädagogin gefragt:

P: „Was hast du gefunden?"
K: „Eine Kiste."
P: „Du hast eine Kiste gefunden. Was machst du mit der Kiste?"
K: „Ich baue eine Badewanne."

sprachstrukturelle Komplexität anpassen

Zum Schluss suchen sich die Mäuse einen Platz im Haus aus:

P: „Wo sitzt du?"
K: „In der Badewanne."

Im Laufe des Rollenspiels können auch Nebensätze evoziert werden:

P: „Warum hast du Angst, liebe Maus?"
K: „Weil zwei Katzen im Haus wohnen!"
P: „Wozu brauchst du die Kiste?"
K: „Um die Badewanne zu bauen."

Englisch und Erstsprachen einbeziehen

In bilingualen Kitas wird die Geschichte auch in der zweiten Kommunikationssprache erzählt. Elisabeth, die schicke Handpuppe mit den langen roten Haaren, möchte den Kindern die Geschichte erzählen. Die Komplexität der sprachlichen Strukturen wird genau wie im Deutschen an die sprachlichen Kompetenzen der Kinder angepasst: einfache kurze Hauptsätze, zusätzlich gehäufte Präpositionalergänzungen und/oder Nebensätze.

Auch die Erstsprachen der Kinder werden einbezogen (2. Prinzip): Die „Experten" der jeweiligen Erstsprache erzählen ihre Lieblingssequenz in ihrer Erstsprache, Paulo (Portugiesisch), Irina (Russisch) oder Azra (Türkisch) helfen ihnen dabei (sie sitzen gemeinsam auf dem „Chefstuhl").

In diesen monolingualen Situationen, in denen die Geschichte jeweils in einer Sprache erzählt wird, versucht die Pädagogin, so weit wie möglich auf das Wechseln zwischen den Sprachen (Code-switching) zu verzichten. Die Kinder sollten dies auch tun, weil die Handpuppe nur eine Sprache versteht. Die jeweilige Handpuppe möchte auch zuhören, sie liebt Geschichten, versteht aber „nur" eine Sprache.

multilinguale Situationen

Anschließend werden die Sprachen bewusst untereinander in Beziehung gesetzt (3. Prinzip: Bewusst Sprachen untereinander in Beziehung setzen):

- Semantische Freunde werden gesucht: Katze/cat, Maus/mouse, Leiter/ladder, Lampe/lamp, Bett/bed, Schuh/shoe. Der Einsatz von Handpuppen bringt auch in diesen Situationen einen zusätzlichen Motivationseffekt: Elisabeth: „Katze? I do not understand that word! It sounds like ‚cat'!"

TIPP

Semantische Freunde findet man am schnellsten, wenn man den Basiswortschatz (Zielwortschatz) in ein Übersetzerprogramm eingibt und dann von einer Sprache zur nächsten wechselt. Dabei darf man sich nicht nur auf die Schreibweise verlassen, sondern sollte die Wörter auch jeweils anhören.

Sprachen bewusst einsetzen

- Eine Handlung wird in einer Sprache erzählt. Die Kinder suchen das entsprechende Bild im Buch und versuchen, die Handlung in die zweite Sprache zu „übersetzen".

Die Geschichte kann auch parallel in beiden Sprachen erzählt werden (4. Prinzip: Gleichgewicht zwischen mono- und multilingualen Situationen planen):

- Die Pädagogin wechselt zwischen beiden Sprachen, am besten unter Einbezug der Handpuppen.
- Zwei Pädagoginnen mit unterschiedlicher Erstsprache erzählen die einzelnen Handlungssequenzen abwechselnd.

DVD einsetzen

Die Geschichte wird auf der beiliegenden DVD in vier Sprachen (Deutsch, Englisch, Französisch, Türkisch) von „Muttersprachlern" gesprochen.

Weitere Bücher von Chisato Tashiro, in unterschiedlichen Sprachen, allerdings ohne beiliegende CD: „Fünf freche Mäuse fahren ein Rennen ", „Fünf freche Mäuse machen Musik".

Sprachfördernde Formate: Lieder, eigenes Buch basteln

Während die Mäuse an ihrem neuen Haus basteln und werken, summen und trällern sie bei der Arbeit:

„Unser Haus wird so schön groß,
unser Haus wird ganz famos."

Das kurze Lied wird in deutscher Version auf der DVD gesungen. Übersetzungen in andere Sprachen können in etwa wie folgt aussehen:

BEISPIEL

Auf Englisch: „Our house is very big.
Our house has no bricks."
(Unser Haus ist sehr groß. Unser Haus hat keine Ziegelsteine.)
Auf Französisch : "Notre maison est très grande.
Notre maison est marrante."
(Unser Haus ist sehr groß. Unser Haus ist lustig.)

eigene Lieder dichten

Für viele Sprachen gibt es Internetsites, die eine Vielzahl möglicher Reime anbieten, z.B.: reimemaschine.de, reimbuch.net (deutsch), rimessolides.com (französisch). Das Dichten von kurzen Liedern, die zu den diversen Geschichten passen, wird dadurch erheblich vereinfacht.

Alternatives Lied:

BEISPIEL

If you're happy and you know it
Clap your hands (Clap, Clap) (2x)
If you're happy and you know it,
And you really want to show it,
If you're happy and you know it,
Clap your hands. (Clap, Clap)

Si tu es heureux et tu le sais
Frappe des mains (clap, clap) (2x)
Si tu es heureux et tu le sais
Et tu veux vraiment le montrer
Si tu es heureux et tu le sais,
Frappe des mains! (clap, clap)

TIPP

Auf der Interseite mamalisa.com findet man viele Kinderlieder und Gedichte in unzähligen Sprachen und mit den entsprechenden Noten. Zum Teil kann man sich die Lieder und Gedichte anhören.

Eigenes Buch basteln

Das „Buch" besteht aus einem größeren Bild. Auf einem A4-Zeichenblatt malen die Kinder eine Wiese mit Sperrmüll.

Weitere Gegenstände (z.B. ein Stuhl, ein Tisch, eine Lampe, eine Kiste usw.), die fünf Mäuse und eine Katze werden von den Kindern auf ein zweites Blatt aufgezeichnet und ausgeschnitten.

Die Geschichte wird nun ab dem Zeitpunkt erzählt, ab dem die fünf Mäuse vor dem Haufen Sperrmüll stehen.

Parallelübungen können anhand des Buches durchgeführt werden unter der Bedingung, dass jedes Kind dieselben Gegenstände aufzeichnet. Die Ideen werden zuerst an der „Kritzeltafel" zusammengetragen:

P: „Maite, welche Idee hast du?"
K: „Ich male eine Kiste!"
P: „Was machst du mit der Kiste?"
K: „Ich baue eine Badewanne."

Fragetechniken

Diese offenen Fragen der Pädagogin evozieren längere Äußerungen des Kindes im Gegensatz zu geschlossenen Fragen:

P: „Was malst du?"
K: „Eine Kiste."
P: „Was brauchen die Mäuse?"
K: „Eine Badewanne."

Geschlossene Fragen bieten den Kindern, die erst wenige Sprachkenntnisse in der Kommunikationssprache besitzen, die Möglichkeit, sich auch zu äußern. Die entsprechenden Wörter wurden von der Pädagogin bereits öfters während des Erzählens der Geschichte verwendet.

sprachvergleichend

Zudem können solche Situationen, die sich auf einen bestimmten Basiswortschatz beziehen, auch zu crosslinguistischen Vergleichen genutzt werden:

P: „Du malst eine Kiste. Wie heißt Kiste auf Englisch? Weißt du, wie Kiste auf Französisch heißt? Wie sagst du zu Hause zu deiner Mutter: C'est une ..."

Die Bezeichnungen werden miteinander verglichen: Kiste/caisse, das klingt sehr ähnlich, Kiste/box eher nicht. Die „semantischen Freunde“ werden „gesammelt“ und von den Kindern auf ein Plakat gezeichnet.

Parallelübung anhand des eigenen Buches

Ein großer Tisch und ein großer Stuhl (gemalte und ausgeschnittene Gegenstände) liegen auf jedem Bild der teilnehmenden Kinder (oder „Mannschaften“). Diese sitzen etwas weiter auseinander, sodass sie die Bilder der anderen Kinder nicht sehen können. Ein Kind übernimmt die Rolle des „Chefs“:

zwingender Kontext

P: „Was nimmst du?“
K: „Die Kiste.“
P: „Wohin stellst du die Kiste?“
K: „Unter den Tisch.“

Durch die Fragestellung „Was nimmst du?“ ist das Kind „gezwungen“, die Gegenstände zu benennen. Durch die Fragestellung „Wohin stellst du …?“ muss es ebenso eine Ergänzung gebrauchen, die im Akkusativ steht (unter den Tisch). Möchte die Pädagogin Ergänzungen evozieren, die im Dativ stehen, sieht der Kontext wie folgt aus:

BEISPIEL

P: „Was nimmst du?“
K: „Die Kiste.“
Das Kind legt die Kiste auf das Bild.
P: „Wo steht die Kiste?“
K: „Unter dem Tisch.“

Auch Nebensätze können durch die entsprechenden Fragen der Pädagogin evoziert werden:

P: „Warum nimmst du die Kiste?“
K: „Weil ich eine Badewanne bauen möchte.“

Anhand der Modellierungstechniken werden die Aussagen der Kinder korrigiert oder ergänzt:

BEISPIEL

P: „Wo steht die Kiste?"
K: „Unter den Tisch."
P: „Unter dem Tisch. Gut, unter dem Tisch steht die Kiste!"
P: „Warum nimmst du die Kiste? Weil ..."
K: „... ich will eine Badewanne."
P: „Weil du eine Badewanne willst. Weil die Maus gerne badet."

Alternative 1: Die Kinder spielen gegen die beiden Katzen. Haben alle Kinder ihren Gegenstand auf denselben Platz gelegt (im Beispiel oben „unter den Tisch"), so dürfen sie sich einen Baustein aus dem Korb nehmen. Ist dies nicht der Fall, nehmen sich die zwei Katzen einen Baustein. Mit den Steinen bauen einerseits die Kinder, andererseits die beiden Katzen ihren gemeinsamen Turm. Wessen Turm wird wohl der höchste sein?

sprachenübergreifend

Alternative 2: In bilingualen Kitas wird in der zweiten Sprache gespielt.

P: „What picture do you have?"
K: "The box."
P: "Where is the box?"
K: "Under the table."

Finden alle Kinder den richtigen Ort, so dürfen sie als Belohnung zwei Bausteine nehmen. Ist dies nicht der Fall, wird die erste Kommunikationssprache, im obigen Beispiel Deutsch, mit einbezogen.

Sprachfördernde Formate: Sprachspiele

Wettrennen

Das Spielfeld besteht aus einem längeren Weg: 15 Blanko-Bierdeckel liegen in einer geschwungenen Reihe auf dem Tisch oder in der Mitte des Stuhlkreises. Auf jedem dritten Bierdeckel steht in großen Buchstaben „STOP". Auf diesen fünf Bierdeckeln liegt jeweils das Bild eines der Gegenstände, die zum

„eigenen Buch" (weiter oben) gehören. Jedem Kind bzw. jeder „Mannschaft", die sich aus zwei oder drei Kindern zusammensetzt, wird eine Spielfigur zugeordnet (= kleine Maus). Diese stehen vor dem ersten Feld. Die Kinder versuchen, sich die Gegenstände einzuprägen. Sobald die Rassel der Pädagogin zu hören ist, verschwinden die Bilder unter den Bierdeckeln.

zwingender Kontext

Nun wird reihum gewürfelt. Kommt eine Figur auf ein „Stop-Feld", muss sie sofort stehen bleiben, auch wenn eine höhere Punktezahl gewürfelt wurde:

P: „Welcher Gegenstand liegt unter dem Bierdeckel?"
K: „Die Kiste." (Spielen mehrere Kinder als Mannschaft zusammen, so müssen sie sich auf eine Antwort einigen.)

Stimmt die Antwort, darf das Kind (bzw. alle Kinder der Mannschaft) anhand des eigenen Buches den entsprechenden Teil des Hauses bauen. Das Kind (oder die Mannschaft), die zuerst am 15. Feld angekommen ist, gewinnt das Spiel.

Silbenklatschen

Das eben beschriebene Wettrennen wird ohne Würfel gespielt. Jede Spielfigur rückt immer nur ein Feld vorwärts. Neben jedem Stop-Feld liegt, verdeckt, eine Auswahl an mehreren Bildern. Steht eine Spielfigur auf einem Stop-Feld, wird ein beliebiges Bild ausgewählt und in Silben zerlegt: Kis/te, Ei/mer, Stuhl. Die Anzahl der Silben entscheidet über die zusätzlichen Felder, die die Spielfigur vorwärtsrücken darf. Im zweisprachigen Modus klatschen die Kinder die Wörter in beiden Sprachen. Die höchste Anzahl der Silben ist ausschlaggebend: Kis/te, box, die Figur darf zwei Felder Richtung Ziel ziehen.

weitere Bücher zum Thema

Folgende Bücher thematisieren auch vergleichbare Gefühle wie Angst und Freude, aber auch Wut und Überheblichkeit:

- **„Kind ist Kind" (Brigitte Weninger und Ève Tharlet):** Im Buch von Brigitte Weninger und Ève Tharlet sind die beiden kleinen Frösche plötzlich ganz allein, ihre Eltern sind verschwunden. Die zwei Frösche sind traurig und haben Angst vor den vielen Tieren, die sich um den Teich bewegen. Allerdings machen sich diese Tiere Sorgen um sie, sie wollen helfen, wissen aber aus unterschiedlichen Gründen nicht, wie. Schlussendlich hilft die Maus, nimmt sie in ihre Familie auf, und alle anderen Tiere helfen, wo sie nur können.

Auch dieses Buch gibt es in vier Sprachen: Deutsch, Englisch, Französisch und Türkisch. Auf der beiliegenden DVD kann man das Buch im Originaltext anhören.

- **„Nina en colère" (Christine Naumann-Villemin und Marianne Barcilon):** Nina, das langhaarige Mädchen, möchte ihrer Mutter zum Geburtstag ein tolles Frühstück zubereiten. Allerdings geht so ziemlich alles schief, was schiefgehen kann: Die Tasse zerbricht, die Cornflakes fallen auf den Boden, die Orangensaftflasche lässt sich nicht öffnen, die Butter klebt an den Fingern und das Bild von der Mutter sieht nicht schön aus. Wütig wirft sie alles in den Garten. Der Wolf beruhigt sie und hat eine wunderbare Idee: Mit einem Blumenstrauß überrascht Nina schlussendlich ihre Mutter.
- **„Sheila" (Eve Tharlet):** Das Schaf Sheila ist sehr eitel: Es hat das schönste Fell überhaupt, weiß, sanft und es wird immer länger. Im Laufe der Geschichte begegnet es vielen anderen Tieren, die gerne ein bisschen Wolle haben möchten, dies für unterschiedliche Zwecke. Sheila bleibt stur, allerdings wird es ihr immer wärmer, das Fell wird schwer, es sieht nichts mehr und stößt gegen einen Baum. Die Eule landet daraufhin vor seinen Füßen und erklärt ihm, was man alles mit dem tollen Fell machen kann.

Zum Buch gehört eine DVD, auf der die Geschichte in vier Sprachen zu sehen ist, und zwar auf Deutsch, Englisch, Französisch und Türkisch.

5.7 Weiterführendes Rahmenthema: Farben und Formen

Farben und Formen bilden die Basis der ausgewählten Bücher. Innerhalb dieses Rahmenthemas kann zusätzlich ein Wortfeld einbezogen werden, das bereits zu einem früheren Zeitpunkt im Mittelpunkt stand, z.B. Geschenke (innerhalb des Themas „Geburtstag") oder Tiere (innerhalb des Themas „Gefühle").

Die Planung wird in Tab. 3 dargestellt.

Tab. 3: Planungsbeispiel für eine bilinguale Kita zum Rahmenthema Farben und Formen mit dem Buch „Abracadanoir“ als Grundlage

Zweisprachige Kita deutsch/englisch Erstsprachen einbeziehen: Kinder als Experten, Handpuppen		
Rahmenthema: Farben und Formen Buch: „Abracadanoir“		
Sprachliche Zielsetzung: kurze Hauptsätze und/oder Kasusmarkierungen/ Nebensätze		
Deutsch	kurze Hauptsätze (SVO, W-Fragen) und/oder Kasusmarkierungen, Nebensätze	Ich sehe einen Hasen. Was sehe ich? Einen Hasen. Wann habe ich Angst? Wenn ich die Augen schließe.
Englisch	kurze Hauptsätze (SVO, W-Fragen) und/oder Kasusmarkierungen, Nebensätze	I see a rabbit. What do I see? A rabbit. When am I scared? When I close my eyes.
semantische Freunde	rot/red, blau/blue, orange/orange, braun/brown, violett/violet (Deutsch/Englisch) Einbezug der Erstsprachen: rot/rouge, blau/bleu, orange/orange, braun/brun, violett/violet, rosa/ rose (Deutsch/Französisch)	
Formate	Beschreibung der Aktivität	Organisation der Sprachen
Buch	erzählen (mono- und dialogisch)	monolingual Deutsch
	erzählen (mono- und dialogisch)	monolingual Englisch
	nach semantischen Freunden suchen	bilingual Deutsch/Englisch
	erzählen: monologisch	Erstsprachen der Kinder (die Kinder erzählen)
Montagsmaler	Was male ich?	unterschiedliche Sprachen einbeziehen
zeichnen/malen	eigene Ideen aufzeichnen	monolingual Deutsch
Ich sehe etwas, was du nicht siehst!	Gegenstand beschreiben	monolingual Deutsch

Konzentriere dich!	mehrere Wörter kurzzeitig speichern	monolingual Deutsch
Buch basteln (Miniformat)	Reihenfolge respektieren	monolingual Deutsch
Parallelspiele	präzise beschreiben	unterschiedliche Sprachen einbeziehen
1, 2 oder 3	in korrekten Reifen springen	unterschiedliche Sprachen einbeziehen
Weitere Bücher: „Seine eigene Farbe“ (Leo Lionni), „Kleiner weißer Fisch“ (Guido van Genechten), „Die Königin der Farben“ (Jutta Bauer), „Das kleine Blau und das kleine Gelb“ (Leo Lionni und Günter Strohbach), „Elmar mag alle Farben“ (David McKee und Stefan Wendel)		

Sprachfördernde Formate: Bücher und Rollenspiele

„Abracadanoir“ (Nathalie Laurent)

Das Buch von Nathalie Laurent ist eigentlich ein französischsprachiges Buch. Allerdings beschränkt sich der Text auf einige wenige Sätze, die leicht zu verstehen sind.

BEISPIEL

Der kleine Junge schließt seine Augen, „abracadanoir“, alles wird dunkel, schwarz („noir“ auf Französisch). Er überlegt:
„Wann habe ich Angst? Ich habe Angst, wenn alles vor meinen Augen schwarz ist. Ich habe keine Angst, wenn alles blau / gelb / rot / grün (immer eine andere Seite im Buch) ist. Ich habe nur Angst, wenn alles schwarz ist. Aber: Ich habe keine Angst vor schwarzen Schuhen / einem schwarzen Pulli / einem schwarzen Regenschirm / einem schwarzen Stift / schwarzer Schokolade (immer eine andere Seite im Buch). Ich habe nur Angst, wenn ich die Augen schließe und alles vor meinen Augen schwarz ist.“
Er überlegt noch einmal und hat eine Idee:
„Ich lege mich abends ins Bett und stelle mir viele Sachen vor: Ich sehe eine schwarze Lakritze (ein schwarzes Bonbon) / viele schwarze Hasen, einen kleinen schwarzen Elefanten / einen grünen Dinosaurier / viele farbige Segelboote / ein blaues Schiff / viele farbige Schmetterlinge und einen weißen Vogel.“ (Die Gegenstände sind immer auf einer anderen Seite im Buch abgebildet.)

> Er ruft seine Mutter: „Mama, komm, ich sehe in meinen Träumen viele Farben.“ Zum Schluss zählt er noch einmal alle Farben auf und hat nun keine Angst mehr.

Die Geschichte kann in einem einfachen Dialog erzählt werden, sodass den Kindern vermehrt kurze Hauptsätze präsentiert werden. Auf den Bildern ist das entsprechende Objekt oder die entsprechende Farbe jeweils eindeutig zu erkennen:

BEISPIEL

> Was siehst du?
> Ich sehe nur schwarz / blau / gelb …
> Was fürchtest du nicht?
> Die schwarzen Schuhe. Die schwarzen Schuhe fürchte ich nicht. Den schwarzen Pulli. Den schwarzen Pulli fürchte ich nicht. (…)
> Was siehst du (in deinen Träumen)?
> Ein Bonbon. Ein schwarzes Bonbon sehe ich. Viele Hasen. Viele schwarze Hasen sehe ich. (…)

In diesem Dialog sind einige Akkusativkontexte eingebaut:

Was siehst du? Ein Bonbon, einen Hasen …
Was fürchtest du nicht? Die Schuhe, den Pulli …

Zudem können auch vermehrt Nebensätze verwendet werden:

Wann fürchtest du dich? Wenn ich die Augen schließe. Wenn ich im Bett liege.
Warum fürchtest du dich? Weil alles schwarz ist. Weil es dunkel ist. Weil ich nichts mehr sehe.

Die Geschichte wird als Rollenspiel umgesetzt. Als Vorbereitung auf das Rollenspiel werden unter den Farben semantische Freunde gesucht und auf einem Plakat dargestellt, im Folgenden anhand der beiden Sprachen Deutsch/Französisch. Die englischen Wörter (in Klammern) sind oft, aber nicht immer vergleichbar: rot/rouge (red), blau/bleu (blue), orange/orange (orange), braun/brun (brown), rosa/rose (pink), violett/violet (violet). Die „schwierigen“ Wörter werden auf einem zweiten Plakat aufgezeichnet: weiß/blanc (white), gelb/jaune (yellow), grün/vert (green), schwarz/noir (black).

Die Farben werden anhand eines Papierstreifens, welcher an einem Stab oder an einem Strohhalm befestigt wurde, dargestellt. Die Kinder suchen zudem beliebige Gegenstände aus, z.B. ein Fahrzeug, ein Lebensmittel oder ein Kleidungsstück, wobei einige Gegenstände schwarz sein sollten. Farben und Gegenstände werden an die Kinder verteilt. Diese sitzen im Halbkreis vor dem kleinen Jungen (Handpuppe) und dessen Bett (z.B. in Form einer Decke dargestellt).

Der kleine Junge putzt sich die Zähne (Pantomime), zieht seinen Pyjama an (z.B. ein weißes T-Shirt) und springt ins Bett. Sobald er seine Augen schließt (Hand vor die Augen der Handpuppe halten, um dies zu symbolisieren), „abracadanoir", schreckt er hoch: „Ich habe Angst! Ich habe Angst, wenn alles vor meinen Augen schwarz ist."

Er überlegt: „Ich habe keine Angst, wenn alles (das erste Kind zeigt eine Farbe) blau ist. Ich habe keine Angst, wenn alles (das zweite Kind zeigt eine Farbe) gelb ist." (...)

Er überlegt weiter: „Ich habe auch keine Angst vor (ein Kind zeigt einen schwarzen Gegenstand) einer Wurst. Ich habe keine Angst vor (ein zweites Kind zeigt einen schwarzen Gegenstand) Schokolade." (...)

Er hat eine Idee und schließt seine Augen: „Ich sehe (das erste Kind zeigt einen Gegenstand) ein Auto. Ich sehe (das zweite Kind zeigt einen Gegenstand) ein Boot. " (...)

Die Geschichte wird in bilingualen Kitas auch in der zweiten Kommunikationssprache erzählt: Elisabeth, die englischsprachige Handpuppe, hat auch Angst, sobald sie abends allein in ihrem Bett die Augen schließt.

Sprachfördernde Formate: eigenes Buch basteln, Sprachspiele

Nachdem die Geschichte ein weiteres Mal erzählt wurde, schließen die Kinder ihre Augen und berichten, was sie im Dunkeln sehen können:

K1: „Ich sehe die Sonne."

K2: „Ich sehe eine Wolke."

Die Gegenstände können auch durch die Vorgabe einer Farbe eingegrenzt werden:

P: „Ich sehe einen roten Gegenstand. Ich sehe einen Apfel. Einen roten Apfel sehe ich."

K: „Ich sehe ein Auto."

P: „Du siehst ein rotes Auto. Tim, was siehst du?"

Jedes Kind zeichnet seine Lieblingsidee (oder je nach Gruppengröße zwei oder drei Lieblingsideen) auf ein Kärtchen (vorher „Montagsmaler" spielen, s.w.o.). Jedes Bild wird immer nur mit einer einzigen Farbe gemalt.

Spielformat: Ich sehe etwas, was du nicht siehst!

Die Kärtchen, die von den Kindern gemalt wurden, werden mit Magneten an der Tafel befestigt. Die Kinder sitzen im Halbkreis, ein Kind nimmt auf dem „Chefstuhl" Platz: „Ich sehe etwas, was du nicht siehst: Es ist rot." Normalerweise hängen mehrere Kärtchen an der Tafel, auf denen ein roter Gegenstand zu sehen ist. Reihum werden die Kinder gefragt, welcher Gegenstand gemeint ist. Nach dem Befragen aller Kinder dürfen diejenigen, die die korrekte Antwort richtig erahnen konnten, einen Baustein aus dem Korb nehmen. Gewonnen hat zum Schluss das Kind, welches den höchsten Turm bauen konnte (kann auch in „Mannschaften" gespielt werden).

Spielformat: Konzentriere dich!

Die Bilder der Kinder hängen immer noch an der Tafel. Die Kinder schließen die Augen:

P: „Du nimmst den Apfel, das Auto und den Hasen. Iris, du bist dran!"

Iris nimmt die drei Bilder und legt sie in der vorgegebenen Reihenfolge (von links nach rechts) in den Halbkreis. Die Anzahl an Bilder wird progressiv erhöht.

Jedes Kind wählt zuletzt sein Lieblingsbild aus (oder zwei Bilder, je nach Gruppengröße). Diese werden in einer Reihe an die Tafel gehängt. Die Kinder erhalten kleine Kärtchen (etwa 8 x 4 cm), auf die sie die ausgewählten einfarbigen Gegenstände aufzeichnen. Zuletzt werden die Kärtchen in der vorgegebenen Reihenfolge zu einem Buch in Miniformat gebunden.

Nun können, wie bereits mehrfach beschrieben, Parallelspiele durchgeführt werden, in beiden Kommunikationssprachen und unter Einbezug der Erstsprachen der Kinder: „Ich sehe einen Apfel." (Die entsprechende Seite muss von allen Kindern gefunden werden.) „Ich sehe etwas Rotes!" (Wer findet den Gegenstand, den der „Chef" sich ausgedacht hat?) „Ich sehe einen Apfel und ein Auto." (Die zwei Bilder müssen gezeigt werden.) „I see an apple." (Unterschiedliche Sprachen werden einbezogen.)

Spielformat: 1, 2 oder 3?

Vor dem Sitzkreis liegen drei größere Reifen. Neben jedem Reifen liegt eines der gemalten Bilder. Auf dem „Chefstuhl" nimmt immer ein anderes Kind Platz. Dieses schließt seine Augen: „Ich sehe einen Apfel." (Oder als Alternative: „Ich sehe etwas Rotes.") Die Kinder springen in einen der drei Reifen: Wer steht im richtigen Reifen?

Gespielt wird in beiden Kommunikationssprachen, aber auch in den Erstsprachen der Kinder: Die Kinder freuen sich, wenn sie eine Ähnlichkeit mit ihren Sprachen feststellen und dadurch das Bild bestimmen können. Je nach Anzahl der Kinder kann auch in zwei Gruppen „gesprungen" werden, eine Gruppe sieht jeweils zu. Wie in anderen Spielen können die Kinder, die jeweils den korrekten Reifen ausgewählt haben, einen Baustein aus dem Korb nehmen.

TIPP

Die Kärtchen, die die Kinder gemalt haben, aber auch Kopien der Bilder oder konkrete Gegenstände, können die Basis vieler Sprachspiele sein. Damit wird das Material personalisiert, es wurde von den Kindern selbst entworfen und gehört ihnen. Dies stellt einen zusätzlichen Motivationsfaktor dar. In den bereits erwähnten Publikationen (Schmidt 2012, 2014a und 2014b) wird eine Vielfalt an unterschiedlichen Spielen dargestellt.

6 Elternarbeit

6.1 Elterngespräche

zwiespältige Gefühle

Viele Kinder erleben mit dem Eintritt in die Kita zum ersten Mal eine länger andauernde Trennung von ihren primären Bezugspersonen. Gefühle des Verlusts, der Angst und der Ungewissheit gehen damit als natürliche Reaktion einher (Furstaller/Studener-Kuras 2013). Auch für die Eltern ist die Eingewöhnungsphase eine aufregende Zeit und wird von Gefühlen der Freude, des Stolzes, aber auch der Verunsicherung begleitet.

Eltern mit einer anderen Erstsprache erleben diese Zeit als besonders anstrengend. Dies trifft v.a. auf die Eltern zu, die Schwierigkeiten haben, sich in den Kommunikationssprachen mitzuteilen, und die dadurch nur schwer von den Pädagoginnen verstanden werden, z.B. wenn es darum geht, Anliegen und Nöte mitzuteilen.

Viele Eltern machen sich zudem Gedanken darüber, ob ihr Kind im Laufe der Kita-Zeit die spätere Unterrichtssprache Deutsch in einem ausreichenden Maß erwerben wird. Damit verbunden sind die oft ambivalenten Gefühle der Eltern hinsichtlich der Wertschätzung und Verwendung ihrer Erstsprache. Deshalb kommt es oft zur Überlegung, ob es nicht besser wäre, der Zweitsprache Deutsch größere Aufmerksamkeit im Elternhaus zu schenken, auch wenn dies auf Kosten der Erstsprache geht.

Diese und ähnliche Überlegungen stehen bereits in den ersten Kapiteln dieses Buches immer wieder im Blickpunkt, sollen sie doch als fester Bestandteil des mehrsprachigen Konzeptes verstanden werden. In diesem Kapitel werden lediglich einige zusätzliche abschließende Aspekte aufgegriffen.

Mehrsprachiges Konzept erläutern

Das pädagogische Team ist gefordert, die Eltern in dieser sensiblen Zeit so gut wie möglich zu begleiten. Die Offenheit anderen Sprachen und Kulturen gegenüber und die Einbeziehung der Erstsprachen in den Kita-Alltag bieten die Möglichkeit, eine erste wichtige Vertrauensbasis zwischen Eltern und

Pädagoginnen aufzubauen. Während des Erstkontakts wird den Eltern das mehrsprachige Konzept in kurzer Form erläutert:

Bedeutung der Erstsprachen

1. Bedeutung der Erstsprachen der Kinder: Den Eltern wird verdeutlicht, dass gute Kompetenzen in der Erstsprache eine solide Basis für den Erwerb weiterer Sprachen darstellen und somit beste Voraussetzungen für den späteren Schulerfolg. Die Kinder benötigen auch nach dem Eintritt in die Kita weiterhin viel Sprachinput in ihrer Erstsprache. Demnach ist es unabdingbar, dass die Eltern weiterhin in dieser Sprache mit dem Kind sprechen.

„Wenn Eltern von ausländischen Kindern erleben, dass ihre eigene Sprache und Kultur in der Schule anerkannt werden und für die Schule einen Stellenwert haben, entwickeln sie positive Beziehungen zur Schule. Es wird ihnen bewusst, dass sie ihren Kindern etwas mit auf den Weg geben können, wenn sie ihnen in der eigenen Sprache etwas vorlesen, erzählen oder vorsingen" (Sahr 2013, 183).

Organisation der Sprachen

2. Organisation der Sprachen im Kita-Alltag: Die Kommunikationssprache Deutsch bzw. beide Kommunikationssprachen (z.B. Deutsch und Englisch) in bilingualen Kindergärten stehen als Integrationssprachen im Mittelpunkt des Kita-Alltags. Die Erstsprachen der Kinder werden gezielt einbezogen, nicht nur, um Verständigungsprobleme zwischen Kindern und Pädagoginnen zu beseitigen, sondern z.B. auch, um Vergleiche zwischen den Sprachen anzuregen. Die Kinder erleben eine Wertschätzung ihrer Erstsprachen, was den Erwerb mehrsprachiger Kompetenzen allgemein positiv beeinflusst.

Einbeziehung der Erstsprachen

3. Einbeziehung der Erstsprachen der Kinder: Den Eltern wird erläutert, dass die Erstsprachen der Kinder konsequent einbezogen werden (z.B. durch Geschichtenerzählen) und dass die Kinder als Experten ihrer Erstsprache eine wichtige Hilfe bei crosslinguistischen Überlegungen sind. Mit den Eltern wird gemeinsam überlegt, inwieweit die Möglichkeit besteht, mehr oder weniger regelmäßig in der Kita präsent zu sein, z.B. um auch Geschichten in ihrer Erstsprache zu erzählen.

Sprachgebrauch reflektieren

emotionale Bindung

Eine tiefe emotionale Bindung und Anerkennung zwischen Eltern und Kind stellt die Grundlage des ein- und mehrsprachigen Spracherwerbs dar. Ein zugewandter, feinfühliger Erziehungsstil weist für eine gesunde kindliche Entwicklung eine außerordentlich hohe Bedeutsamkeit auf. Die Kinder müssen sich emotional wohlfühlen, sprachliche Bildung setzt eine positive emotionale Basis voraus und kann nur „in einer Beziehung gelingen, es kann nichts Aufgesetztes sein und kann nur im Miteinander passieren" (Kernstock 2013, 33). Wenn diese Voraussetzungen erfüllt sind, reicht es eigentlich aus, dass die Eltern konsequent in der jeweiligen besten Sprache mit dem Kind sprechen.

Sprachen bewusst gebrauchen

Des Weiteren vermitteln die Pädagoginnen den Eltern die Bedeutung der bewussten Planung ihrer Spracherziehung. Die Eltern sollten sich bewusst sein:

- in welcher bzw. welchen Sprachen sie mit ihrem Kind sprechen
- in welchen Situationen sie welche Sprache gebrauchen, wenn mehrere Sprachen zu Hause gesprochen werden
- wie sie die Sprachen in getrennten Situationen gebrauchen und ob es häufig zu Vermischungen der Sprachen kommt
- ob sie ihre stärkste Sprache in der Interaktion mit dem Kind verwenden
- ob die weiteren nahen Bezugspersonen dies auch tun
- mit wie vielen Sprachen ihr Kind im Laufe des Tages in Kontakt ist

Auf Basis dieser Überlegungen wird dann gemeinsam über die Organisation der Sprachen im Elternhaus gesprochen (Kap. 4.2):

Organisation der Sprachen

- Können und möchten die Eltern (und weiteren nahen Bezugspersonen) sich auf eine Sprache im Elternhaus beschränken? Dies setzt natürlich voraus, dass beide Elternteile diese Sprache gut (am besten „muttersprachlich") sprechen.
- Wollen die Eltern zwei oder sogar drei Sprachen zu Hause sprechen? Wenn ja, wie sieht die Organisation der Sprachen aus: Wer spricht in welcher Sprache mit dem Kind? Welche Sprache wird als gemeinsame Kommunikationssprache gebraucht?
- Will ein Elternteil (oder auch beide) seine eigenen zweisprachigen Kompetenzen einsetzen, um das Kind mehrsprachig zu erziehen? In dem Fall muss überlegt werden, wie eine konsequente funktionelle Sprachtrennung vorgenommen werden kann, oder, anders ausgedrückt: In welchen Situationen wird welche Sprache gebraucht (situativer Sprachgebrauch)?

- Wird das Kind nicht mit „zu vielen“ Sprachen überfordert? Diese Überlegung betrifft die Anzahl der gesprochenen Sprachen im nahen Umfeld des Kindes und ist v.a. dann von Bedeutung, wenn das Kind offensichtlich keine altersgemäßen Kompetenzen in der starken Sprache erwirbt. In dem Fall sollte nicht nur eine Reduzierung der angebotenen Sprachen angedacht werden, sondern auch überlegt werden, wie eine Fokussierung auf die stärkste Sprache des Kindes umgesetzt werden kann: Wie kann die Kontaktzeit mit der stärksten Sprache erhöht werden? Wie kann die Interaktionsqualität in der stärksten Sprache verbessert werden?

Sprachbiographie

individuell geprägte Sprachbiographie

Besonders im mehrsprachigen Kontext hat jede Familie ihre eigene Sprachgeschichte und jedes Kind seine eigene Sprachbiographie, sodass es das „mehrsprachige Kind“ gar nicht gibt. Aus diesem Grund kann es auch kein Patentrezept zum Umgang mit Mehrsprachigkeit geben. Im Mittelpunkt der Betrachtung muss die jeweilige Familie mit ihrer individuellen und spezifischen Sprachensituation stehen.

Im Laufe des Elterngesprächs, welches am besten vor dem ersten Tag des Kindes in der Kita stattfindet, werden wichtige Informationen über die Sprachbiographie und das sprachliche Verhalten der Bezugspersonen des Kindes gesammelt (Kap. 4.2). Oft ist den Migrantenfamilien selbst nicht bewusst, dass eine mehrsprachige Alltagskommunikation praktiziert wird (Ringler et al. 2013, 14):

1. Welche Sprache(n) sprechen Sie zu Hause? (Mutter, Vater, gemeinsame Verständigungssprache)
2. Sprechen Sie (Mutter, Vater, nahe Bezugspersonen) in Ihrer besten (stärksten) Sprache mit dem Kind?
3. Mit welcher weiteren Sprache hat Ihr Kind regelmäßigen Kontakt? (mindestens ein paar Stunden in der Woche, z.B. bei nahen Verwandten oder in einer Krippe)
4. In welcher Sprache kann sich das Kind am besten mitteilen?
5. Seit wann ist diese Sprache die stärkste Sprache?
6. Seit wann wird mit dem Kind in dieser stärksten Sprache gesprochen?
7. Wie schätzen Sie die sprachlichen Kompetenzen in dieser Sprache ein? (Es spricht in einzelnen Wörtern, in unvollständigen Sätzen, in kurzen, vollständigen Sätzen, in längeren Sätzen …)

8. Hat das Kind bereits Kontakt mit der oder den Kommunikations- bzw. Unterrichtssprachen?

Erstsprachliche Überprüfung

erstsprachliche Kompetenzen einschätzen

Die erstsprachlichen Kompetenzen des Kindes werden v.a. dann gemeinsam mit den Eltern anhand von Situationsbildern überprüft (Kap. 4.3), wenn Zweifel darüber bestehen, ob diese altersgerecht entwickelt sind. In den Kapiteln 1.7 und 4.1 wurde darauf verwiesen, dass 3- bis 4-jährige Kinder im Begriff sind, kurze Hauptsätze zu bilden. Die syntaktische Anordnung der Wörter und besonders die Stellung des flektierten Verbs kann von Sprache zu Sprache verschieden sein: Im Deutschen steht das flektierte Verb an zweiter Stellung, im Türkischen an letzter, im Arabischen an erster Position. In den meisten Sprachen (in den flektierenden und agglutinierenden) besteht eine Kongruenz zwischen Subjekt und Verb (Kap. 1.7 und 4.1). Im vierten Lebensjahr sind die Kinder in der Regel im Begriff, Verben (in den frühen Tempora) korrekt zu flektieren bzw. korrekte Suffixe (z.B. im Türkischen) zu gebrauchen.

Zielsetzung festlegen

Sprachkontakte sicherstellen

Die Informationen zur Sprachbiographie und zu den mehrsprachigen Kompetenzen des Kindes führen zur gemeinsamen Überlegung, wie Erst- und Zweitsprache im Elternhaus optimal organisiert werden können. In diesen Überlegungen spielt die Wichtigkeit eines qualitativ und quantitativ optimalen Kontakts mit der stärksten Sprache eine wesentliche Rolle. Auch die Bedenken der Eltern, dass sich das Kind so schnell wie möglich in der Kommunikations- bzw. Unterrichtssprache mitteilen kann, muss thematisiert werden:

- Bieten sich dem Kind ausreichende Kommunikationsmöglichkeiten in dessen stärksten Sprache an? In welchen Situationen wird konkret mit dem Kind in dieser Sprache gesprochen? Um dies anschaulich zu vermitteln, wird mit den Eltern eine Liste erstellt, die ihren Sprachgebrauch während des Essens, während des Einkaufens, beim gemeinsamen Spiel, beim Betrachten eines Buches reflektiert und verdeutlicht. Überlegt wird, ob die Eltern auch nach dem Eintritt in die Kita weiterhin intensiv in der stärksten Sprache mit ihrem Kind sprechen.
- Wird eine zweite Sprache im Elternhaus gesprochen? Wenn ja, in welchen Situationen? (Liste erstellen)

- Wird versucht, auch außerhalb der Kita Kontakt mit der oder den neuen Sprachen herzustellen: in Betreuungsstrukturen, während des Spiels mit Freunden, bei Verwandten und Bekannten, beim Einkaufen? (Liste erstellen)

Durch das Erstellen von Listen (mit dem Sprachgebrauch in den wichtigsten Situationen) wird den Eltern einerseits der Umgang mit den verschiedenen Sprachen bewusst. Andererseits dienen die Listen den Eltern als „Gedächtnisstütze“ und „Kontrolle“: Setzen die Eltern die „Organisation der Sprachen“ so um, wie dies mit den Fachleuten im Hinblick auf eine optimale mehrsprachige Erziehung besprochen wurde?

Hohe Erwartungshaltung

Zeit zugestehen

Häufig erwarten Eltern, dass ihr Kind schon nach wenigen Wochen erste Wörter in der neuen Sprache versteht oder möglicherweise auch schon gebraucht. Sie sind sich nicht bewusst, dass die Kinder recht unterschiedlich in ihrer „Herangehensweise“ an eine neue Sprache sind. Es gibt tatsächlich Kinder, die schon nach wenigen Tagen in der Kita anfangen, Wörter nachzuplappern und erste Wörter zielgerecht anzuwenden: „Toilette“, „spielen“ oder „Pause“. Andere Kinder wirken eher zögernd und zurückhaltend. Sie sind vorsichtiger und wollen „Fehler“ vermeiden. Es kommt auch vor, dass Eltern die eigene Sprachbiographie in die Situation ihres Kindes projizieren und davon ausgehen, dass ihr Kind „das genauso schnell lernen wird wie sie selbst“. Oft stellen sie damit ihre Kinder vor überzogene Erwartungen.

Wie bereits mehrfach erwähnt, spielen die erstsprachlichen Kompetenzen des Kindes im Erwerb einer neuen Sprache eine wichtige Rolle, genau wie die sprachstrukturellen Ähnlichkeiten zwischen der neuen Sprache und den Sprachen, die das Kind bereits kennt. In der Regel ist es ganz normal, dass es mehrere Monate dauert, ehe die Kinder die neue Sprache zu sprechen beginnen. Genauso normal ist es, dass die Kinder die verschiedenen Sprachen zu Beginn mischen, dies wird allerdings nur eine Übergangsphase sein.

6.2 Konkrete Sprachfördersituationen

alltägliche Situationen nutzen

Die alltägliche Kommunikation eignet sich besonders zur Sprachstimulation. Im Laufe des Tages gibt es im Elternhaus unzählige Situationen, die sprachfördernd genutzt werden können. Die Qualität der sprachlichen Interaktion ist von entscheidender Bedeutung. Den Eltern werden die wichtigsten Prinzipien erläutert:

- Während gemeinsamen Handlungen (z.B. den Tisch decken) wird mit dem Kind kommuniziert: „Was nimmst du noch? Ich nehme vier Messer und vier Gabeln. Die liegen in der Schublade. Die Gläser fehlen noch. Du hilfst super!“ Die Bezugspersonen stellen Fragen, sprechen das Kind direkt an, loben das Kind und gehen auf seine Äußerungen ein.
- Handlungen sollten prinzipiell sprachlich begleitet werden (die Bezugsperson ist im Begriff, einen neuen Schrank zusammenzubauen): „So viele Schrauben habe ich noch nie gesehen. Am besten schaue ich auf der Beschreibung nach. Zuerst muss ich die langen Schrauben nehmen. Dann brauche ich erst die kurzen Schrauben. Tom, hilfst du mit?“

Situationen konkret umsetzen

Den Eltern wird nicht nur erklärt, wie alltägliche Situationen sprachfördernd gestaltet werden können. Diese werden am besten auch konkret dargestellt: Das Kind oder eine Gruppe von Kindern, die Eltern und die Pädagogin spielen gemeinsam mit dem Einkaufsladen, machen zusammen ein Puzzle oder schauen sich zusammen ein Buch an. Nach solchen gemeinsamen Aktivitäten wird die Situation besprochen. Die wichtigsten sprachfördernden Prinzipien werden diskutiert unter Berücksichtigung der sprachlichen Kompetenzen des einzelnen Kindes, u.a.:

sprachfördernde Prinzipien

- häufiges Sprechen in kurzen, einfachen, aber variationsreichen Sätzen
- gelegentlicher Gebrauch von komplexeren Strukturen
- häufige Benutzung derselben Wörter in wiederkehrenden Situationen
- Einsetzen eines differenzierten Wortschatzes
- direktes Ansprechen des Kindes mit Blickkontakt
- Aufgreifen und Ergänzen der Aussagen des Kindes
- eigenes Mitmachen und eigenes Tun erläutern
- immer wieder das Kind loben

Die Situationen, die auch nach Meinung der Eltern ganz besonders sprachfördernd sind, werden aufgeschrieben, z.B.:

- während des Essens: „Ich esse ein Brötchen mit Marmelade. Was willst du essen?“
- während der Fahrt in den Supermarkt: „Was müssen wir einkaufen? Du brauchst einen neuen Ball. Dein Ball hat ein großes Loch.“

- während des gemeinsamen Spiels mit der Garage: „Vier Autos stehen in der Garage? Wo ist die Feuerwehr. Dort liegt ein Auto auf dem Dach."
- während des Betrachtens eines Bilderbuches: „Der Wolf hat viele Muskeln. Er ist der stärkste. Wem begegnet er jetzt?"

Eltern nachhaltig motivieren

Zusammen mit den Eltern wird überlegt, in welchen Situationen viel gesprochen werden kann und wie die Interaktion mit den Kindern konkret aussehen kann. Wichtig ist, die Bedeutung guter erstsprachlicher Kompetenzen besonders hervorzuheben im Hinblick auf den Erwerb weiterer Sprachen, den späteren Schulerfolg und die gesamte Entwicklung des Kindes. Die Eltern werden v.a. dann diese Überlegungen nachhaltig umsetzen, wenn sie selbst von der Bedeutung eines intensiven Sprachumsatzes mit dem Kind überzeugt sind und die Umsetzung der genannten Prinzipien auch selbst im Kita-Alltag beobachten und miterleben können.

7 Roadmap zur Umsetzung des mehrsprachigen Konzeptes

Die Umsetzung des mehrsprachigen Konzeptes erfolgt zusammenfassend anhand folgender Schritte:

1. Umsetzung eines mehrsprachigen Konzeptes innerhalb des gesamten pädagogischen Teams und am besten gemeinsam mit den lokalen institutionellen Einrichtungen:
Das mehrsprachige Konzept sollte vom Personal und der gesamten Institution angenommen und auch von den politischen Trägern unterstützt werden.

2. Offenheit, Neugierde und Wertschätzung gegenüber anderen Sprachen und Kulturen sind eine unabdingbare Voraussetzung, v.a. durch die Einbeziehung der Erstsprachen der Kinder:
Kinder als Experten ihrer Erstsprache ansehen; die mehrsprachigen Kompetenzen mehrsprachiger Pädagoginnen nutzen; Eltern oder sonstige Personen, die die Erstsprache sprechen, einbeziehen, z.B. ältere Schüler, die in der Erstsprache vorlesen; mehrsprachige Bücher und CDs, DVDs, Lieder und Abzählreime einsetzen; immer wiederkehrende Wörter und Phrasen in den Erstsprachen verwenden.

3. Wenn erwünscht, kann ein bilinguales Konzept durch die Festlegung von zwei Kommunikationssprachen umgesetzt werden (z.B. Deutsch und Englisch oder Deutsch und Französisch):
Nach dem Prinzip „one person/one language“ oder nach dem „situationsbezogenen Prinzip“ („one person/two languages“) mit guten sprachlichen Kompetenzen der entsprechenden Pädagogin in der jeweiligen Sprache und einer durchdachten Organisation der Sprachen.

4. Sprachbiographien der Kinder erstellen:
Bestimmen der Erstsprachen der Kinder und Ermitteln derer starken Sprache mithilfe der Eltern.

5. Ermitteln des Sprachentwicklungsstandes anhand der Essentials in der (den) Kommunikationssprache(n):
Werden einzelne Wörter, kurze Sätze oder aber bereits komplexe Strukturen in der jeweiligen Sprache produziert? (Zuweisung zur entsprechenden „fiktiven“ Gruppe)

6. Bestimmen der Erstsprachen der Eltern:
Sind die Eltern bereit, mehr oder weniger regelmäßig an Aktivitäten in der Kita teilzunehmen, z.B. Bücher in der Erstsprache vorzulesen?

7. Ermitteln sprachlicher Ressourcen des pädagogischen Teams:
Welche Sprachen können gezielt und bewusst in den Kita-Alltag eingebracht werden?

8. Festlegen der optimalen Kontaktzeit mit den verschiedenen Sprachen:
In welchem Verhältnis stehen die beiden Kommunikationssprachen in einer bilingualen Kita zueinander? (z.B.: ausgeglichenes Verhältnis, in etwa identische Kontaktzeit zu beiden Sprachen, bzw. Dominanz einer Sprache und untergeordnete Rolle einer zweiten Sprache) Wie oft werden die Erstsprachen der Kinder einbezogen?

9. Festlegen des Verhältnisses zwischen ein- und mehrsprachigen Situationen:
Einsprachige Situationen werden v.a. eingeplant, um die Sprachen eindeutig zu trennen und um die Motivation der Kinder, die jeweilige Sprache zu lernen, zu erhöhen. In mehrsprachigen Situationen werden die Sprachen in Beziehung gesetzt und bewusst kontrastiert. Einsetzen von entsprechenden Handpuppen oder anderen Hilfsmitteln.

10. Bestimmung der Situationen (am besten Listen erstellen), in denen die eine oder die andere Sprache im Mittelpunkt steht (monolinguale Situationen); Festlegung der Situationen, in denen mehrere Sprachen einbezogen werden (multilinguale Situationen). Die Überlegungen beziehen sich auf die unten stehenden Formate (z.B. Bücher erzählen, Rollenspiele), aber auch auf alltägliche Situationen (z.B. Frühstück, Morgenkreis, Zähneputzen, Malen und Basteln).

Anschließend wird für jedes Rahmenthema die konkrete Planung anhand einer Tabelle vorgenommen (Beispiele in Kap. 5.6 und 5.7), in der v.a. Folgendes notiert wird:

1. Kommunikationssprache(n) (mono- oder bilinguale Kita)
2. Erstsprachen, die einbezogen werden
3. Rahmenthema
4. sprachliche Zielsetzung: Strukturen bestimmen, die im Fokus stehen: Basiswortschatz und einfache Hauptsätze oder komplexe Strukturen
5. Formate: Alltagssituationen, Buch, Rollenspiel, eigenes Buch basteln, Sprachspiele, Lied, Reime
6. alternative/ergänzende Bücher

Während der konkreten Umsetzung werden schlussendlich die beiden Modalitäten Rezeption und Produktion berücksichtigt:

1. Präsentation/Sprachinput (Rezeption): Die Sprache der Pädagogin ist durch die Merkmale „entwicklungsproximal", „kurz", „einfach", „kontrastreich" und „betont" gekennzeichnet. Zuweilen werden komplexere Strukturen und ein differenzierter Wortschatz gebraucht (Alltags- versus Bildungssprache).
2. Die Kinder werden zum Sprechen angeregt (Produktion), v.a. durch Impulse und adäquate Fragetechniken.

Der Erwerb mehrsprachiger Kompetenzen in einem frühen Alter kann nur vorteilhaft für ein Kind sein. Das vorliegende aus der Praxis entstandene und erprobte Konzept beschreibt die Bedingungen, unter denen die mehrsprachige Förderung gelingt. In dem Sinne kann die abschließende Devise nur lauten: „Packen wir's an!"

Literatur

Aden-Grossmann, W. (1997): Elementarbereich. In: Deutscher Verein für öffentliche und private Fürsorge (Hrsg.): Fachlexikon der sozialen Arbeit. 4. Aufl. Kohlhammer, Stuttgart/Berlin/Köln, 251–258

Ahnert, L. (2007): Entwicklung in kombinierter familiärer und außerfamiliärer Kleinkind- und Vorschulbetreuung. In: Hasselhorn, M., Silbereisen, R. K. (Hrsg.): Enzyklopädie Psychologie, Serie V, Bd. 4: Psychologie des Säuglings- und Kindesalter, Hogrefe, Göttingen, 373–408

Apeltauer, E. (2010): Das „Kieler Modell". In: Hoppenstedt, G. (Hrsg.): Meine Sprache als Chance. Bildungsverlag EINS, Troisdorf, 84–102

Barac, R., Bialystok, E., Castro, D. C., Sanchez, M. (2014): The cognitive development of young dual language learners: A critical review. Early Childhood Research Quaterly, 29, 699–714

Bayer, N. (2010): Entwicklung der Sprachkompetenzen in der Erst- und Zweitsprache von Migrantenkindern. Ergebnisse aus Leistungsmessungen bei fremdsprachigen Zürcher Kindergartenkindern. Abhandlung zur Erlangung der Doktorwürde der Philosophischen Fakultät der Universität Zürich

Beckh, K., Berkic, J., Mayer, D. (2016): Feinfühligkeit von Eltern und ErzieherInnen. Beziehungen mit Kindern im Alter von 3 bis 6 Jahren gestalten. EOS Print, St. Ottilien

Bengsch, D. (2011): Mehr Sprache mehr Gehirn. Berliner Morgenpost. In: www.morgenpost.de/printarchiv/wissen/article105112213/Mehr-Sprache-mehr-Gehirn.html, 27.06.2017

Bialystok, E. (2007): Bilingualism in Development: Language, Literacy, and Cognition. 6. Aufl. Cambridge University Press, Cambridge

Blaszczak, J. (2014): Das Polnische und das Tschechische. In: Krifka, M., Blaszczak, J., Leßmöllmann, A., Meinunger, A., Stiebels, B., Tracy, R., Truckenbrodt, H. (Hrsg.): Das mehrsprachige Klassenzimmer. Über die Muttersprachen unserer Schüler. Springer VS, Berlin/Heidelberg, 67–92

Blondin, C., Candelier, M., Edelenbos, P., Johnstone, R., Kubanek-German, A., Taeschner, T. (1998): Foreign Languages in Primary and Pre-School Education: Context and Outcomes. A review of Recent Research within the European Union. CILT, London

Bruck, M. (1982): Language-disabled children: Performance in additive bilingual education programs. Applied Psycholinguistics 3, 45–72

Bundeszentrale für politische Bildung (2016): Datenreport. In: www.bpb.de/nachschlagen/datenreport-2016, 27.06.2017

Cárdenas, B., Inglisa, P. (2006): Diagnostik und Therapie bei Mehrsprachigkeit anders anlegen? Anforderungen und Möglichkeiten in der multilingualen Arbeit. In: Bahr, R., Iven, C. (Hrsg.): Sprache Emotion Bewusstheit, Schulz-Kirchner, Idstein, 196–206

Carroll, C. (2008): Mehrsprachigkeit im Vorschulalter. Kriterien für die Förderung von Mehrsprachigkeit für Kinder in Vorschuleinrichtungen. Inauguraldissertation zur Erlangung des akademischen Grades einer Doktorin der Philosophie an der Fakultät für Kultur- und Sozialwissenschaften an der Fern-Universität in Hagen

Chilla, S., Fox-Boyer, A. (2014): Zweisprachigkeit / Bilingualität. Ein Ratgeber für Eltern. Schulz-Kirchner, Idstein

Chilla, S., Niebuhr-Siebert, S. (2017): Mehrsprachigkeit in der KiTa: Grundlagen – Konzepte – Bildung. Kohlhammer, Stuttgart

Chilla, S., Rothweiler, M., Babur, E. (2013): Kindliche Mehrsprachigkeit. 2. Aufl. Ernst Reinhardt, München/Basel

Clahsen, H. (1984): The acquisition of German word order. In: Andersen, R. (Hrsg.): Second languages. Newbury House, Rowley, 219–242

Conseil de l'Europe (2001): Gemeinsamer Europäischer Referenzrahmen für Sprachen: Lernen, lehren, beurteilen. COE, Strasbourg

Crisfield, E. (2016): Do we need to change our approach to mother tongue? International School, 18, 3, 11–14

Cummins, J. (2003): Bilingual education: basic principles. In: Dewaele, J. M., Housen, A., Wie, L. (Hrsg.): Bilingualism: beyond basic principles. Multilingualism, Clevedon, 56–66

Cummins, J. (1984): Bilingualism and special education: Issues in assessment and pedagogy. Multilingual Matters, Clevedon

Cummins, J. (1979): Linguistic interdependence and the educational development of bilingual children. Review of Educational Research, 49, 222–251

Dannenbauer, F. M. (1994): Zur Praxis der entwicklungsproximalen Intervention. In: Grimm, H., Weinert, S. (Hrsg.): Intervention bei sprachgestörten Kindern. Fischer, Stuttgart, 83–104

Datler, W., Studener-Kuras, R. (2013): Sprache, Emotion und Beziehung – Spracherwerb und Sprachförderung im Kontext von Mehrsprachigkeit im Kindergarten. Sprachliche Bildung im Kindergarten, Perspektiven, 1, 20–22

De Bleser, R., Paradis, M. (2006): Mehrsprachigkeit macht schlau. Gehirn & Geist, 6, 54–57

De Cillia, R. (2013): Spracherwerb in der Migration und Mehrsprachigkeit. Sprachliche Bildung im Kindergarten, Perspektiven, 1, 16–19

Deseniss, A. (2014): Schulmathematik im Kontext von Migration. Mathematikbezogene Vorstellungen und Umgangsweisen mit Aufgaben unter sprachlich-kultureller Perspektive. Bargteheide, Springer Spektrum

De Simoni, C. (2011): Seminar: Neurokognition von Hören und Sprache. In: www.neurowissenschaft.ch/mmeyer/teaching/FS11/Sprache/Mehrsprachigkeit/Mehrsprachigkeit-Folien.pdf, 27.06.2017

Deutscher Bundesverband für Logopädie (dbl) (2017): Mehrsprachigkeit ist vielversprechend! In: www.sprich-mit-mir.org/mehrsprachigkeit.html, 27.06.2017

Duverger, J., Maillard, J.-P. (1996): L'enseignement bilingue aujourd'hui. Bussières Camedan, Saint-Amand-Montrond

Edelenbos, P., Johnstone, R., Kubanek, A. (2006): Die wichtigsten pädagogischen Grundsätze für die fremdsprachliche Früherziehung. Europäische Kommission: Forschungsveröffentlichungen, gute Praxis & zentrale Prinzipien. Endbericht der Studie EAC 89/04 (Lot 1). In: http://ec.europa.eu/dgs/education_culture/repository/languages/policy/language-policy/documents/young_de.pdf, 27.06.2017

EDK (Schweizerische Konferenz der kantonalen Erziehungsdirektoren) (2017): Bildungssystem Schweiz. In: www.edk.ch, 27.06.2017

Ehlich, K., Bredel, U., Reich, H. (2008): Sprachaneignung – Prozesse und Modelle. In: Bundesministerium für Bildung und Forschung (BMBF) (Hrsg.): Referenzrahmen zur altersspezifischen Sprachaneignung. Bd. 29/I. Bonn/Berlin, 9–34

nsiedler, W. (2005): Kleinkindforschung und Kleinkindbetreuung. In: http://www.familienhandbuch.de/cmain/f_Fachbeitrag/a_Kindheitsforschung/s_1815.html, 27.06.2017
Europäische Kommission (2006): The main pedagogical principles underlying the teaching of languages to very young learners. In: http://ec.europa.eu/languages/policy/language-policy/documents/young_de.pdf, 27.06.2017
Europäische Kommission (1995): Weißbuch zur allgemeinen und beruflichen Bildung, Kapitel IV, Nr. 4. Luxemburg
Fthenakis, W. E., Sonner, A., Thrul, R., Walbiner, W. (1985): Bilingual-bikulturelle Entwicklung des Kindes. Hueber, München
Fürstaller, M., Funder, A., Datler, W. (2012): WIKO, Wiener Projekt zur Entwicklung von standortbezogenen Konzepten der Eingewöhnung von Kleinkindern in die Kinderkrippen und Kindergärten. Projekt am Institut für Bildungswissenschaft der Universität Wien. Arbeitsbereich Psychoanalytische Pädagogik. Wien
Fürstaller, M., Studener-Kuras, R. (2013): Über das Finden einer gemeinsamen Sprache. Sprachliche Bildung im Kindergarten, Perspektiven, 1, 23–25
Gagarina, N. (2014): Das Russische und das Ukrainische. In: Krifka, M., Blaszczak, J., Leßmöllmann, A., Meinunger, A., Stiebels, B., Tracy, R., Truckenbrodt, H. (Hrsg.): Das mehrsprachige Klassenzimmer. Über die Muttersprachen unserer Schüler. Springer VS, Berlin/Heidelberg, 219–246
Gagarina, N., Posse, D., Düsterhöft, St., Topaj, N., Acikgöz, D. (2014): Sprachförderung bei Mehrsprachigkeit: Erste Ergebnisse der BIVEM-Studie zur Wirksamkeit von Sprachförderung bei jüngeren mehrsprachigen Kindern: Eine Studie des Berliner Interdisziplinären Verbundes für Mehrsprachigkeit (BIVEM). Spektrum Patholinguistik 7, 139–148
Garnitschnig, I., Sobczak, E. (2013): Vom Vorlesen, Geschichtenerzählen und von der ersten Einkaufsliste. Sprachliche Bildung im Kindergarten, Perspektiven, 1, 36–38
Gasser, P. (2008): Neuropsychologische Grundlagen des Lehrens und Lernens. Hep, Bern
Gombos, G. (2008): Mehrsprachigkeit zwischen Bildungschance und Bildungsrisiko. Erziehung und Unterricht. Österreichische Pädagogische Zeitschrift, 158, 10–19
Grosjean, Fr. (1984): Life with Two Languages: An Introduction to Bilingualism. Harvard University Press, Cambridge, Massachusetts
Grossenbacher, S., Vögeli-Mantovani, U. (2010): Sprachenpolitik und Bildungsstrategien in der Schweiz, Schweizerische Koordinationsstelle für Bildungsforschung. In: www.skbf-csre.ch/fileadmin/files/pdf/publikationen/Staffpaper1.pdf, 27.06.2017
Gyger, M. (2005): Projekt Standardsprache im Kindergarten (PSS). Rektorat Kindergärten Basel. In: file:///C:/Users/admin/Downloads/gyger_pss_gesamtbericht.pdf, 27.06.2017
Hesse, H.-G., Göbel, K. (2007): Interkulturelle Kompetenz. In: Klieme, E., Beck, B. (Hrsg.): Sprachliche Kompetenzen. Konzepte und Messung. DESI-Studie (Deutsch Englisch Schülerleistungen International). Beltz, Weinheim, 256–272
Hoppenstadt, G., Apeltauer, E. (2010): Meine Sprache als Chance. Bildungsverlag EINS, Troisdorf
Ikud (Interkulturelles Training) (2017): Multikulturalität, Interkulturalität, Transkulturalität und Plurikulturalität. In: www.ikud.de, 27.06.2017
Jampert, K., Best, P., Guadatiello, A., Holler, D., Zehnbauer, A. (2005): Schlüsselkompetenz Sprache. Sprachliche Bildung und Förderung im Kindergarten – Konzepte, Projekte, Maßnahmen. das netz, Berlin
Kalbermatten, N. (2008): Sprachförderung und interkulturelle Erziehung zur Integration von Kindern mit Migrationshintergrund. Diplomarbeit an der Pädagogischen Hochschule Wallis
Kalteis, N. (2013): Deutsch als Zweitsprache an der Bakip21. Perspektiven, 1, Sprachliche Bildung im Kindergarten, 45–46

Keilmann, A., Zickgraf, M. (1992): Erhöht eine zweisprachige Erziehung die Wahrscheinlichkeit einer Sprachentwicklungsstörung? Sprache Stimme Gehör, 16, 154–155

Kernstock, G. (2013): Sprachliche Bildung und Mehrsprachigkeit im Kindergarten. Sprachliche Bildung im Kindergarten, Perspektiven, 1, 33–35

Kersten, Kr. (2002): Bilinguale Kindergärten und Grundschulen: Wissenschaft und Praxis im Kieler Immersionsprojekt. In: Baron, P. (Hrsg.): Bilingualität im Kindergarten und in der Primarstufe. Bessere Zukunftschancen für unsere Kinder. Niemieckie Towarzystwo Oswiatowe, Opole, 22–33

Kracht, A. (2000): Migration und kindliche Zweisprachigkeit. Waxmann, Münster

Kratzmann, J., Sachse, St., Jahreiß, S., Frank, M. (2016): Multilingualism in Preschool Education. Conference: ECER 2016, Leading Education: The Distinct Contributions of Educational Research and Researcher. Symposium Paper

Kuyumcu, S., Schulz-Schneider, Fr. (2011): Mit mehreren Sprachen aufwachsen. J. Thomsen WMV GmbH, Kiel

Küpelikilinc, N., Özbölük, M. T. (2016): Mehrsprachigkeit. Aktionen und Projekte in Kindertagesstätte und Schule. Magistrat der Stadt Frankfurt am Main. Frankfurt/Main

Lambert, W. E., Tucker, G. R. (1972): Bilingual Education of Children. The St. Lambert Experiment. Newbury House, Roweley

Landesinstitut für Schulentwicklung Baden-Württemberg (2011): Bildungsberichtserstattung. In: www.schule-bw.de/entwicklung/bildungsberichterstattung/bildungsberichte/Bildungsbericht2011/C_2011.pdf, 27.06.2017

List, G. (2007): Förderung von Mehrsprachigkeit in der Kita. Deutsches Jugendinstitut e. V. München

Lüke, C., Ritterfeld, U. (2011): Mehrsprachige Kinder in sprachtherapeutischer Behandlung: eine Bestandsaufnahme. Heilpädagogische Forschung, 37, 188–197

Maywald, J. (2002): Kleinkinder. In: Schröer, W., Struck, N., Wolff, M. (Hrsg.): Handbuch Kinder- und Jugendhilfe. Juventa, Weinheim/München, 39–51

Meisel, J. (2008): The bilingual child. In: Bathia, T. K., Ritvhie, W. C. (Hrsg.): The Handbook of Bilingualism, 3. Aufl. Blackwell Publishing Ltd., Singapore, 91–113

Ministerium für Bildung, Saarland (2011): Sprachenkonzept. Neue Wege zur Mehrsprachigkeit im Bildungssystem. In: www.saarland.de/74569.htm, 27.06.2017

Ministerium für Familie, Kinder, Jugend, Kultur und Sport des Landes Nordrhein-Westfalen (2014): Alltagsintegrierte Sprachbildung und Beobachtung im Elementarbereich – Grundlagen für Nordrhein-Westfalen. In: www.landtag.nrw.de, 27.06.2017

Motsch, H.-J. (2017): Kontextoptimierung. 4. Aufl. Ernst Reinhardt, München/Basel

Motsch, H.-J., Rietz, Chr. (2016): ESGRAF 4–8: Grammatiktest für 4- bis 8-jährige Kinder. Ernst Reinhardt, München/Basel

Muysken, P. (2008): Two Linguistic Systems in Contact: Grammar, Phonology and Lexikon. In: Bhatia, T. K., Ritchie, W. C. (Hrsg.): The Handbook of Bilingualism. Blackwell Publishing Ltd., Malden, 147–168

Naegele, M., Haarmann, D. (1993): Darf ich mitspielen? Beltz, Weinheim

Nauwerck, P. (2013): Mehrsprachige Kinderliteratur als Wegbereiterin. In: Gawlitzek, I., Kümmerling-Meibauer, B. (Hrsg.): Mehrsprachigkeit und Kinderliteratur. Klett, Stuttgart, 239–262

Nauwerck, P. (2005): Zweisprachigkeit im Kindergarten. Fillibach, Freiburg im Breisgau

Neue Zürcher Zeitung (2015): Jeder Dritte hat Migrationshintergrund. In: www.nzz.ch/schweiz/schweizerische-arbeitskraefteerhebung-jeder-dritte-hat-migrationshintergrund-ld.132209, 27.06.2017

Organisation for Economic Co-operation and Development (OECD) (2010): Die Internationale Schulleistungsstudie der OECD (PISA 2009). Ergebnisse: Zusammenfassung. In:

www.oecd.org/pisa/pisaproducts/46619755.pdf, 27.06.2017

Overmann, M. (2003): Frühes Fremdsprachenlernen lohnt sich – Neurobiologische Forschungen zur Mehrsprachigkeit. Französisch heute, 35, 2, 208–213

ÖSZ (Österreichisches Sprachenkompetenzzentrum) (2017): Sprachliche Bildung in der Schuleingangsphase. KIESEL neu, 3, Graz

ÖSZ (Österreichisches Sprachenkompetenzzentrum) (2012): Handreichung zum guten Umgang mit schulischer Mehrsprachigkeit. KIESEL neu, 2, Graz

Paradis, J., Crago, M., Genesee, F., Rice, M. (2003): French-english bilingual children with SLI: How do they compare with monolingual peers? Journal of Speech, Language, and Hearing Research, 46, 113–127

Peal, E., Lambert, W. E. (1962): The Relation of Bilingualism to Intelligence. Psychological monographs, 76, 1–23

Portail des statistiques (2015): État de la population. In: www.statistiques.public.lu, 27.06.2017

ProLog (2017): Sprachbildung und -förderung durch Interaktion. In: http://www.prolog-therapie.de/languageroute/rkonzept.html, 27.06.2017

Reich, H.-H., Roth, H.-J. (2002): Spracherwerb zweisprachig aufwachsender Kinder und Jugendlicher. Ein Überblick über den Stand der nationalen und internationalen Forschung. Freie und Hansestadt Hamburg

Repp, S. (2014): Das Englische. In: Krifka, M., Blaszczak, J., Leßmöllmann, A., Meinunger, A., Stiebels, B., Tracy, R., Truckenbrodt, H. (Hrsg.): Das mehrsprachige Klassenzimmer. Über die Muttersprachen unserer Schüler. Springer VS, Berlin/Heidelberg, 93–114

Ringler, M., Küpelikilinc, N., Massingue, E., Ndouop-Kalajian, R. (2013): Kompetent mehrsprachig: Sprachförderung und interkulturelle Erziehung im Kindergarten. Brandes und Apsel, Frankfurt/Main

Rolffs, S. (1999): Zweisprachigkeit der Migrantenkinder. Der Zusammenhang zwischen muttersprachlicher und fremdsprachlicher Kompetenz und Schulerfolg. In: Celik, H. (Hrsg.): Mehrsprachigkeit. Aspekte und Standpunkte. Free Pen, Bonn, 86–113

Roth, H.-J. (2008): Mehrsprachigkeit als Ressource – Perspektiven für Schule und Elementarbereich. In: Berg, Ch., Ferring, D., Weis, Chr. (Hrsg.): Sprachförderung in der frühen Kindheit. Rapidpress, Bertrange, 11–36

Rösch, H. (2013): Mehrsprachige Kinderliteratur. In: Gawlitzek, I., Kümmerling-Meibauer, B. (Hrsg.): Mehrsprachigkeit und Kinderliteratur. Klett, Stuttgart, 143–168

Rössel, B. (2011): Spracherwerb im Kindesalter. In: Breit, S. (Hrsg.): Handbuch zum BESK-DaZ. Bundesministerium für Unterricht, Kunst und Kultur, Wien, 5–15

Rubio, M.-N., Tabouret, A. (2007): Die Muttersprache plus zwei: Kann Vielsprachigkeit zur Norm werden? Kinder in Europa, KE 12/07. http://www.betrifftkinder.eu/zeitschrift/kinder-in-europa/ke-1207/417-die-muttersprache-plus-zwei.html, 27.06.2017

Sahr, R. (2013): Mehrsprachige literarische Bildung, eine Chance. In: Gawlitzek, I., Kümmerling-Meibauer, B. (Hrsg.): Mehrsprachigkeit und Kinderliteratur. Klett, Stuttgart, 169–192

Schmidt, M. (2014a): Sprachtherapie mit mehrsprachigen Kindern. Ernst Reinhardt, München/Basel

Schmidt, M. (2014b): Kontextoptimierung für Kinder von 3–6 Jahren: 85 Praxiseinheiten für die Förderung grammatischer Fähigkeiten. 2. Aufl. Ernst Reinhardt, München/Basel

Schmidt, M. (2012): Gezielte Förderung lautsprachlicher Kompetenzen: Schritt für Schritt zum frühen Erwerb von Artikulation – Wortschatz – Grammatik in der Erst- oder Zweitsprache. Ernst Reinhardt, München/Basel

Schölmerich, A., AlSari, S., Willard, J. (2010): Zweisprachigkeit: vom Risikofaktor zum Leitbild, Entwicklungspsychologie, Interdisciplinary Centre for Family Research

(ICFR), Uni Bochum. In: www.nifbe.de/images/nifbeold/…/Nifbe-Workshop2010.pdf, 27.06.2017
Schroeder, Chr., Simsek, Y. (2014): Das Türkische. In: Krifka, M., Blaszczak, J., Leßmöllmann, A., Meinunger, A., Stiebels, B., Tracy, R., Truckenbrodt, H. (Hrsg.): Das mehrsprachige Klassenzimmer. Über die Muttersprachen unserer Schüler. Springer VS, Berlin/Heidelberg, 115–1134
Siegmüller, J., Fröhling, A. (2010): Das PräSES-Konzept – Potential der Sprachförderung im Kita-Alltag. Elsevier, München
Statistik Austria (2016): Migration und Integration. Kommission für Migrations- und Integrationsforschung der Österreichischen Akademie der Wissenschaften. Werbenetzwerker e.U., Wien
Statistisches Bundesamt (2017): Bevölkerung und Erwerbstätigkeit, Bevölkerung mit Migrationshintergrund, Ergebnisse des Mikrozensus. In: www.bamf.de, 27.06.2017
Statistisches Bundesamt (2016): Betreuungsquote unter 3-jähriger Kinder. In: www.destatis.de, 27.06.2017
Statistisches Bundesamt (2012): Kindertagesbetreuung in Deutschland. In: www.destatis.de, 27.06.2017
Sylva, K., Melhuish, Ed., Sammons, P., Siraj-Blatchford, I., Taggart, Br. (2004): The Effective Provision of Pre-school Education (EPPE) project: Final Report. A longitudinal study funded by the DfES 1997-2004. In: eprints.ioe.ac.uk/5309/1/sylva2004EPPEfinal.pdf, 27.06.2017
Szucsich, L. (2014): Das Bosnische/Kroatische/Serbische und das Bulgarische. In: Krifka, M., Blaszczak, J., Leßmöllmann, A., Meinunger, A., Stiebels, B., Tracy, R., Truckenbrodt, H. (Hrsg.): Das mehrsprachige Klassenzimmer. Über die Muttersprachen unserer Schüler. Springer VS, Berlin/Heidelberg, 197–218
Tomasello, M. (2003): Constracting a language. A usage-based theory of language acquisition. Harvard University Press, Cambridge
Tracy, R. (2014): Mehrsprachigkeit: Vom Störfall zum Glücksfall. In: Krifka, M., Blaszczak, J., Leßmöllmann, A., Meinunger, A., Stiebels, B., Tracy, R., Truckenbrodt, H. (Hrsg.): Das mehrsprachige Klassenzimmer. Über die Muttersprachen unserer Schüler. Springer VS, Berlin/Heidelberg, 13–33
Tracy, R. (2007): Wie Kinder Sprachen lernen. Francke, Marburg
Triarchi-Hermann, V. (2012): Mehrsprachige Erziehung: Wie Sie Ihr Kind fördern. 3. Aufl. Ernst Reinhardt, München/Basel
Viernickel, S., Schwarz, S. (2009): Schlüssel zu guter Bildung, Erziehung und Betreuung. Wissenschaftliche Parameter zur Bestimmung der pädagogischen Fachkraft-Kind-Relation. 2. Aufl. Der Paritätische Gesamtverband Diakonie GEW, Berlin
Wagner, A. (2010): Zum Stand frühkindlicher Bildung, Erziehung und Betreuung in Kindertageseinrichtungen. Internationale Ansätze und Ergebnisse der Wirkungsforschung. In: www.kindergartenpaedagogik.de/2071.html, 27.06.2017
Wartenburger, I. (2010): Mehrsprachigkeit. In: Höhle, B. (Hrsg.): Psycholinguistik. Akademie Verlag, Berlin, 173–188
Wiener Kindergärten (2017): Sprachliche Bildung in städtischen Kindergärten. In: www.wien.gv.at/bildung/kindergarten, 27.06.2017
Wischnewski, J. (2013): Kultureller Dialog in bilingualen – deutsch-türkischen – Kinderbüchern. In: Gawlitzek, I., Kümmerling-Meibauer, B. (Hrsg.): Mehrsprachigkeit und Kinderliteratur. Klett, Stuttgart, 81–102
Wode, H. (2000): Mehrsprachigkeit durch bilinguale Kindergärten. Englisches Seminar und Zentrum für Mehrsprachigkeit und Sprachkontakt der Universität Kiel. COMENIUS 2-Projekt, Kiel

Wode, H. (1997): Bilinguale Kindergärten: Wieso? Weshalb? Warum? Voraussetzungen und Bedingungen für den Erwerb einer Zweitsprache. KiTa aktuell 10, 203–207

Wode, H. (1995): Lernen in der Fremdsprache: Grundzüge von Immersion und bilingualem Unterricht. Hueber, Ismaning

Wojnesitz, A. (2010): Drei Sprachen sind mehr als zwei. Waxmann, Münster

Zeldes, A., Kanbar, Gh. (2014): Das Arabische und das Hebräische. In: Krifka, M., Blaszczak, J., Leßmöllmann, A., Meinunger, A., Stiebels, B., Tracy, R., Truckenbrodt, H. (Hrsg.): Das mehrsprachige Klassenzimmer. Über die Muttersprachen unserer Schüler. Springer VS, Berlin/Heidelberg, 135–174

Zell, K. (2013a): Sprachförderprogramm oder alltagsintegrierte Förderung. Sprachliche Bildung im Kindergarten, Perspektiven, 1, 26–30

Zell, K. (2013b): Maßnahmen früher sprachlicher Förderung in Wien. Sprachliche Bildung im Kindergarten, Perspektiven, 1, 39–44

Zenari M., Erzbischof von Damaskus (2015): Syrien: Weihnachten im Krieg. In: http://de.radiovaticana.va/news/2015/12/25/syrien_stille_nacht,_m%C3%B6rser_kracht/1196817, 27.06.2017

Zollinger, B. (2004): Spracherwerbsstörungen. Grundlagen zur Früherfassung und Frühtherapie. Haupt, Bern/Stuttgart

Sachregister